新时代上海"人民城市"建设的探索与实践丛书

绿水青山的城市实践
绿色建筑卷

The Urban Practice of Lucid Waters and Lush Mountains
Green Buildings

上海市住房和城乡建设管理委员会　编著

中国建筑工业出版社

绿色生态

低碳智能

丛书编委会

主　　　任：张小宏　上海市人民政府副市长
　　　　　　　秦海翔　住房城乡和建设部副部长
　　　　　　　彭沉雷　上海市人民政府党组成员、原上海市人民政府副市长
常务副主任：王为人　上海市人民政府副秘书长
副　主　任：杨保军　住房和城乡建设部总经济师
　　　　　　　苏蕴山　住房和城乡建设部建筑节能与科技司司长
　　　　　　　胡广杰　中共上海市城乡建设和交通工作委员会书记、
　　　　　　　　　　　上海市住房和城乡建设管理委员会主任
委　　　员：李晓龙　住房和城乡建设部办公厅主任
　　　　　　　曹金彪　住房和城乡建设部住房保障司司长
　　　　　　　姚天玮　住房和城乡建设部标准定额司司长
　　　　　　　曾宪新　住房和城乡建设部建筑市场监管司司长
　　　　　　　胡子健　住房和城乡建设部城市建设司司长
　　　　　　　王瑞春　住房和城乡建设部城市管理监督局局长
　　　　　　　宋友春　住房和城乡建设部计划财务与外事司司长
　　　　　　　牛璋彬　住房和城乡建设部村镇建设司副司长
　　　　　　　张玉鑫　上海市规划和自然资源局局长
　　　　　　　于福林　上海市交通委员会主任
　　　　　　　史家明　上海市水务局（上海市海洋局）局长
　　　　　　　邓建平　上海市绿化和市容管理局（上海市林业局）局长
　　　　　　　王　桢　上海市住房和城乡建设管理委员会副主任、
　　　　　　　　　　　上海市房屋管理局局长
　　　　　　　徐志虎　上海市城市管理行政执法局局长
　　　　　　　张玉学　上海市公安局交通警察总队总队长
　　　　　　　咸大庆　中国建筑出版传媒有限公司总经理

丛书编委会办公室

主　　　任：胡广杰　中共上海市城乡建设和交通工作委员会书记、
　　　　　　　　　　　上海市住房和城乡建设管理委员会主任
副　主　任：张　政　上海市住房和城乡建设管理委员会副主任
　　　　　　　金　晨　上海市住房和城乡建设管理委员会副主任
成　　　员：杨　睿　中共上海市城乡建设和交通工作委员会办公室主任
　　　　　　　鲁　超　上海市住房和城乡建设管理委员会办公室主任
　　　　　　　徐存福　上海市住房和城乡建设管理委员会政策研究室主任

本卷编写组

主　编： 胡广杰　中共上海市城乡建设和交通工作委员会书记、
　　　　　　　　　上海市住房和城乡建设管理委员会主任
副主编： 裴　晓　上海市住房和城乡建设管理委员会副主任
　　　　　　张　政　上海市住房和城乡建设管理委员会副主任
　　　　　　金　晨　上海市住房和城乡建设管理委员会副主任
　　　　　　江　燕　上海建科集团股份有限公司副总裁

撰　稿： 裴　晓　陈　宁　徐存福　俞　伟　杨建荣　李继成（特邀）
　　　　　　张　颖　张蓓红　俞泓霞　赵　勋　孙　桦　陈　宁（建科院）
　　　　　　张　倩　何　流　吴　越

丛书前言

上海是中国共产党的诞生地,是中国共产党的初心始发地。秉承这一荣光,在党中央的坚强领导下,依靠全市人民的不懈奋斗,今天的上海是中国最大的经济中心城市,是中国融入世界、世界观察中国的重要窗口,是物阜民丰、流光溢彩的东方明珠。

党的十八大以来,以习近平同志为核心的党中央对上海工作高度重视、寄予厚望,对上海的城市建设、城市发展、城市治理提出了一系列新要求。特别是2019年习近平总书记考察上海期间,提出了"人民城市人民建,人民城市为人民"的重要理念,深刻回答了城市建设发展依靠谁、为了谁的根本问题,深刻回答了建设什么样的城市、怎样建设城市的重大命题,为我们深入推进人民城市建设提供了根本遵循。

我们牢记习近平总书记的嘱托,更加自觉地把"人民城市人民建,人民城市为人民"重要理念贯彻落实到上海城市发展全过程和城市工作各方面,紧紧围绕为人民谋幸福、让生活更美好的鲜明主题,切实将人民城市建设的工作要求转化为紧紧依靠人民、不断造福人民、牢牢植根人民的务实行动。我们编制发布了关于深入贯彻落实"人民城市人民建,人民城市为人民"重要理念的实施意见和实施方案,与住房和城乡建设部签署了《共建超大城市精细化建设和治理中国典范合作框架协议》,全力推动人民城市建设。

我们牢牢把握人民城市的战略使命,加快推动高质量发展。国际经济、金融、贸易、航运中心基本建成,具有全球影响力的科技创新中心形成基本框架,以五个新城建设为发力点的城市空间格局正在形成。

我们牢牢把握人民城市的根本属性,加快创造高品质生活。"一江一河"生活秀带贯通开放,"老小旧远"等民生难题有效破解,大气和水等生态环境质量持续改善，在城市有机更新中城市文脉得到延续，城市精神和城市品格不断彰显。

我们牢牢把握人民城市的本质规律，加快实现高效能治理。政务服务"一网通办"和城市运行"一网统管"从无到有、构建运行，基层社会治理体系不断完善，垃圾分类引领低碳生活新时尚，像绣花一样的城市精细化管理水平不断提升。

我们希望，通过组织编写《新时代上海"人民城市"建设的探索与实践丛书》，总结上海人民城市建设的实践成果，提炼上海人民城市发展的经验启示，展示上海人民城市治理的丰富内涵，彰显中国城市的人民性、治理的有效性、制度的优越性。

站在新征程的起点上，上海正向建设具有世界影响力的社会主义现代化国际大都市和充分体现中国特色、时代特征、上海特点的"人民城市"的目标大踏步地迈进。展望未来，我们坚信"人人都有人生出彩机会、人人都能有序参与治理、人人都能享有品质生活、人人都能切实感受温度、人人都能拥有归属认同"的美好愿景，一定会成为上海这座城市的生动图景。

Series Preface

Shanghai is the birthplace of the Communist Party of China, and it nurtured the party's initial aspirations and intentions. Under the strong leadership of the Party Central Committee, and relying on the unremitting efforts of its residents, Shanghai has since blossomed into a city that is befitting of this honour. Today, it is the country's largest economic hub and an important window through which the rest of the world can observe China. It is a brilliant pearl of the Orient, as well as a place of abundance and wonder.

Since the 18th National Congress of the Communist Party of China, the Party Central Committee with General Secretary Xi Jinping at its helm has attached great importance to and placed high hopes on Shanghai's evolution, putting forward a series of new requirements for Shanghai's urban construction, development and governance. In particular, during his visit to Shanghai in 2019, General Secretary Xi Jinping put forward the important concept of "people's cities, which are built by the people, for the people". He gave profound responses to the questions of for whom cities are developed, upon whom their development depends, what kind of cities we seek to build and how we should approach their construction. In doing so, he provided a fundamental reference upon which we can base the construction of people's cities.

Keeping firmly in mind the mission given to us by General Secretary Xi Jinping, we have made more conscious efforts to implement the important concept of "people's cities" into all aspects of Shanghai's urban development. Adhering to a central theme of improving the people's happiness and livelihood, we have conscientiously sought ways to transform the requirements of people's city-building into concrete actions that closely rely on the people, that continue to benefit the people, and which provide the people with a deeply entrenched sense of belonging. We have compiled and released opinions and plans for the in-depth implementation of the important concept of "people's cities", as well as signing the *Model Cooperation Framework Agreement for the Refined Construction and Government of Mega-Cities in China* with the Ministry of Housing and Urban-Rural Development.

We have firmly grasped the strategic mission of the people's city in order to accelerate the promotion of high-quality urban development. We have essentially completed the construction of a global economy, finance, trade and logistics centre, as well as laying down the fundamental framework for a hub of technological innovation with global influence. Meanwhile, an urban spatial layout bolstered by the construction of five new cities is currently taking shape.

We have firmly grasped the fundamental attributes of the people's city in order to accelerate the creation of high standards of living for urban residents. The "One River and One Creek" lifestyle show belt has been connected and opened up, while problems relating to the people's livelihood (such as outdated, small, rundown or distant public spaces) have been effectively resolved. Aspects of the environment such as air and water quality have continued to improve. At the same time, the heritage of the city has been incorporated into its organic renewal, allowing its spirit and character to shine through.

We have firmly grasped the essential laws of the people's city in order to accelerate the realization of highly efficient governance. Two unified networks –

one for applying for government services and the other for managing urban functions – have been built from scratch and put into operation. Meanwhile, grassroots social governance has been continuously improved, garbage classification has been updated to reflect the trend of low-carbon living, while micro-scale urban management has become increasingly intricate, like embroidery.

Through the compilation of the *Exploration and Practices in the Construction of Shanghai as a "People's City" in the New Era series*, we hope to summarize the accomplishments of urban construction, derive valuable lessons in urban development, and showcase the rich connotations of urban governance in the people's city of Shanghai. In doing so, we also wish to reflect the popular spirit, effective governance and superior institutions of Chinese cities.

At the starting point of a new journey, Shanghai is already making great strides towards becoming a socialist international metropolis with global influence, as well as a "people's city" that fully embodies Chinese characteristics, the nature of the times, and its own unique heritage. As we look toward to the future, we firmly believe in our vision where "everyone has the opportunity to achieve their potential, everyone can participate in governance in an orderly manner, everyone can enjoy a high quality of life, everyone can truly feel the warmth of the city, and everyone can develop a sense of belonging". This is bound to become the reality of the city of Shanghai.

本卷前言

绿"建"城市　营造"人民城市"宜居新场景

"绿水青山就是金山银山"是 2005 年 8 月，时任浙江省委书记习近平在浙江安吉考察时提出的科学论断。2022 年 10 月，习近平总书记在党的二十大报告中再次指出，必须牢固树立和践行绿水青山就是金山银山的理念，站在人与自然和谐共生的高度谋划发展。当我们把目光移向城市，面对高楼大厦鳞次栉比的景象，试图找到一种可持续的发展方式，对自然环境带来积极、正面的影响，构建起经济与环境协同共进的绿色城市，书写好"绿水青山就是金山银山"理念的城市实践。

放眼世界，可持续的发展理念源起于 20 世纪 70 年代，由于石油危机爆发，加速研究节能技术、提升建筑能效成为关乎人类未来的重大议题，各个国家由此开始制定可持续发展路线。

我国正式提出可持续发展的国家发展重大战略是在 1995 年，这一时期恰逢新型城镇化的加速发展阶段。随着建筑规模的迅速增长，传统粗放型建造方式带来的弊端开始显现，一方面是土地资源、材料和能源的巨大浪费，另一方面是层出不穷的环境污染问题。如何通过技术革新，提升建设效率和资源利用效能，推动建筑业的可持续转型，实现和环境共生，成为摆在管理者面前的难题。在此背景下，2006 年，建设部发布了国家《绿色建筑评价标准》，建立了符合中国国情的绿色建筑定义和技术体系，开启了我国的绿色建筑新纪元。

"青山一道同风雨，明月何曾是两乡。"同一个地球，同一个世界，气候、环境的变化已成为全人类共同面临的挑战。当今世界，各国都在积极追求绿色、低碳、可持续的发展，绿色已经成为世界发展的潮流和趋势。

同样，绿色发展理念也是我国当前和今后一个时期必须始终坚持的发展理念。党的十八届五中全会明确提出了"创新、协调、绿色、开放、共享"的发展理念。2020年，中国正式提出"力争2030年前实现碳达峰、2060年前实现碳中和"的"双碳"目标。绿色建筑是实现"双碳"目标的重要发力点之一，如今，流水线上造房子、零排放小屋等"黑科技"正在刷新人们对传统建筑的认识，绿色建筑逐渐成为中国城市新风尚。

"万物各得其和以生，各得其养以成。"良好的生态是人类发展的基础，美丽的绿色是人类共同的期盼。上海是我国最早开展绿色建筑实践的城市之一，经过20世纪90年代以来外保温、外窗、可再生能源等早期节能探索，上海逐步建立了适应地域气候特征和人们生活习惯的建筑节能技术体系，奠定了绿色发展的基石。近30年来，上海始终追寻着更绿色、更低碳的目标，努力探寻着符合城市实际、体现上海特色的绿色建筑之路。

《绿水青山的城市实践 绿色建筑卷》通过政策回顾、案例演绎和专家访谈的形式，系统回顾了从20世纪90年代开始，重点是十八大以来，上海市委、市政府以人民为中心，全面系统推进绿色建筑工作的历程，展现了政府、企业、专家、市民等参与各方的共同努力，描绘了一幅"绿色建筑，让城市生活更美好"的画卷。

全书从描绘建筑节能的"破茧"出发，到绿色建筑的理念"蝶变"，奠定绿色建筑发展的基本脉络；从建筑工业化和绿色建材的"攻坚"，强调绿色发展的产业支撑，再到绿色生态城区的"繁衍"，实现绿色发展的整体优化；伴随着新时代"双碳"目标的"跨越"，上海的城市绿色发展全景逐步呈现。

通过梳理每一阶段的发展跃升之策，本书将为读者呈现上海城市绿色建设的丰硕实践之果，彰显上海这座超大城市的持续创新变革之力，以实际行动践行"人民城市人民建，人民城市为人民"，营造更加绿色宜居的城市，让城市与自然更和谐共处，抒写新时代的绿色篇章！

Preface

Green buildings, Create a more livable scene for People's City

"Lucid waters and lush mountains are invaluable assets" is a scientific statement put forward by Xi Jinping, then the Secretary of Zhejiang Provincial Party Committee, during his inspection in Anji, Zhejiang Province in August 2005. In Ocotober 2022, General Secretary Xi Jinping once again pointed out in the report of the 20th National Congress of the Communist Party of China that we must uphold and act on the principle that "Lucid waters and lush mountains are invaluable assets", and must remember to maintain harmony between humanity and nature when planning our development. When we look at so many high-rise buildings in the cities, we are trying to find a more sustainable development method, to bring positive impacts on the nature, and build a green city with coordinated economic and environmental coexistence. At last, we could give an answer how to achieve the goal of "Lucid waters and lush mountains are invaluable assets" in urban practice.

Looking around the world, the concept of green and sustainable development originated from the 1970s. Due to the outbreak of the oil crisis, accelerating the research of energy-saving technology and improving the energy efficiency of buildings became a major issue, which concerned the future of human beings. Many countries began to formulate the sustainable development route.

China proposed sustainable development as a national strategy in 1995, during the fast developing stage of new urbanization. With the rapid growth of the construction scale, the disadvantages brought by the traditional extensive construction method began to appear. On the one hand, it meant the huge waste of land resources, materials and energy, and on the other hand, there were endless environmental pollution problems. How to improve the construction efficiency and resource utilization efficiency by technological innovation, then promote the sustainable transformation of the construction industry, and finally achieve the symbiosis with the environment, turned to be a conundrum for managers. In this background, Ministry of Construction issued the national "Assessment standard for Green Building "in 2006, which established a green building definition and technical system that fit the national conditions, and then started a new era of green buildings in China.

"Though separated by a mountain, we'll share the same clouds and rain; And a bright moon lights up the whole world." Humans share one earth and one world, the climate change and environment destroy has become a challenge to all of us. Nowadays, many countries are actively pursuing green, low carbon and sustainable development. To be more green, is no doubt the trend of world development.

Similarly, the concept of green development is also a very important concept of China from now to future. The Fifth Plenary Session of the 18th Communist Party of China (CPC) Central Committee clearly put forward the development concept of "innovation, collaboration, green, open, and sharing". In 2020, China formally proposed that it will strive to achieve carbon peaking by 2030 and achieve carbon neutralized by 2060. Green building is one of the important points to achieve the "double carbon goals". Nowadays, "futuristic technology" such as building houses on assembly lines and zero-emission huts is refreshing people's understanding of traditional building and green buildings have gradually become a new fashion in Chinese cities.

"All life are created by nature and grow well with the nutrient." Good ecology is the foundation of human development, and beautiful green land is the common expectation of people. Shanghai is the pioneer to carry out green building practice. After the early exploration of energy conservation such as envelope insulation, windows shading and renewable energy since the 1990s, Shanghai has gradually established a building energy-saving technology system that fit regional climatic characteristics and people's living habits, which established the cornerstone of green building development. In the past three decades, we are pursuing to be greener and more sustainable, and striving to explore the road of green building that meets the actual conditions of the city and reflects the characteristics of Shanghai.

Through the forms of policy overview, case study, and expert interviews, this volume systematically reviews the process of how to promote the green building development by the Shanghai Municipal Party Committee and Municipal Government, with the concept of people-oriented, from the beginning of 1990s, but with a focus after the 18th CPC National Congress. It shows the joint efforts of the government, enterprises, experts, citizens, etc., and depicts a scroll of "green building, better city life".

From the "Unshackle" depicting building energy-saving, to the "Metamorphosis" depicting green buildings, the basic context of green development is established. From the "Tackling" of construction industrialization and green building materials, emphasizing the industrial support of green development, to the "Reproduction" of ecological urban areas, which achieved overall optimization of green development. With the "Leap" of the "double carbon goals" in the new era, the panorama of Shanghai's urban green building development has gradually emerged.

By sorting out the development of each stage, this book will present you the fruitful practice of the green construction of Shanghai, highlighting power of the continuous innovations and changes. "People's city, which are built by the people, for the people", create a greener and more livable city, lead the city and nature more harmoniously coexist, and finally express the green chapter of the new era!

目录

第一章　综述　001
　　绿色建筑　让"人民城市"更美更宜居　002

第二章　破茧——建筑节能奠定了城市绿色建设的基石　017
　　第一节　建筑节能的发展印记　020
　　　1. 回顾岁月，重温 20 世纪 90 年代的居住场景　021
　　　2. 先谋后动，开启建筑节能的顶层布局　025
　　　3. 从零起步，构建建筑节能的标准体系　029
　　　4. 科技探索，深入节能体系的工程实践　034

　　第二节　工程改造，提升建筑节能效果　047
　　　1. 不同时期的建筑节能改造重点　048
　　　2. 公共建筑节能改造示范城市　051
　　　3. 建筑节能改造典型项目　053

　　第三节　公共建筑能耗监测和节能运行　060
　　　1. 顶层设计，推进形成多级联动管理体系　061
　　　2. 从一期到二期，打造更完善的监测系统　064
　　　3. 助力能效提升，体现数据价值　066

第三章　蝶变——绿色建筑推动建筑领域全产业能级提升　075
　　第一节　率先起步，绿色建筑绿意渐浓　078
　　　1. 示范引领，点绿启航　079
　　　2. 双管齐下，全绿覆盖　086
　　　3. 长效法制，深绿提质　093

第二节　找准重点，绿色成效量质并举　　　101
1. 闭环管理，绿色建筑要求纳入全流程　　　102
2. 科技驱动，绿色建筑破解实效难题　　　107
3. 多样载体，推动行业共同进步　　　110

第三节　不断突破，实践给出上海方案　　　112
1. 上海中心大厦缘何成为"绿色建筑第一高度"　　　113
2. 解密国家会展中心（上海）"绿色超级航母"　　　118
3. 科技住宅用细节和品质创造幸福感　　　123
4. 自然和谐共生的都市森林住宅　　　129
5. 绿色技术带来一届不一样的花博会　　　132
6. 衡山坊探索老房子绿色焕新的路径　　　137
7. 第一人民医院打造绿色疗愈空间　　　144

第四章　攻坚——建筑工业化与绿色建材助推城市建设转型发展　　　151

第一节　建造方式和建筑材料绿色化转型的现实需求　　　154
1. 高质量发展对建造方式的转型需求　　　155
2. 实现"双碳"目标对绿色建材的长期需求　　　155
3. 垃圾围城、资源短缺对再利用的迫切需求　　　156

第二节　建筑工业化转型　　　158
1. 装配式建筑的发展历程　　　159
2. 住宅全装修与内装工业化　　　168
3. 外围护系统的一体化实践　　　172
4. 装配式建筑应用案例　　　176

	第三节　绿色建材和固废资源化	184
	1. 绿色建材的发展历程	185
	2. 建筑垃圾的变废为宝	188
	3. 利废减碳的建材实践	191
	4. 绿色低碳建材应用案例	193
第五章	繁衍——绿色生态城区开启规模化发展新阶段	199
	第一节　政策引领，全程把控	202
	1. 区域联动布局	203
	2. 规划先行落子	207
	3. 过程管控见效	211
	第二节　因地制宜，精准施策	217
	1. "一马当先"之策	218
	2. "百花齐放"之策	221
	3. "持之以恒"之策	225
	第三节　城市更新，创新实践	230
	1. 杨浦滨江描摹"人民城市"幸福画卷	232
	2. 桃浦智创城实现工业基地绿色突围	237
	3. 北外滩地区打造世界级滨水示范区	241
第六章	跨越——"双碳"命题拉动建筑能级与产业的提升	247
	第一节　从"节能"到"降碳"	250
	1. 上海市建筑领域碳达峰的思考	251
	2. 可再生能源建筑一体化应用	257

3. 建筑碳排放智慧监管平台	267
第二节　从"图纸"到"实效"	270
1. 从节能率设计到限额设计	271
2. 从超低能耗建筑到零碳建筑	273
3. 全过程建筑节能管理与绿色运营	282
第三节　从"建造"到"智造"	288
1. 建筑工业化与智能建造的协同发展	289
2. 装配式建材部品智能制造	293
第四节　从"城区"到"新城"	296
1. 绿色新城，最高标准	297
2. 辐射带动，绿色和鸣	309

第七章	展望	317

致谢	320

Contents

Chapter 1 Overview 001

Chapter 2 Unshackle—Building Energy Efficiency Lays the Cornerstone of Urban Green Construction 017

    Part 1 Milestones of Building Energy Efficiency 020
    1. Review the Living Scene in the 1990s 021
    2. Think First and then Act, Open the Top-Level Layout of Building Energy Conservation 025
    3. Start from Scratch, Build a Standard System for Building Energy Efficiency 029
    4. Scientific and Technological Exploration, In-Depth Engineering Practice of Energy Saving System 034

    Part 2 Engineering Renovation to Improve Building Energy Efficiency 047
    1. Key Points of Building Energy-Saving Renovation in Different Periods 048
    2. Demonstration City for Energy-Saving Renovation of Public Buildings 051
    3. Typical Projects of Building Energy-Saving Renovation 053

    Part 3 Energy Consumption Monitoring and Energy-Saving Operation of Public Buildings 060
    1. Top-Level Design to Promote the Formation of a Multi-Level Linkage Management System 061
    2. From Phase 1 to Phase 2, A More Complete Monitoring System 064
    3. Improve Energy Efficiency, Reflect the Value of Data 066

Chapter 3 Metamorphosis—Green Building Promotes the Industry-Wide Level Upgrade in Construction Field … 075

    Part 1 From Pioneering Start to Comprehensive Promotion … 078
    1. Project Demonstration, Green Building is Started … 079
    2. With Both Mandatory and Subsidized Methods, Green Building is widespread … 086
    3. Integrated into Legal System, Improve Green Buildings … 093

    Part 2 Focus on the Key Points, Simultaneously Raise the Quantity and Quality of Green Effectiveness … 101
    1. Incorporate Green Building Requirements into the Whole Process through Closed-Loop Management … 102
    2. Driven by Technology, Green Buildings Solve the Practical Problems … 107
    3. Diversified Carriers Promote the Industry Improvement together … 110

    Part 3 Continuously Breakthroughs, Give Shanghai Solutions … 112
    1. Why Shanghai Center Becomes the "First Height of Green Buildings" … 113
    2. National Exhibition and Convention Center (Shanghai): Deciphering the "Green Supercarrier" … 118
    3. Technological Residence Creates Happiness with Details and Quality … 123
    4. Urban Forest Residence in Harmony with Nature … 129
    5. Green Technology Brings a Different Flower EXPO … 132
    6. Exploring the Path of Green Renovation of Old Houses in Hengshanfang … 137
    7. Shanghai General Hospital Creates a Green Healing Space … 144

Chapter 4 Tackling the Tough—Building Industrialization and Green Building Materials Boost the Transformation and Development of Urban Construction　　151

    Part 1　Realistic Demand for Green Transformation of Construction Mode and Building Materials　　154

    1. Transformation Demand for Construction Mode from High-Quality Development　　155

    2. Long-Term Demand for Green Building Materials to Achieve Carbon Peaking and Carbon Neutrality　　155

    3. Urgent Demand for Resource Reuse Due to Garbage Siege and Resource Shortage　　156

    Part 2　Transformation of Building Industrialization　　158

    1. The Development Course of Prefabricated Buildings　　159

    2. Residential Full Decoration and Interior Decoration Industrialization　　168

    3. Integrated Practice of Building Envelope System　　172

    4. Application Cases of Prefabricated Buildings　　176

    Part 3　Green Building Materials and Solid Waste Recycling　　184

    1. The Development Course of Green Building Materials　　185

    2. Turning Construction Waste into Treasure　　188

    3. Practice of Building Materials for Waste Utilization and Carbon Reduction　　191

    4. Application Cases of Green and Low-Carbon Building Materials　　193

Chapter 5 Reproduction—Green Urban Area Opens a New Stage of Large-Scale
Development   199

    Part 1   Policy Guidance, Whole Process Control   202
    1. Regional Linkage Layout   203
    2. Planning Ahead   207
    3. Effective Process Control   211

    Part 2   According to Local Conditions, Implementing Precise Strategies   217
    1. The Strategy of "Taking the Lead"   218
    2. The Strategy of "All Flowers Bloom together"   221
    3. The Strategy of "Persistence"   225

    Part 3   Urban Renewal, Innovation Practice   230
    1. Yangpu Riverside Depicts the Happiness Picture of "People's City"   232
    2. Taopu Smart City Achieves Breakthrough in Green Industrial Base   237
    3. Build a World-Class Waterfront Demonstration Area in the North Bund   241

Chapter 6　Leap Forward—"Carbon Peaking and Carbon Neutrality Proposition" Drives the Improvement of Building Industry　247

　　Part 1　From "Energy Saving" to "Low Carbon"　250
　　1.　Reflections on Carbon Peaking in the Construction Sector in Shanghai　251
　　2.　Renewable Energy Building Integration Applications　257
　　3.　Building Carbon Emissions Smart Supervision Platform　267

　　Part 2　From "Drawing" to "Actual Effect"　270
　　1.　From Energy Saving Rate Design to Energy Consumption Limit Design　271
　　2.　From Ultra-Low Energy Buildings to Zero Carbon Buildings　273
　　3.　The Whole Process of Building Energy Conservation Management and Green Operation　282

Part 3　From "Construction" to "Intelligent Construction"　288
1. The Coordinated Development of Building Industrialization and Intelligent Construction　289
2. Intelligent Manufacturing of Prefabricated Building Materials Parts　293

Part 4　From "Town" to "City"　296
1. The Highest Standard: Green City　297
2. External Radiation in Green Area　309

Chapter 7　Prospect　317

Acknowledgements　322

第一章 Chapter 1

综述
Overview

绿色建筑　让"人民城市"更美更宜居

胡广杰 | 中共上海市城乡建设和交通工作委员会书记、
上海市住房和城乡建设管理委员会主任

上海是我国绿色建筑的起源地。在推进"美丽中国"建设中，市委、市政府始终坚持以习近平生态文明思想为指导，持续将"创新、协调、绿色、开放、共享"的新发展理念融入人民城市建设全过程各方面，大力推动建筑业高质量发展，建设绿色低碳的生态之城，以实际行动奋力谱写新时代"城市，让生活更美好"的新篇章。

记者：上海作为中国近现代民族工业的起源地，曾经有着辉煌的历史。但面对新的增长模式，原先的空间布局、产业结构和发展模式亟待改变，污染型的生产企业逐渐从中心城区搬出。在这个过程中，我们是如何将绿色可持续的理念注入城市的转型过程中的？

胡广杰：上海地理位置优越，是中国近代工业的发源地。改革开放后，随着经济的高速发展，广大市民对居住空间、生活环境有了更高要求。上海通过产业结构战略性调整、产业布局优化、工业集中区域环境综合整治、工业节能减排等措施，分阶段持续推进产业绿色转型。特别是在人口集聚的中心城区，工业用地逐步退出，或保留转向都市产业和创意产业，或整体功能重置。

例如现如今的徐家汇公园，绿意融融、流水淙淙，是徐家汇商圈核心地带的一处"绿肺"，为市民提供了高品质的绿色文化空间和休憩场所。回首往昔，这里曾是著名的上海大中华橡胶厂、中国唱片上海分公司，是上海市重点的"三废"区域（工业污染源产生的废水、废气和固体废弃物），严重影响周边居民生活质量。2000年该厂全面停产，保留了橡胶厂的大烟囱以及曾作为录音室的法式小红楼与百年香樟，整体改造为徐家汇公园，实现了工业遗产保护与生态环境建设的结合。

又如浦江两岸的世博园区，曾经是江南造船厂和上海第三钢铁厂的厂区，矗立着一座有百年历史的南市发电厂。在世博会"生态世博、低碳世博"理念的总体规划下，南市电厂改建的城市未来探索馆，成为国内首个老厂房改建的三星级绿色建筑项目。工业遗存恰逢世博重生，遵循从保护到利用的再生性改造策略，从绿色能源中心建设、建筑结构的再利用、室内环境性能综合提升三方面，实践先进的节能减排技术，让这座老厂房以更美好的姿态融入世博，也让绿色建筑逐步走入人们的视野。

再如杨浦滨江，绵延十多里的工业集聚区见证了上海近代民族工业的辉煌。这里有著名的杨树浦水厂、杨树浦发电厂、上海船厂、毛麻仓库等，同时还是中国工人运动的发源地之一，承载着可歌可泣的红色记忆。如今，杨浦滨江南段提出了"世界级滨水生态岸"的总体定位，打造城市更新示范地、构筑滨水生态会客厅、建设后工业绿色创新带，百年历史与绿色生活在此交汇，红色记忆和绿色理念交相辉映，使之从"工业锈带"变身为"生活秀带"，彰显"人民城市"宜居魅力。一路向南，虹口北外滩也正迎来华丽转身，这里除将诞生高度达 480 米的浦西制高点之外，还将建设高端商务楼宇 200 余栋，成为未来上海"中心发力"的新引擎、引领带动南北发展轴线的"新地标"、新时代都市发展的"新标杆"，与陆家嘴、外滩共同构成上海发展的"黄金三角"。在"国际绿色低碳滨水会客厅"的绿色生态规划引领之下，将来北外滩的每一栋楼宇都是绿色智能、立体通达的。

创新、生态、宜居，这是上海在新一轮空间布局和产业转型中践行"人民城市"理念的愿景目标和实现路径。在规划中充分纳入绿色元素，不断改善城市的生态环境品质、优化资源集约效率、提升运营管理水平，努力实现人、城市及自然的和谐共生。

图 1-1 杨浦滨江

图 1-2 北外滩

记者：上海城市建设的绿色化发展是以节能为基石的，从早先的建筑节能发展到多维度的绿色建筑，再到区域统筹绿色发展，迄今已走过近 30 年的时光。这个过程里有哪些重要的里程碑事件，让绿色走入寻常百姓家？

胡广杰：随着我国工业的发展、城镇化进程的加快和居民消费结构的升级，能源资源的紧缺问题日益突出。上海作为创新发展的先行者，主动担起使命、迎难而上、追求卓越，积极探索经济高速发展下的节能降耗新路径。这个过程中，早期建筑节能工作的扎实推进迈出了上海绿色发展的第一步。

20 世纪 90 年代初的上海，人均居住面积不足 7 平方米，解决老百姓的住房难问题是当时政府工作的重中之重。经过十年的努力，人均居住面积已大幅提升到 11.8 平方米。居住面积的问题基本解决后，老百姓对住房的关注点开始逐步转向舒适性的改善，家用空调的安装量大幅提高，带来了用电负荷的急剧上升。十年间，上海市夏季最高用电负荷逐年增长约 10%，全面部署建筑节能工作、切实解决用电短缺问题迫在眉睫。

2002 年 9 月，《上海市"十五"期间建筑节能实施纲要》编制完成，提出了推进建筑节能的发展思路和工作目标，明确 2005 年 1 月起，上海市新建住宅和政府投资的公共建筑全部按节能设计标准设计和建设。**这份纲要对上海市后续建筑节能的快速发展起到了关键性作用，是第一个重要里程碑**。2005 年 5 月，上海市人民政府公布第 50 号政府令，《上海市建筑节能管理办法》正式实施，将建筑节能纳入了建设项目管理流程，从报建、设计招标、设计审核、建筑节能备案、施工过程监管直到竣工验收备案的全过程监管模式开始建立。2010 年，《上海市建筑节能条例》正式颁布，标志着上海的建筑节能进入了法制轨道。这一阶段，上海新建建筑严格落实建筑节能标准，并以公共建筑能效水平提升重点城市建设为契机，大力推进既有建筑节能改造，新建和改造同步发力，建筑能效水平不断提升。公共建筑节能改造提前超额完成"十三五"目标任务，改造量和节能率均位于全国前列。截至 2021 年底，上海市节能建筑面积累计已达 6.9 亿平方米。

随着建筑总量的不断增大，建筑能耗在社会总能耗中的比重不断攀升，对存量建筑开展用能监测和节能改造被提上了议事日程。上海是国内最早建设城市级建筑能耗监测平台的省市之一，2012年7月，上海市国家机关办公建筑和大型公共建筑能耗监测平台（以下简称"能耗监测平台"）一期项目建成，通过了住房和城乡建设部组织的验收。随着二期建设的推进，能耗监测平台已发展成为由1个市级平台、17个区级分平台（原闸北和静安两区合并前）和1个市级机关分平台构成，超过2100栋建筑接入的"神经网络"，为政府在节能领域的管理、分析、决策提供了重要支撑。2020~2022年，能耗监测平台还对上海市建筑用能进行了环比和同比分析，客观反映了各行业疫情后的复工复产情况，从一个新的角度体现了能耗的数据价值。**能耗监测平台的建成，是上海市迈向精细化节能管理的一个重要里程碑。**

在建筑节能不断推进的同时，建筑业也面临着可持续转型的挑战。一方面急需通过技术革新，提升建设效率和资源利用效能；另一方面，要适应人民对美好生活不断提高的需求，提供更优的建筑产品。随着对建筑性能的要求从"节能"单一维度转向"绿色"多维集成的方向，行业开始进入"以人为本"的绿色建筑发展新时期。在这个发展过程中，上海经历了两轮升级，从节能建筑到绿色建筑是综合性能上的一次升级，从单体绿色化到绿色生态城区则是空间规模上的一次升级。

世纪之交的上海，敏锐地把握住了绿色建筑这一重大契机，勇立潮头，以先行先试的创新精神和敢为人先的魄力勇气，**建成了全国第一座绿色建筑示范楼，从此掀开了国内绿色建筑启航的新时代**。此后，一系列政策和标准相继出台，促进了绿色建筑新产品和新材料的应用，上海中心大厦和国家会展中心等一系列标志性绿色建筑项目落地，示范效应显著，成为上海城市的靓丽名片。

在绿色建筑从星星之火走向燎原的过程中，2010年上海世博会是一个非常重要的历史性节点。作为世博会历史上第一次以城市为主题的展会，世博园区的规划总图中就对绿色生态策略进行了部署落实，世博中心、世博文化中心、城市未来探索馆等永久性建筑均达到了绿色建筑三

图1-3　世博城市最佳实践区

星级标准。可以说，上海世博会向世人揭开了绿色建筑的神秘面纱，让普通民众了解、体验了绿色建筑，对世博会后上海全面推进绿色建筑起到了重要的普及作用。

此后，上海用两个"第一"走出了具有自身特色的绿色建筑推进之路。2014年上海发布《上海市绿色建筑发展三年行动计划（2014—2016）》，成为全国第一个在各类建筑中全面实施绿色建筑要求的省市；2016年上海进一步明确全面实施装配式建筑，推动绿色建筑产业的能级提升。随着2021年《上海市绿色建筑管理办法》发布，上海的绿色建筑也进入了长效法制的新时代。目前，上海已将绿色建筑发展要求纳入建设管理流程，形成全过程闭环管理，截至 2021 年底，上海绿色建筑总面积达到 2.9 亿平方米。

新时代，"以人民为中心"的理念对绿色建筑的规模化发展提出了新要求，为了进一步突出建筑、交通、生态环境、资源能源等方面的集约发展优势，从区域层面优化布局，进一步落实产城融合、职住平衡原则，加强公共开放空间和公共服务配套的共建共享，绿色生态城区的概念由此应运而生。上海通过标准先行和政策引导相结合，建立了以规划为先导、过程管控为抓手的全过程绿色生态城区推进模式，通过区域联动布局，助力"2035 城市总体规划"的"生态之城"建设愿景。截至 2022 年 6 月，上海市已成功创建了 18 个绿色生态城区，总用地规模约 49 平方公里。这其中，虹桥商务区无疑是最具代表性的案例。

虹桥商务区自 2009 年启动规划之初，便在国内率先提出并始终坚持绿色低碳为魂的发展理念，高起点规划引领、高标准开发建设，并在运营阶段应用智慧管理技术，绿色建设成绩斐然，为其他区域的生态低碳区域开发提供了"虹桥样板"。2010 年 1 月，《上海市虹桥商务区管理办法》中就明确提出"鼓励虹桥商务区通过低碳经济发展方式，建设成为低碳商务区域"的目标，成为国内最早以绿色低碳引领区域规划的项目之一；2011 年，虹桥商务区成为上海市首批低碳发展实践区；2014 年，被批准为国家绿色生态示范城区；2017 年，获评为上海市低碳发展示范区；2018 年，成为全国首个三星级国家绿色生态运行城区。十年耕耘，硕果累累。据统计，该城区年碳排放量约为 60.06 万吨二氧化碳，单位面积减碳比约为 58.35%，在国内甚至国际上都起到了标杆和示范效应。

从单体到城区，可以说这是上海在推进绿色建筑规模化、高质量发展中的一次跨越，具有重要的里程碑意义。未来，上海将在五个新城突出"生态惠民、宜居安居、低碳绿色、智慧治理、韧性城市"五个重点方面，全面执行绿色生态城区标准，提升宜居宜业性能，增强人民对城市绿色发展的获得感、满意度和幸福感。

图 1-4　虹桥商务区

记者：绿色建筑要真正做好做实，需要产业链上下游的协同发展，一方面需要更"绿色"的新技术产品，另一方面也急需改变传统落后的建造方式。2016 年上海在全国率先提出全面实施装配式建筑，有着怎样的背景，又取得了怎样的成效？

胡广杰：传统建筑业属于劳动密集产业，建造方式存在诸多弊端，例如湿法作业和施工扬尘造成环境污染，不必要的建筑材料损耗导致建筑垃圾，现场工人劳动强度大、施工效率低，工程质量参差不齐。新发展格局下，我国已将资源与环境问题摆在了保障长期可持续发展的关键战略位置，推进建筑工业化、发展装配式建筑，改变传统的建筑生产方式势在必行。

装配式建筑是把传统建造方式中需要大量在现场作业的工作转移到工厂进行，将建筑的部分或全部构件（如楼板、墙板、楼梯、阳台等）在工厂预制完成，再运输到施工现场通过可靠的连接方式装配而成。如同搭积木一般，装配式建筑实现了"像造汽车一样建房子"的建造模式，以其构件质量好、施工效率高、建筑垃圾少、节省人工成本等显著优势，成为建筑业未来发展的必然方向。

可以说，推广装配式建筑是实现建筑工业化、践行"两提两减"（提高质量、提高效率、减少污染、减少人工）原则的关键途径，也为建筑业的绿色化、低碳化发展提供了重要载体。

上海市是全国较早推进装配式建筑试点的城市之一，"万科新里程"成为国内第一个装配式商品住宅项目。自20世纪90年代中期以来，上海市从住宅建筑入手，探索推进建筑工业化的发展，大致经历了三个发展阶段。

第一个阶段是 1996~2013 年，处于试点探索和试点推进期。1996年，上海市被列为全国住宅产业现代化示范城市，这一事件成为上海市建筑工业化试点工作的起点。在"十一五"期间又编制了装配式混凝土住宅的设计标准、预制构件生产和安装标准，上海也成为国内较早建立装配式建筑标准体系的省市之一。

第二个阶段是 2014~2016 年，处于面上推广期。2014 年上海发布了《关于推进本市装配式建筑发展的实施意见》（沪建管联〔2014〕901号）文件，明确提出了"两个强制比率"（装配式建筑面积比率和新建装配式建筑单体项目的预制装配率）的发展目标。具体落地过程中，以土地源头控制为抓手，将装配式建筑建设要求写入土地出让合同，并将装配式建筑项目纳入建管信息平台监管，在报建、审图、施工许可、验收等环节设置管理节点进行把关。

第三个阶段是 2016 年以来的快速发展期。2016 年被认为是上海市推广装配式建筑的重要里程碑节点，从这年开始，上海市符合条件的新建建筑原则上全部采用装配式建筑。同年，住房和城乡建设部在上海市召开了全国装配式建筑工作现场会，住房和城乡建设部领导充分肯定了上海推进装配式建筑发展的模式。

2017 年，上海市入选"全国首批装配式建筑示范城市"；2019 年《上海市住房和城乡建设委员会关于进一步明确装配式建筑实施范围和相关工作要求的通知》（沪建建材〔2019〕97号），明确提出了"新建建筑单体预制率不低于40%或单体装配率不低于60%"的要求。这一指标要求在全国处于最高水平，体现了上海市装配式建筑的技术先进性，也为装

图 1-5　装配式项目现场吊装

配式建筑在上海市的全面推广应用提供了非常大的支持力度。

以 2021 年为例，上海市新开工装配式建筑达 4859 万平方米，占新开工建筑总面积比例达到 93.1%，居全国首位，历年累计的新开工装配式建筑面积累计总量已超过 1.8 亿平方米。在装配式建筑全面普及的背景之下，上海市的混凝土预制构件生产企业迎来了发展的新机遇，从数量和产能上都实现了倍增，对建筑工业化产业链起到了极大的提振作用。

记者：您认为上海的城市建设中，有哪几个项目是最能让百姓体会到绿色技术带来的获得感和幸福感的？

胡广杰：上海深入贯彻落实中央城市工作会议精神，秉持"创新、协调、绿色、开放、共享"的发展理念和"适用、经济、绿色、美观"的建筑方针，对绿色建筑的发展始终坚持高标准、高要求和严审查，重视绿色建筑的实际性能提升，完成了众多的绿色建筑建设，不断增强市民对绿色技术使用的获得感和幸福感。

　　这其中，**最受瞩目的是上海中心大厦**。作为目前国内第一高楼，项目在 2007 年启动之初就提出了"绿色垂直城市"的愿景，以"体现人文关怀、强化节资高效、保障智能便捷"为目标，通过"建筑—区域—城市"的协同设计手法，以"十年磨一剑"的初心，着力破解超高层建筑在能源、资源和环境等方面的难题，提出了室外风环境控制、光污染防治、立体交通、幕墙节能、多能互补、雨中水回用、结构优化与安全监测、室内环境控制、绿色施工和 BIM 云平台实时监管十大创新科技。现在我们的市民进入到上海中心，在首层大堂就可以看到大厦在绿色技术方面的这些突破，创造了多项"世界第一"，作为一个上海人，我也是由衷地为之自豪。

　　另外一个"小而美"的项目是三湘张江海尚福邸，这是上海第一个获得国家绿色建筑三星运行标识的住宅项目，采用了空气净化、遮阳系统、高气密性设计、雨水回收利用、太阳能热水、智能家居系统等科技

图 1-6　上海中心大厦

系统。这些技术并非高高在上的"阳春白雪",而是切切实实对住宅产品进行了系统整合,为住户带来了品质的提升和费用的节约。例如,阳台壁挂式的太阳能热水系统替代了常规燃气热水器,不但为住户节省了能源费用,还大大减少了燃气燃烧产生的空气污染。又如,每家每户的置换式独立新风系统,可以实现24小时清洁空气源源不断地送入房间,既保证了雾霾天室内的空气质量,也免除了对梅雨天潮湿的担忧,住户还可以通过手机端直接查看室内外的空气指数对比,直观地感受绿色科技给生活带来的福祉。

记者:上海市人民政府发布了《上海市碳达峰实施方案》,您觉得在未来的城市发展中,要重点在哪些方面作好转变,实现建设领域的跨越发展?

胡广杰:《上海市碳达峰实施方案》明确提出要把碳达峰的战略导向和目标要求,贯穿于经济社会发展的全过程和各方面,在加强统筹谋划的同时,进一步聚焦重点举措、重点区域、重点行业和重点主体,组织实施"碳达峰十大行动"。我们也组织编制了《上海市城乡建设领域碳达峰实施方案》,细化部署建设领域的重点方向和主要任务。

城市建设领域作为国民经济碳排放的重点部门之一,我认为在现阶段的碳达峰和未来的碳中和进程中,特别需要处理好三个平衡关系。首先,是城市建设领域能源供给侧和能源需求侧的平衡性,解决能源消耗、资源利用和供给性问题;第二,碳减排与发展的平衡性,碳排放既是生态环境问题,也是发展权问题,解决碳减排速度要与经济发展、技术发展相适宜;第三,是多元化技术应用的平衡性,解决化石能源和清洁能源、建筑降碳技术、智慧运营管理等新技术之间的适用性问题。

"双碳"战略加速推进,其引起经济社会系统改革的趋势可被预见。上海立足新时代新阶段的新要求,目前正在加快城市建设绿色发展的前沿探索,推动从超低能耗建筑向零碳建筑的迈进,实现以创新为动力的能级提升。截至2021年底,上海市落实超低能耗建筑项目约350万平方米,2021年当年落实量占全国20%以上。此外,积极推动建筑性能从"图纸"到"实效",提升绿色住宅和公共建筑的可感知性和实效价值;

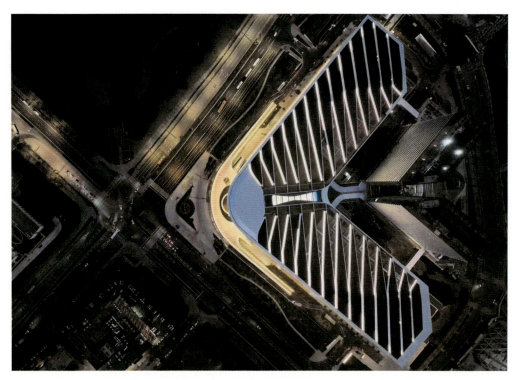

图1-7 世界顶尖科学家论坛永久会址

推动建设方式从"建造"到"智造",实现工业化和智能化的协同发展;推动绿色规划的尺度从"城区"到"新城",实现城市建设绿色发展领域的系统变革,引领绿色低碳城市发展的新赛道。

党的二十大报告专门用"推动绿色发展,促进人与自然和谐共生"一整个章节,全景式展望了新时代绿色发展的恢宏画卷,为我们未来五年乃至更长时期的工作提供了根本遵循和行动指南。上海市第十二次党代会报告提出要扎实推进生态文明建设,加快建设人与自然和谐共生的美丽家园,使绿色成为城市最动人的底色、最温暖的亮色,让低碳成为生态之城的鲜明标识。在全面建设社会主义现代化国家的新征程上,我们将始终坚持以习近平新时代中国特色社会主义思想为指引,自觉践行"人民城市"理念,在市委、市政府坚强领导下,以排头兵的姿态和先行者的担当，着眼全局、敢为先锋、勇于探路，切实把党的二十大各项部署要求贯彻落实到绿色建筑事业发展的全部工作中，高质量地细化为"施工图"、转化为"实景画"，为奋力谱写新时代"美丽中国"建设的绚丽华章，展现更多上海力量，提供更多上海方案，贡献更多上海智慧！

第二章
Chapter 2

破茧——建筑节能奠定了城市绿色建设的基石
Unshackle — Building Energy Efficiency Lays the Cornerstone of Urban Green Construction

20世纪70年代，世界性的石油危机爆发，随着全球资源的日趋枯竭，如何节约各种能源的消耗，实现全球的可持续发展，成为迫在眉睫的问题，各个国家由此开始制定节约能源战略和路线。社会用能的各部分构成之中，建筑用能关系国计民生，量大面广，普遍被认为是至关重要的部分，建筑节能的概念被正式提出。

20世纪80年代，我国正踏上高速发展的快车道，工业的增长、城镇化进程的加快、居民消费结构的升级，使得对能源、经济资源的需求更加迫切，如何在发展中降低建筑能耗，使之与能源供应较紧缺的现状相协调，是当时建筑节能要解决的首要问题。而上海作为创新发展的先行者，顺应世界和国家的发展潮流、高水平推进建筑节能的起步发展，是这座城市责无旁贷的使命担当。

20世纪90年代后，老百姓对住房的关注点从早先聚焦在面积上，而后逐步转向舒适性的改善。上海市从零起步，开始成立"第一个"建筑节能领导小组，编制"第一本"建筑节能五年实施纲要，制订"第一项"建筑节能管理办法，发布"第一部"建筑节能标准，全面启动建筑节能工作，迈出了上海市在建筑领域绿色发展的第一步。

本章将和读者一起回顾上海早期建筑节能工作破冰启航、循序渐进的发展历程：从研究改善建筑热环境转向重点研究建筑节能；从研究围护结构热工性能转向研究设备系统的高效化运行，到试点开展既有建筑节能改造，再到持续推进建筑能耗监测和节能运行。在这个进程中，早期建筑节能工作的扎实推进不仅奠定了上海绿色建设的基石，更见证了上海迈向精细化节能管理的发展足迹。

In the 1970s, the global oil crisis broke out. With the increasing depletion of global resources, how to save the consumption of various energy sources and achieve global sustainable development has become an urgent problem. Among the various parts of social energy use, building energy consumption is related to the national economy and people's livelihood, and it is generally considered to be a crucial part in a large amount and a wide range. The concept of building energy efficiency is formally proposed.

In the 1980s, China was on the fast track of rapid development. The growth of industry, the acceleration of urbanization, and the upgrade of residents' consumption structure made the demand for energy and economic resources more urgent. How to reduce the energy of buildings during development, and make it coordinated with the current situation of relatively short energy supply, was the primary problem to be solved in building energy conservation at that time. Shanghai, as the pioneer of innovation and development, conforms to the development trend of the world and the country, and promotes the initial development of building energy efficiency at a high level. It is the city's duty and responsibility.

After the 1990s, people's focus on housing changed from focusing on area earlier to improving comfort. Shanghai started from scratch and started to set up the "first" building energy conservation leading group, compile the "first" five-year implementation outline of building energy efficiency, formulate the "first" building energy efficiency management method, release the "first" building energy efficiency standard, and comprehensively start the building energy efficiency work, which is the first step in the green development of Shanghai's construction sector.

This chapter will review the ice-breaking and step-by-step development process of Shanghai's early building energy conservation work, from research on improving the thermal environment of buildings to focusing on building energy conservation, from research on thermal performance of envelope structures to research on efficient operation of equipment systems, to carrying out the energy-saving renovation of existing buildings on a pilot basis, and then continuing to promote building energy consumption monitoring and energy-saving operation. In this process, the solid progression of early building energy conservation work not only laid the cornerstone of Shanghai's green construction, but also witnessed Shanghai's development footprint towards refined energy conservation management.

第一节
Part 1

建筑节能的发展印记
Milestones of Building Energy Efficiency

1. 回顾岁月，重温 20 世纪 90 年代的居住场景

从 1984 年起，国务院和上海市政府提出要振兴上海，重点是向杭州湾和长江南北两翼展开，筹划新区建设。1990 年，党中央、国务院正式宣布开发开放浦东。但此时，陆家嘴还是"烂泥渡"，张江是一片农田，临港则是孤悬东海的芦苇荒滩……这项重大举措不仅掀开了我国改革开放向纵深推进的崭新篇章，更如同一双充满魔力的手，规划着上海城市建设的蓝图，20 世纪 90 年代的上海也在这双手的轻抚下悄然改变着模样。几十万建设者开进浦东，架桥筑路，建厂造楼，自此，一个外向型、多功能、现代化的新城区开始奇迹般地崛起，带动了全上海以及长江三角洲和整个长江流域经济的新飞跃。

（1）建筑规模扩张，气候夏热冬冷

20 世纪 90 年代初，上海人均居住面积不足 7 平方米，其中多达数十万户的家庭人均居住面积低于 4 平方米，还有 3 万多户不到 2.5 平方米，住房紧张问题十分严峻。解决老百姓的住房难问题，关乎上海改革、发展和稳定的大局，始终被放在政府工作的重要位置。

20 世纪 90 年代以来，上海投入了大量资金用于城市基础设施建设。从 1991 年到 1999 年，城市建设投资总额平均每年增长 35.9%[1]。既有建筑的总量从 1990 年的 1.7 亿平方米，猛增至 2000 年的 3.4 亿平方米，十年间翻了一番；每年的房屋竣工面积也在这十年间翻了番（图 2-1）。到 2000 年底，人均居住面积大幅提升到 11.8 平方米[1]，成功消灭了 365 万平方米的棚户危房，原先人均居住面积不足 4 平方米的住房困难户实现了全部解困。

从气候条件来讲，上海市在我国建筑热工气候区划中属于夏热冬冷气候区。夏季闷热，历史上极端最高温度达到 40.9℃，且近年来气温还在逐年上升；冬季湿冷，历史上极端最

---

[1] 上海市统计局. 上海统计年鉴 2000[M]. 北京：中国统计出版社，2001.

图 2-1 上海市 1990~2000 年各年房屋竣工面积的增长

低温度达到 -12.1℃，气温日差较小；年降水量大，日照偏少。所以，在上海居住，既要考虑夏季隔热，又要考虑冬季防寒，同时还要解决防水、防霉等一系列具体问题。

炎热的夏季，拥挤的房间里没有空调，只能敞着窗扇通风，男人们光着膀子，女人们手握蒲扇……这就是 20 世纪 90 年代上海百姓的日常居住场景。犹记得，仲夏的夜晚，马路边摆满了各色躺椅，弄堂里的男女老少纷纷出来纳凉消暑；冬季也是难熬的，没有集中采暖，家家户户都只能靠着火炉和热水袋过冬。

（2）房屋构造破旧，热工性能欠佳

20 世纪 90 年代初，时常有人形容上海的住房是"鸽棚"，道路是"肠梗阻"。那时各个区县的住房情况都差不多，房屋构造破旧、道路狭窄、交通拥挤、排水不畅、绿化奇缺、煤气和通信供应不足，各区的危棚简屋都到了不得不改造的地步。上海市花了大力气进行 365 万平方米棚户危房的改造，到 2000 年底才基本完成了改造。

那时的房屋除了构造破旧外，热舒适性差的另一个主要原因就是围护结构的保温隔热性能较差。外墙、屋面、外窗等围护结构的热工性能

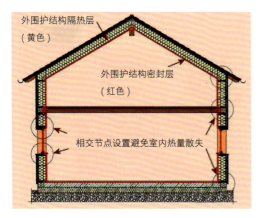

图 2-2 房屋围护结构保温示意图

不好,会导致冬季房屋室内热量散失快,就需要更多的热源供应,而夏天,热量从外墙侵入,空调就一刻也不能停。

给围护结构添加保温,如同人们为了御寒多添加点衣物一样,就像给房子穿上了一层"棉袄"。不仅仅针对冬季,在炎热的夏天,针对阻挡室外高温酷暑,这些保温隔热措施也起着非常重要的作用,不仅能提高室内的舒适性,还更加节能(图 2-2)。

事实上,上海的建筑保温工作起步较晚,与我国北方大部分城市相比,存在一定差距。在最早的国家节能标准和政策规定中,上海并不属于建筑采暖保温地区,因此当时的居住建筑设计对保温隔热性能并无规定。20 世纪五六十年代,上海的建筑物外墙以实心黏土砖为主,外窗则普遍采用单层玻璃窗,热工性能较差。到了 20 世纪 70 年代,随着黏土多孔砖的推广,墙体的保温性能有所改善。

20 世纪 90 年代"限实令"出台,实心黏土砖的生产和使用受到限制,上海开始探索新型墙体材料的使用,混凝土小型空心砌块墙体和钢筋混凝土剪力墙结构逐步兴起。由于这两类墙体的保温隔热水平仅为黏土砖的 1/2 到 2/3,建筑的热工性能出现了较为明显的下降,在冬季相同室内外温差的情况下,房屋热量散失是采用黏土砖的约 1.5 倍左右。透过围护结构散失或传入的热量多了,室内热舒适性自然难以得到满足。

(3)聚焦舒适改善,建筑能耗急增

随着住房问题的逐步改善,老百姓对于住宅的需求也从早先聚焦在面积上,到同步开始关注舒适性的改善。从 20 世纪 90 年代末开始,随着经济的迅速发展和对外开放水平的逐步提高,老百姓的生活水平大幅改善,对居住建筑热舒适性的需求亦日益迫切,越来越多的居民开始购置家用空调来改善热环境。

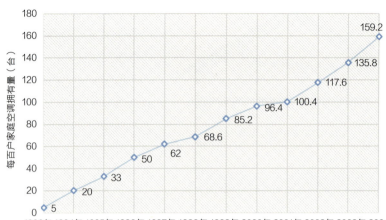

图 2-3　上海每百户居民房间空调器拥有量的增长

　　据调查[1]，2000年上海每百户居民的空调拥有数为96台，分别是1993年的19倍、1995年的3倍（图2-3）。一方面由于常规住宅能耗中空调电耗占家庭年总用电量的1/3左右，因此，家用空调数量的井喷式增长，造成了城市空调用电的急剧增加。另一方面，公共建筑的空调用电增量也不容小视。20世纪90年代后期，新建的商厦、宾馆等建筑基本都安装了中央空调，既有公共建筑也大多经改造增加了中央空调，因此城市建筑用电负荷较以往也有较大提高。

　　统计数据显示，1993年上海全市的夏季最高用电负荷仅530万千瓦，到了2000年已达到1048万千瓦（图2-4）。这期间，全市夏季最高用电负荷逐年增长约10%，电力需求侧的峰谷差被拉大，峰电缺口也逐年扩大。在满足人民群众日益增长的居住舒适性需求的同时，切实改善高峰用电短缺的瓶颈问题已迫在眉睫，由此，通过顶层部署统筹推进全市建筑节能工作被正式提上了议事日程。

　　总之，随着上海城市建设脚步的提速，能源消耗逐年递增已成为城市可持续发展面临的重要问题之一。然而，回顾20世纪90年代，建筑节能措施和技术标准还处于空白地带，空调等家用耗电设备的使用都还处于起步阶段。随着空调等家电普及率

1　上海市统计局.上海统计年鉴2000[M].北京：中国统计出版社，2001.

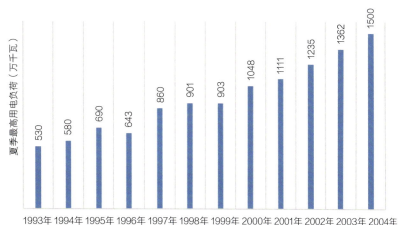

图 2-4　上海市夏季最高用电负荷的增长

的增高，建筑能耗占社会总能耗的比例几乎以年均 1% 的增速刚性增长，对全市能源电力需求造成了较大压力。在上海开展建筑节能的市场条件已渐趋成熟，这不仅仅是为了满足当时人们对舒适生活环境的追求，更是为了促进上海社会和经济的可持续发展和提高城市综合竞争力。

2．先谋后动，开启建筑节能的顶层布局

（1）成立小组，建立节能领导体制

建筑节能作为一项涉及诸多行业和千家万户的全民事业，首要发展对策就是建立和健全相关的管理体制，从顶层制定和布局发展路径。1999 年底，上海市先后组建了"上海市建筑节能领导小组""上海市建筑节能办公室"，负责组织全市的建筑节能相关工作。自此，上海的建筑节能有了行政管理机构，节能管理工作正式启动。

此后，初步形成了从横向来看，由上海市城乡建设管理部门牵头，协

调相关委办局和职能部门共同协调推进的工作格局;从纵向来看,基本建立了市、区两级属地化推进建筑节能的工作机制。通过纵横交叉、双管齐下的管理模式,为加快推进上海市建筑节能工作奠定了组织保障基础。

同时,建筑节能也被列为科研重点发展学科,"上海市建筑节能技术学科(专项技术)研究发展中心"于2000年1月成立,从顶层布局,开始填补上海在建筑节能领域的空白状态。

(2)编制纲要,布局节能发展路径

2002年9月《上海市"十五"期间建筑节能实施纲要》编制完成,提出了这五年间推进建筑节能的发展思路和工作目标。该纲要的制定为后续上海市建筑节能工作的推进以及《上海市建筑节能管理办法》的出台打下了良好基础,形成行政和技术法规"两个轮子"共同转动的新构架。按照该纲要的要求,从2005年1月起,上海市新建住宅和政府投资的公共建筑全部按节能设计标准设计和建设。这个规定对上海市后续建筑节能的快速发展起到了关键性作用。

沪新建住宅须节能50%

来源:中华工商时报　2005年10月9日

最近出台的《上海"十五"期间建筑节能实施纲要》透露:上海今年将有100万平方米的新建住宅执行新的节能标准,这些节能住宅将比不节能住宅节省50%的能源。而到2005年,上海所有的新建(在建)住宅的围护结构都将执行新的节能标准,全部选用节能型的采暖、空调设备。据了解,这是上海首次对住宅建筑制订完整的节能规划。所谓围护结构是指屋面、外墙、门窗、分户墙、楼板等隔离设施。据了解,目前上海绝大部分的住宅为"一砖墙"结构。据测定,这些老住宅的墙体传热系数为2.0瓦/(平方米·开尔文)。按照《上海"十五"期间建筑节能实施纲要》所规定的标准要求,今后该市的节能住宅的传热系数要做到小于1.5瓦/(平方米·开尔文)。

（3）引逼结合，构建节能法规体系

随着国家1997年发布《中华人民共和国节约能源法》，上海市也于1998年颁布了《上海市节约能源条例》，其中第30条对建筑节能作出了规定，明确指出："建筑物的设计和建造应当依照有关法律、行政法规的规定，采用节能型的建筑结构、材料、器具和产品，提高保温隔热性能，减少采暖、制冷、照明、动力和炊事等设备的能耗。"

为了落实国家《节约能源法》，加大对建筑节能工作的管理力度，实现建筑节能跨越式的发展战略，建设部于2000年初签发了《民用建筑节能管理规定》（建设部令第76号）。上海市也提出了具体的实施意见，为上海市建筑节能依法管理提供了有力依据。

"十五"期间，上海市根据国家和地方现行的政策法规，先后制定了《上海市节能住宅建筑认定管理暂行办法》《关于进一步加快推进上海市建筑节能工作的若干意见》《上海市禁止和限制用于建筑工程的材料目录》等一批规范性文件，加快了推进步伐。

2005年5月，上海市人民政府公布第50号政府令，《上海市建筑节能管理办法》正式实施。这标志着上海市通过行政立法的手段，进一步加大了管理力度，构建了管理网络，将建筑节能纳入了建设项目管理流程，形成了从建设项目报建、设计招标、初步设计审核、施工图设计审核、建筑节能备案、施工过程监管，直到竣工验收备案的全过程监管模式。这也为上海市建筑节能工作的推进和健康有序发展提供了上位法的强力支撑。

2010年，上海市颁布《上海市建筑节能条例》，该条例充分考虑了上海市建筑节能工作实际，在可再生能源的应用、能效测评标识制度、建筑运行能耗管理等方面给出了细化规定，同时列出了政府对建筑节能的一系列激励措施，开启了上海市建筑节能新风向。

> ### 上海：出台新规提升建筑节能水平
> 来源：新华网　发布时间：2010-11-5　作者：陆文军
>
> 建筑作为与工业、交通并列的全球三大能耗"大户"，其各种绿色节能应用在世博会上广受关注。记者从上海市城乡建设和交通委员会获悉，上海已制定新规，将在后世博时代全面提升城市建筑节能水平。
>
> 记者了解到，新制定的《上海市建筑节能条例》已经人大审议通过，将于2011年1月1日起正式施行。新规不仅规定了新建建筑节能要求，而且还对既有民用建筑的节能改造作出了相关规定；同时，对于节能建材管理、可再生能源应用、能效测评标识制度、施工节能等都有详细规定，覆盖建筑建设、管理、维护的全过程。特别是还专门规定了采用建筑节能技术可享受的财政税收等优惠激励措施，使绿色建筑的可行性大大提高。
>
> 近年来，上海已在建筑节能方面下大力气进行改进，目前上海民用建筑已经施行节能50%的设计标准，并还在向施行节能65%的设计标准努力。建筑节能示范项目逐年增加，2010年共推出49项、建筑面积超过306万平方米的节能示范项目，体现了对全社会的引领作用。

（4）检测监督，培育市场服务机构

建筑节能作为一个新生事物，在发展的过程中离不开管理和监督，尤其是技术层面的监督。因此，伴随着建筑节能起步发展，组建第三方节能检测机构成为大势所趋。

2002年，上海市相关机构在学习发达国家对外保温系统性能检测技术的基础上，率先组建了建筑节能检测实验室，并成立了上海市"建筑节能评估检测中心"。中心主要承担上海市建筑节能产品、部件的测试、认定和节能住宅建筑的检测、评估，旨在确保上海市建筑节能工程的质量和节能达标。该机构的成立，也标志着上海市建筑节能检测评估能力的初步建立（图2-5）。

除了检测监督能力的培育，上海还积极探索发挥市场功能推进建筑

a 门窗传热系数检测实验室　　　　b 墙体传热系数检测实验室

c 检测自然条件下建筑物节能的野外测试房

图 2-5　建筑节能评估检测中心的实验装置

节能，培育了一批建筑节能评估、节能技术咨询、节能技术服务等机构。这其中，包括 2001 年建立的"建筑节能专家工作室"，2003 年成立的国内首家"建筑节能评估事务所"，2004 年组建的"上海市建筑环保节能和材料学科研究中心"等。在全国率先试点引入社会保险机制，规范行业行为。同时，充分发挥行业协会作用，开展建筑节能技术和产品推荐、网上注册和告示等工作模式。

3. 从零起步，构建建筑节能的标准体系

20 世纪 80 年代，我国的建筑节能标准起步于采暖居住建筑，90 年

代上海居住建筑墙体材料的革新与节能需求，同样催生了上海建筑节能标准的出台。

2000年，上海市发布了首部地方建筑节能标准《住宅建筑节能设计标准》。因为有了标准支撑，上海的建筑节能工作进入了有据可依的新阶段。此后住宅建筑和公共建筑节能设计标准包含的内容不断更新，从只关注墙体等围护结构节能，到逐步将空调设备节能、可再生能源应用纳入建筑节能范畴，并伴随强有力的建筑节能政策推进，由推荐性标准上升为强制性标准。

2014年开始，上海在全国首次将之前散落的建筑节能标准集中在一起，形成了涵盖通用和专用两个层级的独立工程建设标准体系分支。建筑节能标准体系针对居住建筑和公共建筑两类对象、新建建筑和既有建筑两种类型，结合建筑门窗、保温材料、建筑遮阳等节能新技术新产品的发展情况，通过多年努力逐步构建了面向设计、验收、改造、审计全过程的系统性标准链条，为建筑节能的有序发展提供了强有力支撑。通过节能标准的强制实施，保障了上海市在新建建筑规模成倍增长的背景下，单位建筑面积能耗值一直处于相对平稳状态（图2-6）。

图2-6 上海市建筑节能标准发展历程

上海的建筑节能标准体系重点从新建建筑能效提升、既有建筑节能改造、公共建筑能耗监测与运行管理、建筑可再生能源利用四个方面勾勒了上海在建筑节能领域标准化的总体框架。

（1）新建建筑能效提升

为落实"新建建筑全部执行建筑节能标准"这一总体目标，上海市自2001年来先后两轮修订了居住建筑和公共建筑节能设计标准。与此同时，还编制了《建筑节能工程施工质量验收规程》DGJ 08-113-2017，通过强制性设计、验收规范双重保障新建建筑全面执行及落地节能标准要求（图2-7）。

在建筑节能标准体系中除了强制性的设计及验收标准，各类保温材料、部品部件产品标准的编制及实施，对引导建筑节能产业的有序发展同样起到了积极的作用。以保温系统为例，上海市针对不同时期的引导方向适时出台了相应的应用技术规程，陆续明确了自保温、外保温、复合保温等不同形式的技术要求，通过节能配套标准的颁布实施，积极引导建筑节能及保温材料产业的发展。

图2-7　上海市新建建筑能效提升重点标准

(2)既有建筑节能改造

为推动既有建筑的节能改造工作,上海市按照居住建筑和公共建筑两大类分别出台了既有建筑节能改造技术规程。

2014年4月正式实施的《既有居住建筑节能改造技术规程》DG/TJ 08-2136-2014将居住建筑节能改造划分为单项节能改造和综合节能改造,规范了居住建筑节能改造从设计、施工到效果评价全过程的技术要点。同月实施的《既有公共建筑节能改造技术规程》DG/TJ 08-2137-2014,则对公共建筑进行节能改造时的节能诊断、适用材料、设备和技术、施工、验收等方面均作了规定。2018年2月正式实施的《建筑改造项目节能量核定标准》DG/TJ 08-2244-2017针对建筑单项节能改造项目和综合节能改造项目,规定了节能量/率的量化方法,包括收集项目改造前、改造实施过程中和改造后的相关资料,主要包括建筑基本信息、改造方案、采购合同、能耗数据、主要影响因素等,确定基准期和核定期,选择合适方法,计算节能量和节能率等内容(图2-8)。

图2-8 上海市既有建筑节能改造重点标准

（3）公共建筑能耗监测与运行管理

公共建筑节能是建筑节能最重要的组成部分，上海市在全国率先开展大型公共建筑的能耗监测与运行管理工作，取得了良好的成效，这离不开公共建筑用能监测、运行管理、能源审计等一系列标准强有力的技术支撑。

其中，《公共建筑用能监测系统工程技术标准》DGJ 08-2068-2017明确了各类公共建筑用能监测系统设计、施工、调试、验收及运营维护的技术要求，明确了采集的能耗数据类别、能耗数据编码要求。《公共建筑节能运行管理标准》DG/TJ 08-2321-2020聚焦暖通空调等用能设备与系统的日常运行维护，重点关注运行中的优化调适。《公共建筑能源审计标准》DG/TJ 08-2114-2020提出建筑能源审计分级，突出了以分项计量数据为基础的审计方法，并以标准附录形式统一了能源审计所需的各类记录表格和审计报告框架（图2-9）。

图2-9 上海市能耗监测与运行管理重点标准

（4）建筑可再生能源利用

可再生能源利用是建筑节能的重要组成部分，上海市在太阳能光伏、太阳能热水、可再生能源检测、空气源热泵等建筑可再生能源标准编制方面也进行了诸多有益的尝试。

其中，《可再生能源系统建筑应用运行维护技术规程》DG/TJ 08-2290-2019 较完整地对太阳能热水系统、地源热泵系统和太阳能光伏发电系统的工程运行维护提供了技术实施导则。《民用建筑可再生能源综合利用核算标准》DG/TJ 08-2329-2020 统一提出了可再生能源利用量的计算要求，统一了计算方法，助力新时期节能减碳工作（图 2-10）。

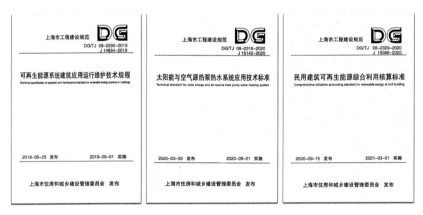

图 2-10　上海市建筑可再生能源重点标准

4. 科技探索，深入节能体系的工程实践

"科学技术是第一生产力"，建筑节能的起步探索也同样始于相关的科研项目，上海市关于建筑节能技术的研究始于 20 世纪 90 年代，从逐步研究改善房屋热环境转向重点研究建筑节能，开始系统推进建筑节能技术开发和应用。同时，在借助国际交流合作，吸收国外先进技术和经

验的基础上，不断深入实践探索，走出了一条适合上海特色的节能道路。下面是对上海市较早在建筑节能和城市能源领域开展研究，并进行国际交流合作的学者——同济大学龙惟定教授的一段采访。

建筑节能，上海必须走出自己的路
受访者：龙惟定　同济大学教授[1]　时间：2022年8月

Q：作为我国暖通空调和城市区域能源领域的先行者之一，您是如何与建筑节能结缘的？

A：我与建筑节能结缘已经整整44个年头。1970年，我从清华大学供热通风专业毕业，在1978~1982年研究生期间，就参与了"文化大革命"以后我国建筑领域第一个全国性的重大科技项目，开启了建筑负荷计算方法的研究。毕业来到上海城建学院当老师后，我对自己的研究方向一度感到困惑，当时的负荷计算方法已经很成熟，作为设计人员的工具已非常普及，因为负荷计算和能耗分析恰是建筑节能的基础，于是我开始逐渐转向建筑节能方向的研究，认定随着空调的普及，建筑节能会成为将来建筑领域的一大重点问题。从这时候开始，我的研究轨迹开始与建筑节能紧紧地联系在了一起。

Q：20世纪末的上海是如何艰难起步，探索在大型公共建筑中应用空调系统的？

A：20世纪80年代，空调还很少见，早期的建筑节能还主要集中在围护结构保温和北方集中供暖的节能上。到了80年代后期，上海市的公共建筑开启了设计集中空调系统的先例，我也参与了这时期空调系统设计的起步工作。

1985年建成的上海市对外开放后的第一幢现代化办公楼，坐落于外滩的联谊大厦，这是上海第一次在高层办公楼里自主设计空调系统，全市都很重视。这座大楼由华东建筑设计院设计，当时全院的暖通工程师都集中在一起探讨办公楼空调系统的方案，我也曾参与他们的讨论。

另一项建筑节能起步的标志性探索，是上海市第一百货商店的空调系统改造。建成于1936年的上海市第一百货商店由于客流量的逐年增长，早先设计的空调系统容量已经明显不足，空气环境较差。1982年，对商场空调系统进行了改造。这是上

---

[1] 注：本书采访嘉宾的职务均以采访时间为准。

海市第一幢既有商业建筑的空调系统改造。为了准确地预测空调的负荷，记得当时是同济大学秦慧敏老师带领学生去现场，手握计数表，手动统计商场进出的人流量。后来我们还在淮海路的国营旧货商店（现在已拆除）做过同样工作，都是为了为准确预测负荷、实现空调节能服务的。

到了 90 年代后期，开始关注室内空气品质。如何既要节能、又要保证新风量，关注室内人员的健康成了当时业内的热点。我们在金茂大厦、上海证券大厦等典型超高层建筑中开始开展室内环境和能耗方面的测定。当时对金茂大厦的测定是与清华大学合作完成的。这也说明了建筑节能工作开始向以人为本的方向转变。

Q：作为上海市最早一批积极开展国际交流的建筑节能工作者，您认为上海是如何依靠国际合作来发展建筑节能的？

A：上海发展建筑节能，有很多技术要学习国外的经验。当然，我们也不能完全照搬国外，要在国际合作中找寻适合上海的路。

建筑节能是全球面临的共同话题，与欧美等国家先进的节能技术进行交流与合作，是促进我国建筑节能发展的必要手段之一。但是建筑节能的最大特点就是因国家和城市而异，每个城市都有自己的人文生活习惯和气候特点，比如欧洲很强调建筑气密性，而中国的南方人喜好开窗通风。所以要在学习国外技术的基础上因地制宜，充分结合自身的特点，走出自己的路。上海充分发挥了国际联络广泛的优势，成为我国最早期开展建筑节能国际合作与交流的城市之一。上海与日本、韩国、美国、德国、英国、新加坡等发达国家在建筑节能领域都有广泛而深入的交流合作。与我国香港、台湾地区的同行在建筑节能方面也有很多交往。

（1）科研先行，开启节能起步探索

上海最早期建筑节能相关的科学研究主要集中在墙体屋面的保温隔热、门窗的节能措施等建筑外围护结构方面。在这些方面，上海市的科研机构开展了"屋面保温防水材料的研究""高强度珍珠岩墙体保温板应用技术研究""上海地区住宅围护结构建筑节能技术研究""住宅墙体外保温节能新技术研究与开发"等一系列专项课题研究，在建筑围护结构节能与高效保温材料的应用方面取得了突破性进展。

在试点实践的基础上，到"十五"时期基本形成了适合上海气候特点、面向不同建筑类型的围护结构节能技术体系。后来又通过开展"上海住宅建筑节能技术集成及应用研究""低能耗建筑节能技术研究""多层住宅节能示范工程适用技术研究""上海市生态住宅小区技术实施细则"等系列课题，形成了围护结构技术、节能门窗、遮阳技术和可再生能源利用等多项技术在节能住宅中的综合应用体系，研究制定了我国首个生态办公示范楼和零能耗住宅示范楼的低能耗围护结构节能技术方案和可再生能源利用方案，并付诸实施，同时为上海市全面推进节能住宅实施提供了有力的技术支撑。

"十一五"期间，上海市开始逐渐开展关于建筑用能设备的研究，通过"建筑科学用能体系的长期评价方法与监控技术的研究""大型公共建筑典型空调系统节能控制对策研究及相关示范工程""外滩商务区（CBD）供能方案研究"等课题积累，逐渐在建筑用能设备和系统的高效化运行方面取得了进展。

到了"十二五"期间，随着信息化技术的普及，上海市开始在节能管理的信息化和智能化方向发力，通过设立"公共建筑用能监测市级平台大数据分析研究与应用示范""公共建筑能效调适提升关键技术研究与示范"等课题研究，开启了以信息化手段助力节能管理的模式，开始有效监管建筑能耗的使用情况，也为上海市公共建筑能耗监测平台的建设奠定了技术基础。

上述科研项目的开展，标志着上海建筑节能工作的起步和发展，其中相当数量的研究成果通过试点示范的方式应用到工程项目中，通过经验总结和标准化工作，为后期建筑节能的飞速发展奠定了技术基础。

（2）他山之石，国际合作助推发展

从 20 世纪末期，上海就开始陆续引进美国、德国、日本等国家的节能型产品生产线和技术，如塑钢门窗、墙体保温用岩棉板、新型轻质保温隔热墙体材料、中空镀膜玻璃、节能灯与空调设备等，通过消化吸收和国产化研制开发，逐步形成国产化的多种新型高效保温材料的产品，并初步形成产业规模。在一些试点工程中的应用，实证效果较好，初步具备了开展各种内、外保温建筑体系工程推广的条件。由此，在建筑节能工作开展的同时，也带动了高科技新型建材产业的发展。

这其中代表性的企业是上海永业集团。1995 年，永业集团采用美国专威特（Dryvit）公司墙体保温技术与材料完成了上海第一幢高层住宅（22 层的经纬公寓）的外墙外保温工程，并取得了较理想的效果。随后，永业集团在 1999 年成立了上海第一家外墙外保温材料生产和施工的专业公司，系统引进并消化美国 EIFS 系统产品技术，实现了组成材料的 100% 国产化。

"十五"期间，上海市在建设部支持下参与了"中国终端能效项目"研究，与美国、法国和德国等国家的政府部门和有关组织合作开展建筑节能标准编制和分析评估软件开发，以及节能 65% 的住宅小区项目建设和生态住宅、生态办公楼、生态农舍等生态建筑的设计建造和展示等工作，及时跟踪国际先进技术，有效推动了上海市建筑节能工作的国际化接轨。

（3）实践检验，项目试点不断深入

在"十五"期间，上海市通过重点推进中心城区、试点城镇特色风貌和"四高"（高起点规划、高水平设计、高质量施工、高标准管理）、"四新"（新材料、新工艺、新技术、新设备）住宅小区、"国家康居"和"上海市新型墙体材料与节能住宅"等示范工程试点。到 2005 年底，共落实新建住宅节能项目 4000 余万平方米，公共建筑节能项目 185 万平方米，推进既有建筑节能改造 50 万平方米[1]，从数据上可以看到建筑节能工作成效斐然。

---

[1] 姜晓凌，王毅俊. 上海建筑节能从试点走向全生命周期[N]. 上海科技报，(2006-08-04)(B01).

2006年被评为上海市一级生态住宅小区、国家康居住宅示范工程之一——碧海金沙·嘉苑

碧海金沙·嘉苑位于奉贤区上海市海湾旅游度假区内，分四期开发，总建筑面积约31.3万平方米，其中住宅总面积27.8万平方米，公建配套面积1.1万平方米。该项目被市政府有关部门批准为创建上海市一级生态住宅小区（图2-11）、被建设部批准为国家康居住宅示范工程，同时通过国家住宅性能评定技术标准AAA级（图2-12）。该住宅建筑采用的节能技术主要如下。

图2-11　碧海金沙·嘉苑实景图

- 住宅围护结构节能

围护结构节能：外墙采用粉煤灰加气砌块自保温系统外加EPS外保温系统；屋面使用25毫米厚XPS、100毫米厚丝棉作双层保温；中空断热铝合金窗。

- 综合节能技术

采用日本日立牌第三代变频家用中央空调；公共部位的照明系统采用节能声控、自熄开关等措施；建筑设计充分进行自然采光模拟；用户变电站使用了节能型变压器。

- 可再生能源利用

真空管平板分体式太阳能热水技术；太阳能光电技术太阳能照明系统；风力发电系统驱动小区景观循环水系统。

图2-12　国家康居示范工程和生态型住宅小区

- 无源湿感中央新风系统

该技术核心是利用室内的湿度，并连动控制低能耗超静音风机转速，从而实现室内换气的自动化。
- 小区分质供水
- 同层排水系统
- 建设声环境改善和建筑光环境改善
- 雨水利用
- 屋顶绿化
- 透水型材料应用

新型墙体材料、高效保温材料、密封材料、节能设备、保温管道等新技术和新产品在新建住宅中得到广泛应用，既实现了住宅建筑的舒适节能，又起到了很好的示范效应和社会效益。示范工程通过实际检测，对照行业标准《夏热冬冷地区居住建筑节能设计标准》JGJ 134-2001，节能率均明显高于规定的25%，有的高达40%左右。通过实施外墙外保温节能技术措施，相当于给住宅披上了一件"外衣"，起到了明显的夏凉冬暖效果，外墙的开裂和渗水问题也基本上得到了解决。

以"安亭新镇""上海春城"等为代表的一批建筑节能试点工程和住宅小区，先后获得建设部"绿色建筑创新奖"二等奖、三等奖。以下摘取了媒体在2005年对安亭新镇节能示范小区采用外墙外保温技术的报道[1]（图2-13）。

1 上海建筑节能示范小区 安亭新镇穿上"Sto经典"保温外衣[J]. 墙材革新与建筑节能，2005（4）：42.

图2-13 2006年竣工的安亭新镇实景

上海建筑节能示范小区
安亭新镇穿上"Sto 经典"保温外衣

上海节能示范小区、具有德国风貌的安亭新镇"系统地引进、对接当今欧洲先进技术",根据德国的建筑节能标准,所有楼盘的外墙都采用了外墙外保温技术。目前即将竣工项目中的主要景观楼盘都已穿上了德国"Sto 经典"外墙外保温"外衣"。

"Sto 经典"无水泥基外墙外保温系统是目前我国市场上最早推出的无水泥基体系,其抗撞击能力是纯水泥基体系的10倍,抗裂安全度是其他体系的4倍。由于其外墙采用了"Sto 经典"外墙外保温体系,传热系数由普通住宅的2.0降至0.42,室内温度常年保持在18~28℃,舒适度提高了,同时减少了能耗,保护了自然环境。安亭新镇采用"Sto 经典"保温隔热新技术,其每平方米的建筑成本仅增加了百元人民币。由于穿上了"保温衣",冬夏两季空调电费可以节约一半以上。

德国Sto股份公司(Sto AG)是世界上最早开发外墙外保温体系的厂家之一。2002年,Sto公司同中国人民保险公司签下了我国外墙外保温行业第一份也是目前唯一一份"PICC产品质量保证保险单",消除了开发商和购房者的后顾之忧。2003年"Sto 经典"外墙外保温体系(无水泥基)通过了上海市建委组织的专家鉴定,2004年荣获建设部"2004年科技成果推广项目证书"。

上海生态建筑示范工程——生态住宅示范楼

"上海生态住宅示范楼"于2005年落成于上海市建筑科学研究院莘庄科技发展园区内。生态建筑住宅示范楼共建造两幢,一幢是联体别墅其中的一套独立住宅,另一幢是多层建筑的一部分(图2-14)。

图 2-14 上海市生态建筑住宅示范楼南立面

示范楼结合住宅建筑面向广大居民用户的特点，在生态住宅示范楼建设中引入了"零能耗建筑""资源高效循环利用"和"高品质居住环境"三大技术目标，相应采用了"超低能耗、智能遮阳、清洁能源、节能空调、环保建材、轻质结构、立体绿化、节约用水、信息家居和舒适环境"十大技术体系。其中最亮眼的当属"智能遮阳"和"太阳能与建筑一体化"技术。

• 智能遮阳技术

两栋住宅都安装了高效智能遮阳系统，以提高窗户的隔热性能。其中独立住宅的东窗、南窗和天窗全部采用外遮阳方式，北窗采用了内遮阳方式。外窗的综合遮阳系数达到0.4，天窗遮阳系数为0.2。

根据建筑设计风格和日照规律，独立住宅中安装了包括户外铝合金百叶帘、户外天篷帘、户外卷闸帘、户外伸缩篷、户内百褶帘、户内百叶帘等多种户内外遮阳系列产品，并通过固定开关、无线遥控发射器、风光感应控制器共同实现对遮阳帘的控制。在生态住宅示范楼中，一些世界领先技术和遮阳新理念得到了应用和展示，它们包括日光增强型百叶帘、太阳能驱动卷闸帘、太阳能驱动风光感应及无线控制器、无线遥控及编程控制器、户内24V安全性遮阳帘等（图2-15）。

• 太阳能与建筑一体化技术

① 与建筑结合的太阳能光伏系统

在独立住宅屋面安装的光伏电池共24平方米，3千瓦功率，光伏电池每块200瓦，是当时世界上最大的单块光伏电池。其效率大于14%，该光伏电池通过逆变器成功与电网实现并网，并与屋面结构浑然一体（图2-16）。

② 与建筑结合的太阳能热水系统

两幢生态住宅楼探索了太阳能集热器与住宅阳台板以雨篷的设计一体化（图2-17）。

a 户外铝合金百叶帘

b 户外天篷帘

c 日光增强型百叶帘

d 太阳能驱动卷闸帘

图 2-15　住宅示范楼中采用的遮阳技术

a 独立住宅屋面安装的光伏电池

b 光伏电池板侧面

图 2-16　住宅示范楼中安装的光伏系统

a 与阳台扶栏一体化

b 与雨篷一体化

图 2-17　太阳能集热器与建筑一体化

申都大厦改造工程—绿色化改造示范

申都大厦原建于1975年，为上海围巾五厂漂染车间，建筑结构为三层带半夹层钢筋混凝土框架结构，1995年上海建筑设计研究院将其初步改造，经过多年的使用，建筑损坏严重，2012年，由现代集团对其进行整体绿色化改造（图2-18）。

改造中的绿色化示范技术包括如下几个方面。

图2-18 申都大厦改造前（左图）和改造后（右图）实景对比

- 自然通风（图2-19）
- 自然采光（图2-20）
- 建筑遮阳（图2-21）
- 屋顶绿化（图2-22）
- 垂直绿化
- 节能照明
- 能效监管系统
- 建筑智能化系统

图2-19 中庭设计和天窗实景

图 2-20　建筑东南局部室内自然光线的引入

图 2-21　建筑垂直外遮阳板

图 2-22　建筑屋顶绿化实景图

- 可再生能源利用系统（图 2-23）
- 雨水回用系统
- 阻尼器消能减震加固措施

图 2-23　建筑屋顶太阳能光伏发电系统（左）和太阳能热水系统（右）

第二节
Part 2

工程改造，提升建筑节能效果
Engineering Renovation to Improve Building Energy Efficiency

在城市发展从粗放式扩张转向内涵式增长、从增量建设转变为存量优化的今天，推动既有建筑的性能提升、保障使用者幸福感是当前的重要任务。

2006 年始，上海市以节能改造示范试点工程为契机，结合平改坡综合改造工程、"迎世博 600 天行动计划"等系列活动，逐步展开了既有居住建筑与公共建筑的节能改造工作。2009 年 9 月，上海市颁布《上海市建筑节能项目专项扶持办法》，首次明确为既有建筑改造提供资金扶持。

"十二五"期间，公共建筑成为节能降耗的主要领域，上海市被列为第二批公共建筑节能改造重点城市，针对既有公共建筑节能改造项目进行资助。

"十三五"期间，上海的既有建筑节能改造工作逐步与老旧小区综合改造、城市更新改造相结合，从单一改造走向综合改造。通过政策引导、标准规范指导、居民节能意识提升等措施，在降低建筑能耗的同时，改善居住环境，提高居民的幸福感和获得感。

1. 不同时期的建筑节能改造重点

上海市每年房屋竣工面积从 1978 年的 234 万平方米 / 年增长至 2020 年的 8150 万平方米 / 年，增长了近 34 倍（图 2-24）。

回顾 1949 年上海解放至 1990 年浦东开发前这段时期，上海城市建设处于低速增长状态，城市建设体量较小且增长有限。1979～1990 年，平均房屋竣工面积 744 万平方米 / 年。1990～2000 年这十年，以浦东地区大开发作为标志性特征，当年全市竣工开发量在 2000 年达到了 1909 万平方米 / 年，十年间开发建设规模增长了 1.6 倍。2000 年至今，随着长三角一体化成为国家战略、"五个新城"建设的提出，上海城市建设又有了新的飞跃，从 2000～2006 年的飞速增长以及 2007 年后增速回调

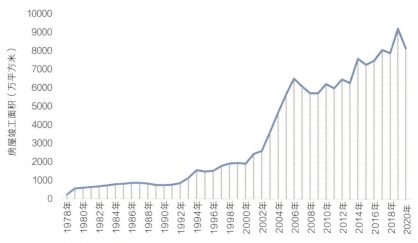

图 2-24　上海市各年度房屋竣工面积（数据来源：上海市 2021 年统计年鉴）

后的稳步增长，发展至 2020 年已达到 8150 万平方米 / 年。

　　由于建成时间跨度较大，各时期建成的建筑具有鲜明的特点。从节能视角去审视，随着建筑节能标准的不断升级，无论是伴随建筑整体更新改造同步完成的节能改造，还是为了降低建筑运行能耗、提升建筑服务品质进行的单项改造，老旧建筑均迎来了节能改造的时间窗口。

　　一般而言，公共建筑投入使用超过 15 年，节能改造的需求将显著增加。对于建成时间较为久远，使用时间超过 20 年甚至更长的建筑，机电设备已基本达到使用寿命，是目前城市更新的主要对象。对于建成时间相对较晚、投入使用时间较短的建筑，则可以根据建筑的实际使用情况，适宜采用节能调适、节能改造相结合的改造方案。对于居住建筑，建筑节能改造的对象一般集中在外窗、外墙、屋顶等建筑本体的性能提升优化方面，因此节能改造需求也一般在使用时间 15 年以上才开始明显增加。其中，以外窗改造相对来说经济性和可操作性更高，在居住建筑改造中应用较多。外墙和屋顶改造一般与建筑整体翻新改造相结合，或者结合"平改坡"等专项改造工作进行。

自 2000 年起，上海市已经陆续推出了一系列政策、法规、标准，逐渐规范了建筑节能改造工作，有效推动了上海市建筑节能改造工作的开展。

"十五"期间，上海市基本建立了建筑节能行政法规体系，重点推进中心城区、试点城镇特色风貌和"四高"（高起点规划、高水平设计、高质量施工、高标准管理）住宅小区等示范工程试点。同时，公共建筑节能和既有建筑节能改造开始起步。

"十一五"期间，上海市重点开展大中型办公、商业和旅游类等既有公共建筑的节能改造，并建立网络化建筑能耗分项计量监测系统；以"旧小区平改坡综合改造"项目为突破口，通过示范项目引领，进一步推进居住建筑节能改造。

"十二五"期间，通过示范引领、财政补贴支持、改造机制政策扶持、改造市场培育等，继续有重点地推进既有建筑节能改造工作：加强大型公共建筑的用能监管，推进非节能门窗、空调系统、照明系统改造，引导屋顶绿化、遮阳设施等节能措施的应用。同时，上海在节能改造所需的基础标准方面作了大量工作，形成了统一的节能量评审办法《上海市公共建筑节能改造重点城市示范项目节能量审核办法（试行）》；出台了上海市公共建筑系列用能指南，明确规定了各类建筑的用能水平评价标准；同时出台《公共建筑能源审计标准》DG/TJ 08-2114-2012，并拨付专项资金支持能源审计工作，作为推动既有建筑节能改造的前期技术措施；颁布了既有建筑节能改造专项标准《既有公共建筑节能改造技术规程》DG/TJ 08-2137-2014、《既有居住建筑节能改造技术规程》DG/TJ 08-2136-2014。在大量政策的引导推动下，以扎实科学的基础标准作为支撑，"十二五"期间上海市超额完成公共建筑节能改造重点城市项目任务指标，上海市既有建筑节能改造达到了第一个高峰。

"十三五"期间，上海发布的《上海市绿色建筑"十三五"专项规划》（沪建建材〔2016〕776号）、《上海市节能和应对气候变化"十三五"规划》（沪府办发〔2017〕12号）提出：将既有居住建筑节能改造与旧住房综合改造相结合；一定规模以上的建筑翻新和装修与改扩建工程，须同步实施相应的建筑节能改造工程；完成不低于 1000 万平方米的既有公共建筑节能改造；计划推进实施 5000 万平方米的各类旧住房修缮改造工作。

2．公共建筑节能改造示范城市

在上海既有建筑节能改造发展历程中，最重要的事件当属"十二五"期间启动的公共建筑节能改造重点城市项目。该项目的实施可以说广泛且深刻地影响了上海市公共建筑节能改造工作。通过总结已有经验，不断摸索、自我革新、凝练方法、编制标准，形成了一整套规范、科学的、高效的节能改造推进办法，对上海市的既有公共建筑节能改造工作起到了显著的推动作用。

2012 年 8 月，住房和城乡建设部、财政部正式发文，上海市被列为第二批公共建筑节能改造重点城市，其中很重要的考核指标就是要完成 400 万平方米公共建筑节能改造任务，并且要满足改造后单位建筑面积能耗下降 20%。为落实节能改造重点城市示范要求，2013 年 4 月上海市发布了《关于组织申报上海市公共建筑节能改造重点城市示范项目的通知》(沪建交联〔2013〕311 号)。在参与各方的齐心协力下，提前完成了 73 个项目总计 400 万平方米建筑面积的改造任务，改造后单位建筑面积能耗下降 25.1%，全面完成了住房和城乡建设部下达的示范城市任务目标。

公共建筑节能改造重点城市项目对上海市既有公共建筑节能改造的推动作用无疑是巨大的，不仅在于形成了评价方法并推动了新技术应用，更在于通过一个一个鲜活的案例，为社会上更多的建筑运行主体树立了参与节能工作的信心。

上海市公共建筑节能改造重点城市项目执行之初，关于节能改造中最关键的环节——节能量审核的相关标准并不完备。国际能效评价组织

EVO 在 2007 年制定了《国际节能效果测量和验证规程 IPMVP：确定节能量和节水量的概念和方法》，国家发展改革委、财政部也于 2008 年印发了《节能项目节能量审核指南》。但这些指南、规程中给出的是通用性的原则和概念，缺乏针对具体的节能项目的节能量核算方法。2012 年中国标准化研究院联合中国节能协会等单位发布了国家标准《节能量测量与验证技术通则》GB/T 28750—2012 等一系列标准，但其中涉及的能耗校准、回归模型等方法仍比较原则和笼统，可操作性不强，并不适用于广泛的节能量审核和认定。

为解决该问题，在推进公共建筑节能改造重点城市项目期间，上海组织专家学者进行重点攻关，在对国内外有关节能量审核标准调研分析的基础上，提出了上海市公共建筑节能改造重点城市示范项目节能量审核的原则和方法，并在过程中引入了第三方性能测试，有效把控了节能改造技术措施完成的质量，在项目执行初期编制完成了《上海市公共建筑节能改造重点城市示范项目节能量审核办法（试行）》，解决了既有公共建筑节能改造节能量评审难的问题，也帮助节能改造实施双方厘清了思路，极大地提升了节能改造实施、评审的效率，为项目的顺利推进乃至后续长期的节能改造推进工作打下了坚实的基础。

根据重点改造示范城市的验收标准，单体建筑需要达到 20% 的节能率才能满足最低门槛要求。这就意味着必须对建筑进行综合性的"大手术"才可以实现。既有公共建筑用能系统情况复杂、改造难度较大，为了解决各类"疑难杂症"，大量新技术如磁悬浮冷机、高效热泵等被引入市场并得到了广泛应用。比如磁悬浮离心式高效冷机，利用了磁悬浮技术制作轴承，利用磁场使冷机压缩机内的转子像"磁悬浮列车"一样悬浮起来，从而在旋转时不会产生机械摩擦，实现了制冷机组效率的大幅提升。随着在多个节能改造示范项目中成功试点应用后，磁悬浮冷机的运行效果被广泛证实，越来越多的制冷机厂家也加入到磁悬浮冷机的研发和推广中，形成了项目需求—研发生产—项目应用的正向促进循环，目前磁悬浮冷机已成为既有公共建筑节能改造的重要技术手段之一。再比如利用高效热泵替代燃油或燃气锅炉的改造技术，也是在公共建筑节能改造示范城市执行过程中得到了效果实证和广泛应用，已成为目前公共建筑供暖系统、生活热水系统的主要节能措施之一，将之前的直接燃烧化石燃料供热取暖改造为以电力驱动的热泵设备，提升了建筑电力使用比例，扩大了清洁电力的应用场景，为实现建筑碳达峰、碳中和打下了基础。此外，上海在全市范围全面推进了燃气锅炉低氮燃烧改造、燃油锅炉"油改气""油改电"工作，取得了显著的成果，进一步强化了针对锅炉的节能减排工作成果。

公共建筑节能改造重点城市项目的社会影响是巨大的，通过大量被反复验证的高品质节能案例以及一个又一个减排增效降费的真实数据，为全社会展示了节能减排的有效做法，坚定了既有公共建筑节能改造技术层面的信心。在这过程中，政府通过一笔笔真实到账的节能改造补贴资金，以"商鞅立木建信"的姿态向全社会展示了上海市政府推动节能减排的信念和决心，也有效培养了公众对于节能减排相关政策的信任感，将广大群众牢牢地聚拢起来，形成了上下一心、无比强大的合力。这些通过一个个案例积累起来的政府与群众之间的相互信任感，是上海市未来进一步推动既有建筑节能减排的基石。

3. 建筑节能改造典型项目

在持续政策、文件、标准的综合推进下，上海建筑节能改造工作实施过程中，涌现了大量优秀节能改造项目，在技术层面、商业模式等方面进行了创新探索，以自身的实践构成了上海既有建筑节能工作的基石。

（1）典型项目1：上海市第十人民医院

该医院创建于1910年，1993年成为卫生部首批"三级甲等"综合性医院（图2-25）。总建筑面积156227平方米，包括内科医技综合楼、

图 2-25　上海市第十人民医院

门急诊楼、口腔楼、中医楼、行政楼等十多栋主要单体建筑。2017 年通过针对空调系统、热水系统、自控系统等关键系统的综合节能改造,实现医院整体能耗下降 15.5%,每年节省天然气 114 万立方米,年节能量达到 1272 吨标准煤 / 年,减少二氧化碳排放 2490 吨 / 年,相当于增加森林 9 公顷(135 亩)。

"改磁悬浮冷机后,运行费用下降了,上班再也不用蒸桑拿了!"第十人民医院运行师傅如是说。这里提到的内容是第十人民医院节能改造的一大技术亮点——利用"高效的磁悬浮离心式冷水机组 + 真空热水锅炉"的方案替换了原有的"能耗老虎"溴化锂冷水机组(图 2-26、图 2-27)。溴化锂冷水机组跟一般冷水机组不一样,主要采用天然气作为主

图 2-26　磁悬浮离心式冷水机组

图 2-27 超低氮冷凝式真空热水锅炉

要驱动能源,夏季当空调、冬季当锅炉,"一机两用、运行平稳"的特点在运行便利性上有一定优势。但是从节能角度来看,溴化锂冷水机组由于其基本原理决定了制冷效率只有常规冷机的 1/5,并且夏季机组天然气燃烧时产生的大量散热导致机房温度远高于普通机房,机房温度达到 40℃ 以上是常有的事情。接受"高效的磁悬浮离心式冷水机组 + 超低氮冷凝式真空热水锅炉"的"换心手术"后,第十人民医院暖通空调系统焕然一新,无论是舒适度还是运行能耗,都远优于改造前。

"在这次改造中,另一个最大的感受是,不仅省费用,还省心。"第十人民医院后勤管理处如是称赞项目团队。在该项目改造中创新采用了第三方全托管的模式,将暖通系统的运行交付给第三方专业运维团队,显著降低了医院运维团队的工作压力。第三方运维团队依托新增的智慧能源管理平台,实现了现代化、智慧化的管理提升,在保证末端舒适度的前提下,更进一步提升了改造的节能效果(图 2-28)。

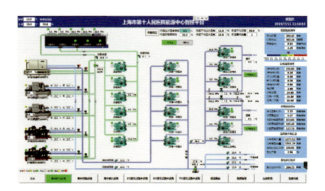

图 2-28 智慧能源管理平台

（2）典型项目 2：上海滴水湖皇冠假日酒店

作为临港新片区滴水湖畔的"明星建筑"，该酒店总建筑面积 71064 平方米。建筑共 5 层，地下一层主要为地下车库、设备机房等；地上是由 5 幢 4 层的花瓣型建筑组成，主要为酒店客房、餐饮、会议、大堂及娱乐设施等区域。

相比于第十人民医院"换心手术"式的集中改造，该项目更多是分散的、大量有针对性的改造。其中最大的亮点针对酒店建筑特有的生活热水制备以及洗衣房蒸汽制备需求展开的专项改造，大量采用热泵类电驱动设备，替换了原有的燃气驱动设备，"气改电"措施的成功应用有效提升了酒店的电力使用比例，降低了酒店的碳排放。

另外，合理地增加了余热利用装置，尽最大可能将可以利用的能量回收起来。从 2018 年 5 月开始，陆续对酒店的空调供暖热源系统、生活热水系统热源系统、蒸汽锅炉余热系统进行了改造，再结合照明系统、空调系统控制及围护结构的部分改造工作，综合实现了酒店整体年能耗下降 16.9%，每年节能量达到 469.9 吨标准煤 / 年，减少碳排放 1221 吨二氧化碳 / 年，相当于增加森林 3.33 公顷（50 亩）（图 2-29）。

风冷涡旋式冷水（热泵）机组代替原有真空热水锅炉制取供暖所需热水

低环温空气源热泵机组，在非供冷季提供酒店所需生活热水

酒店客房、大堂、宴会厅、餐厅、地下车库及后勤等区域进行了 LED 节能改造

冷站节能控制逻辑，使得冷站设备能根据实际需求自行控制

烟气热回收装置，回收蒸汽锅炉烟气余热，用于预热生活热水

图 2-29　上海滴水湖皇冠假日酒店

"空调制冷效果更好了,房间更亮了,客人普遍反映比较好。"酒店大堂经理如是说。通过节能改造,对系统设备进行更新升级的同时,对运行策略也进行了调整优化。除实现了能耗的显著下降之外,系统的服务质量也得到了提升,室内环境品质在实践中有明显改善,有效提升了客户满意度。

(3)典型项目3:浦兴路街道荷五小区建筑外窗节能改造项目

浦兴路街道荷五小区处于长岛路、菏泽路、胶东路交界口,1995~1996年竣工(图2-30)。2012年12月~2013年10月,小区内56幢房屋实施了建筑外窗节能改造,改造总建筑面积超过15万平方米。小区1956户家庭中,实际实施外窗节能改造的居民家庭共1198户,改造外窗约3600余扇,窗面积约12000平方米。

浦兴路街道荷五小区原外窗均采用单层玻璃钢窗,不仅无法满足当时的建筑节能标准《居住建筑节能设计标准》DGJ 08-205-2011的相关要求,冬季还常有冷风渗入,影响了居住舒适性(图2-31)。

考虑到居民住宅多经过装饰装修,如拆除外墙上原有钢窗会损坏原有的装饰装修,如窗套、大理石台板均有可能破裂,敲打拆开钢窗后窗口粉刷层易开裂、松动引起渗水。因此,浦兴路街道荷五小区建筑外窗改造项目采用了"窗外窗"的改造工艺,保留原钢窗外框,切除钢窗内扇及中间的窗挺,在原有钢窗外框上覆盖塑料门窗外框,用膨胀螺栓固定,再用聚氨酯发泡剂嵌缝,最外层采用中性硅酮密封胶进行密封处理,确保门窗安装牢固,密封良好,且将破坏性降低至最低限度。此改造工艺原钢窗窗框不再使用,但旧窗框保留,与新窗框叠加后热工性能提高(图2-32~图2-34)。

浦兴路街道荷五小区实施外窗节能改造后,建筑能耗比改造前下降了7%~8%,实际使用舒适度也有了明显提升,室内温度更舒适了,室外噪声也减小了,获得了小区居民的普遍称赞。

图2-30　浦兴路街道荷五小区

图 2-31　浦兴路街道荷五小区改造前的单玻钢窗

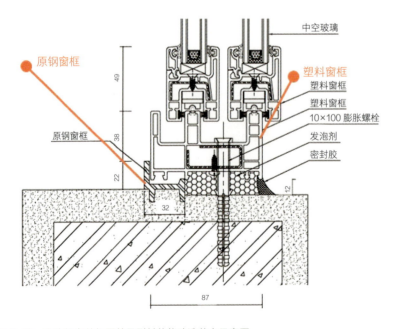

图 2-32　实腹钢窗外框覆盖异型材节能改造节点示意图

图 2-33　外窗节能改造施工场景

图 2-34　改造后的塑料中空玻璃窗

第三节
Part 3

公共建筑能耗监测和节能运行
Energy Consumption Monitoring and Energy-Saving Operation of Public Buildings

随着建筑体量的不断增大，建筑能耗也随之升高。如何有效监管建筑能耗的使用情况，并为降低建筑的能耗提供数据依据和技术支撑，被摆上了议事日程。

上海是国内最早开展建筑节能和绿色建筑研究和实践的城市之一。上海市国家机关办公建筑和大型公共建筑能耗监测平台（以下简称"能耗监测平台"）的建设和发展历程，伴随着全市绿色建筑和建筑节能工作的开展而不断发展，是上海市节能减排和应对气候变化顶层设计与管理体系的重要组成部分。

经过多年的建设和完善，如今，在能耗监测平台上不仅能实时抓取到纳入平台的每栋建筑的总能耗，还能看到构成总能耗的照明系统、空调系统、动力系统、特殊系统等各分项，乃至各分项组成部分的实时能耗数据及变化。

建筑如同人体，在整个生命周期都需要能量的支持，能量摄入多少合适，对人体来说关乎身体健康，对建筑来说则关乎着绿色生态环境。能耗监测平台就好比是一部仪器，对超标的建筑提供检测、检查的数据，可以为建筑在降低能耗中是采用"手术"手段还是"调理"手段提供依据，更为全生命期的建筑节能管理奠定了基础。

1. 顶层设计，推进形成多级联动管理体系

早在 2008 年，上海市就启动了世博园区能源与环境监测系统关键技术研究，并于 2010 年建成并开始运行世博园区能源与环境监测系统（图 2-35）。

作为面向世博会运营管理的应用服务系统，该系统覆盖了世博园区 5.28 平方公里内所有的场馆建筑、配套设施和主要的可再生能源系统应用场所，可实现能源环境实时监测、统计分析、在线诊断、能效评价、节能减排效果量化、事件预警与管理优化等多项功能。该系统在世博会 184 天的运行中，为园区能源环境系统安全、高效运营提供了有效的信息

图 2-35 世博园区能源与环境监测系统

管理与保障,成为向世界展示世博会节能减排、低碳实践的平台,也为后续建筑能耗监测技术在全市的应用推广奠定了重要基础。

2008年10月1日《民用建筑节能条例》(国务院令第530号)、《公共机构节能条例》(国务院令第531号)施行,明确规定"国家机关办公建筑和大型公共建筑的所有权人或者使用权人应当建立健全民用建筑节能管理制度和操作规程,对建筑用能系统进行监测、维护,并定期将分项用电量报县级以上地方人民政府建设主管部门"。此后,住房和城乡建设部、财政部陆续出台了《关于切实加强政府办公和大型公共建筑节能管理工作的通知》(建科〔2010〕90号)、《财政部 住房城乡建设部关于进一步推进公共建筑节能工作的通知》(财建〔2011〕207号)等一系列政策文件,进一步对建筑能耗监测管理体系工作提出了要求。2010年《上海市建筑节能条例》颁布,明确规定"新建国家机关办公建筑和大型公共建筑,或者既有国家机关办公建筑和大型公共建筑进行节能改造的,建设单位应当同步安装与本市建筑能耗监管信息系统联网的用能分项计量装置。"同年,财政部、住房和城乡建设部联合印发《关于组织申请国家机关办公建筑和大型公共建筑节能监管体系建设补助资金的通知》(财办建〔2010〕28号),上海市被住房和城乡建设部列为国家机关办公建筑和大型公共建筑能耗监测平台建设示范城市（第三批），要在两年内完成不少于 200 栋国家机关办公建筑和大型公共建筑用电分项计量系统的安装以及数据联网工作（简称"市级平台一期"），由此上海市正式展开能耗监测平台建设和能耗监测分项计量工作。在上海市政府领导下，市级平台一期项目于 2012 年 7 月建成，并以高标准通过住房和城乡建设部组织的验收。

为确保平台稳定运行，上海市先后出台了一系列政策和标准，统一了平台在数据采集、传输、处理全过程中的要求，明确了市、区、楼各级责任主体，形成了多级联动的管理体系。

2012 年 2 月上海市有关领导莅临平台指导工作，并要求在全市加快推进建筑能耗监测工作。同年 5 月，上海市人民政府印发《关于加快推进本市国家机关办公建筑和大型公共建筑能耗监测系统建设实施意见的通知》（沪府发〔2012〕49 号），提出按照"1 + 17 + 1"的模式构建"全市统一、分级管理、互联互通"的建筑能耗监测系统，对单体建筑面积在 1 万平方米以上的国家机关办公建筑和 2 万平方米以上的公共建筑有计划、有步骤地推进用能分项计量装置的安装及联网，到 2015 年建成基本覆盖上海市国家机关办公建筑和大型公共建筑的能耗监测系统（图 2-36）。

图 2-36　上海市国家机关办公建筑和大型公共建筑能耗监测系统顶层设计

2. 从一期到二期，打造更完善的监测系统

2013 年起，上海市全面开展国家机关办公建筑和大型公共建筑能耗监测系统扩容建设（简称"市级平台二期"），按照"1+17+1"的模式构建上海市国家机关办公建筑和大型公共建筑能耗监测系统。

根据住房和城乡建设部及上海市关于政府机关办公建筑和大型公共建筑节能监管工作的要求，规范能源计量工程的实施，上海市从市级平台一期工程开始，就对示范建筑能耗分项计量实时监测系统从设计、施工、检测、验收和维护运行的全过程提出了统一要求，确保工程质量和系统采集数据满足监管的要求。上海市工程建设规范《公共建筑用能监测系统工程技术规范》DG/TJ 08-2068 于 2010 年 3 月 1 日起实施，并在 2012 年和 2017 年历经两次修订，有效指导和保障了上海市公共建筑用能监测系统工程的顺利实施。

为了保障国家机关办公建筑和大型公共建筑能耗监测系统二期扩容建设工作的顺利推进和实施，政府主管部门、技术支撑单位和行业专家形成合力，通过会议交流、现场考察、技术论证等工作，打消了楼宇业主对于系统安装的疑虑，从技术和管理层面确保了项目的顺利推进。

市级平台二期项目于 2014 年 12 月通过验收，形成了包含建筑能耗监测市级平台（以下简称"市级平台"）、17 个建筑能耗监测区级分平台（以下简称"区级分平台"）和 1 个市级机关办公建筑能耗分平台（以下简称"市级机关分平台"）在内的建筑能耗监测系统架构，实现市级平台与区级分平台数据自动交换。

市级平台主要用于市相关部门对各行业、各领域建筑能耗综合评价、对标分析、行业监测等。市级平台面向全市国家机关办公建筑和大型公共建筑拥有数据采集、数据监测管理、数据分析整合、数据交换和共享、数据上报等多方面功能，包括向各行业主管部门的门户网站提供上海市

各领域建筑的用能状况监测和分析；提供各相关行业主管部门在各自的权限范围内进行建筑能耗数据查询和其他应用功能以及建筑能耗中央数据库等。

区级分平台面向各区政府、建筑产权人或使用人、物业服务企业采集并存储其管理区域内建筑用能分项计量数据，并对数据进行监测、处理、分析、展示和发布，同时根据要求将能耗数据上传至市级平台。根据业主、物业服务企业需要提供本建筑用能状况查询功能；为各区县节能主管部门提供本区域内建筑用能状况统计和分析、能效评估、监测预警等功能。对于建筑用能分项计量系统和区级分平台、区级分平台和市级平台、市级机关分平台和市级平台，制定统一格式规范、数据传输协议，实现数据标准化应用。

2015年1月起，市级平台二期正式投入运行，市区两级平台的建筑能耗监测系统架构让监测的"触角"更广，不仅夯实了上海市建筑节能工作基础，完善了公共建筑节能监管体系，更为政府主管部门在节能领域内的服务、管理、分析、决策提供了重要支撑（图2-37）。

图 2-37 上海市国家机关办公建筑和大型公共建筑能耗监测市级平台

3. 助力能效提升，体现数据价值

多年来，依托公共建筑能耗监测平台，上海市通过不断提高建筑能耗监测平台的实效性和覆盖面，依托海量数据资源，持续拓展相关功能，为进一步降低既有建筑运行能耗、完善建筑节能监管体系发挥了重要作用，也在全国建筑节能工作中起到了引领作用。

（1）建成全市最权威的公共建筑能耗数据库和行业共性数据权威发布源头

截至2021年12月31日，上海市累计共有2143栋公共建筑完成用能分项计量装置的安装并实现与能耗监测平台的数据联网，覆盖建筑面积10101.1万平方米，其中国家机关办公建筑210栋，覆盖建筑面积406.9万平方米；大型公共建筑1933栋，覆盖建筑面积9694.2万平方米。

自2014起，以能耗监测平台公共建筑能耗监测数据为基础，上海市连续八年向全社会发布《上海市国家机关办公建筑和大型公共建筑能耗监测及分析报告》(图2-38)。报告从政府管理、全市发展、区域管

图2-38 历年发布的能耗监测分析报告和相关媒体报道

理、行业监督等方面进行分析,通过大数据挖掘,揭示上海市国家机关办公建筑和大型公共建筑年度能耗现状及建筑运行用能特征和规律,受到行业主管部门、业内专家和单位的广泛关注和一致好评(图2-39和图2-40)。2020年、2022年疫情期间,通过分析能耗监测平台公共建筑用能环比、同比情况,准确地反映了各行业的复工复产情况,作为楼宇经济晴雨表,起到能耗数据看经济的作用,从一个全新的角度体现了能耗数据的价值(图2-41、图2-42)。

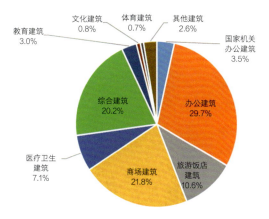

图2-39 2021年与能耗监测平台联网的建筑年用电量占比

图2-40 2017~2021年主要类型建筑单位面积年平均用电量

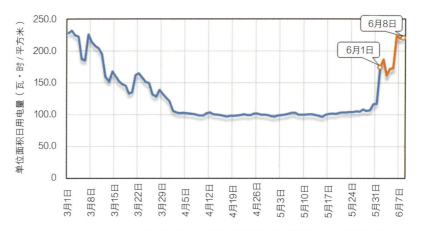

图 2-41　2022 年 3 月 1 日～6 月 8 日全市大型公共建筑日平均用电强度变化情况

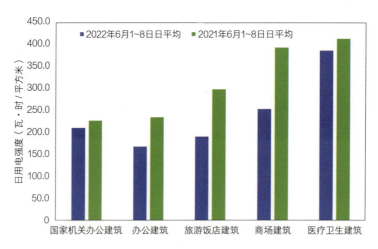

图 2-42　主要类型建筑两年同期平均日用电强度对比

（2）为建筑用能管理标准体系建设提供关键支撑，为全生命期的建筑节能管理奠定技术基础

基于市级平台的稳定运行和平台数据分析与挖掘，上海市相继推出机关办公建筑、商务办公建筑、星级饭店建筑、大型商业建筑、综合建筑、医疗卫生建筑、教育建筑、文化建筑、体育场馆建筑、养老机构建

图 2-43　上海市不同类型公共建筑合理用能指南

筑共十类建筑的合理用能指南标准，为不同类型建筑的合理用能提供了基准参考（图 2-43）。同时，也高效推进了上海市一系列建筑节能政策文件的出台。包括《上海市国家机关办公建筑和大型公共建筑能耗监测系统管理办法》（沪住建规范〔2018〕2号）、《关于本市大型公共建筑节能示范项目安装用能分项计量装置规定的通知》（沪建节办〔2011〕2号）、《关于将建筑能耗监测信息接入上海市国家机关办公建筑和大型公共建筑能耗监测信息平台的通知》（沪建节办〔2011〕4号）和《上海市国家机关办公建筑和大型公共建筑能耗监测系统区级分平台工作考核评分细则》（沪建建材联〔2019〕221号）等，有效促进了上海市公共建筑节能工作的有序开展。

根据不同类型建筑的用能标准，在能耗监测平台显示出每栋建筑的能耗是处于合理值还是先进值的状态。对于超过能耗合理值的建筑，能耗监测平台上会显示超标的具体分项，提醒建筑物所有者根据实际情况，来决定是采用更换设施设备的"大动作"还是对现有设施设备的使用进行合理调整的"小改动"，达到降低能耗的目标（图 2-44）。

能耗监测平台也是节能量核算与验证的依据。根据上海市地方标准《建筑改造项目节能量核定标准》DG/TJ 08-2244-2017 规定，在改造前后，均优先采用能耗监测数据作为项目节能量核算的依据。能耗监测平台也推动了上海市超大型公共建筑（建筑面积超过10万平方米）节能降耗工作，完成了"十三五"期间超大型公共建筑能耗下降5%的目标。

图 2-44　监测平台能耗排序、对标分析等功能

（3）为建筑用能提供精细化管理工具，有力支撑建筑节能改造，为全面的城市建筑能效提升提供了有效的示范

近年来，基于能耗监测平台数据分析和挖掘推出了"互联网+建筑能耗"系列产品，面向建筑业主实现了数据共享、能耗比对、异常报警、诊断分析、信息推送等功能，方便楼宇业主随时随地掌握自身建筑用能情况，帮助用户发现节能潜力点，促进节能运行管理（图 2-45）。

图 2-45　监测平台"能耗在线"App 应用

为了充分发挥能耗监测平台在建筑节能监管、挖掘节能潜力方面的作用，2012年8月，住房和城乡建设部及财政部将上海市列为第二批公共建筑节能改造重点城市。上海市随即启动该项工作，于3年内完成了73个公共建筑节能改造示范项目，建筑面积超过400万平方米，综合节能率达到25.1%，年节约用电量近2亿度，取得了显著的节能效果，该项目于2015年10月在全国率先通过验收。2016年1月，住房和城乡建设部在上海召开了全国公共建筑节能改造与能耗监测平台建设交流会，住房和城乡建设部领导对上海市近年来在公共建筑节能改造和能耗监测平台建设方面开展的工作给予了高度肯定，要求各省市推广上海经验，持续完善监测平台功能，利用数据资源更好地发挥平台效益。

以上海兆丰世贸大厦办公楼为例，该大厦于1998年竣工并投入使用，建筑面积48838平方米。能耗监测系统实现了对其近60个用电回路的监测，包含暖通空调、照明插座、动力及特殊用电。通过监测平台数据分析，在分项中发现大厦制冷量较小的风冷热泵供冷工况用电量较大，用电水平偏高。通过详细测试发现，风冷热泵供冷COP只有2.3~2.5，效率偏低，能耗显著偏高。因此，项目组提出了增加一台磁悬浮冷水机组以替代风冷热泵用于过渡季以及夜间的供冷。改造项目实施后取得了很好的节能效果，磁悬浮冷机相比原风冷热泵能耗下降了50%以上。对该大厦的业主来说，可谓"一次投入，终身受益"。

（4）"大数据+互联网"应用，为提升区域节能减排降碳精细化管理水平提供了创新示范

能耗监测大数据为提升区域减排降碳精细化管理水平提供了创新的模式和方法。例如，黄浦区依托能耗监测平台，已经建成了国家级示范项目"上海城区（黄浦）商业建筑虚拟电厂示范项目"，以互联网为"厂房"，以数据为"燃料"，一年"发电"数十万度（图2-46）。

商业建筑虚拟电厂的实质，作为一个用电消费控制能力的特殊虚拟

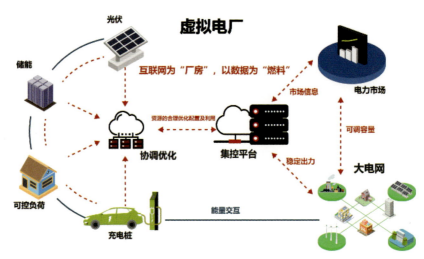

图 2-46　黄浦区商业建筑"虚拟电厂"示意图

公共设施,依托"物联网通信 + 互联网聚合",通过规模化地对用户行为进行精细化调节,实现柔性的负荷控制。通过"化整为零",将能耗指标分解为每小时精细管理;通过"化零为整",将各楼宇碎片化的节能行为聚合成"发电"资源,虚拟平衡发电,实现系统性节能,是一种先进的区域性能源集中管理模式。

经过为期三年的建设,目前入驻黄浦区虚拟电厂的商业建筑达到 130 幢。示范项目整体资源作为上海电力需求响应日常调度常规资源,累计调度近 1700 幢次,柔性负荷调度能力超过 10%。

黄浦区商业建筑"虚拟电厂"以大数据支撑、以互联网赋能,走出了一条"数治化"商业建筑减排降碳新路径,成为上海践行绿色发展理念的独特案例,为高密度超大城市绿色低碳可持续发展提供了可借鉴、可复制的模式。

通过十年来不断健全完善,上海市国家机关办公建筑和大型公共建筑能耗监测平台已建设成为集成了数据采集、分析、应用等功能的综合性大数据平台,并以其层级架构清晰、数据持续有效、管理支撑发挥等特点,成为全国绿色低碳可持续发展领域的领跑者,获得了各级领导和国内外专家的认可。作为推进上海市建筑节能减排工作的重要载体，平台在 2020 年上海市节能宣传周活动中获评"1991 年至 2020 年上海市节能重点领域十件大事"。以平台功能作为支撑，上海市牵头承担了多项国家重点研发计划项目，充分体现了全国领先地位。

第三章
Chapter 3

蝶变——绿色建筑推动建筑领域全产业能级提升

Metamorphosis — Green Building Promotes the Industry-Wide Level Upgrade in Construction Field

时间的车轮行进到 21 世纪，我国的城镇化进程也按下了快进键。新建建筑规模增幅巨大，传统建造模式明显不能满足新时期的建设需求，土地资源、材料能源浪费明显，环境污染严重等问题日益突出。

与此同时，随着经济社会的飞速发展，人民的居住条件和生活水平发生了翻天覆地的变化。上海市民逐步从最初的"螺蛳壳里做道场"，搬进了宽敞明亮的新楼房，在用能习惯上也从以前的"省着用"转向优先满足舒适性。而建筑作为一种产品，必然要适应人民群众对美好生活的需求，建筑性能的要求也在"节能"这个单一维度中注入了绿色、环保、舒适等更多内涵。

21 世纪初的上海，敏锐地把握住了建筑业转型发展的契机，勇立潮头，以先行先试的创新精神和敢为人先的魄力勇气，建成了全国第一座绿色建筑示范楼，从此开启了全国绿色建筑的新时代。在此之后，一系列政策、标准相继出台，推动了绿色新产品和新材料的产业化程度不断提升，"最高的"上海中心大厦、"最大的"国家会展中心（上海）等绿色地标建筑纷纷建成，不断推动建筑领域全产业能级提升，成为上海城市的绿色名片，绿色建筑的社会效益也不断放大。

本章将系统讲述上海从早期做好"建筑节能"这一件事儿，到升级推进"绿色建筑"的蝶变历程中，那些"看得见"的代表项目和"看不见"的背后故事。

As the wheel of time marches into the 21st century, the urbanization process in China has also pressed the fast-forward button. With the rapid growth of the total number of new buildings, the drawbacks caused by the traditional methods of crude construction began to appear. On the one hand, there was a massive waste of land resources, materials and energy, and on the other hand, the endless environmental pollution problems emerged. As for managers, there were quite a few complex problems about how to improve both construction and resource utilization efficiency through technical innovation, how to reduce the damage to nature as much as possible in order to achieve symbiosis with the environment when "building houses", and how to promote the sustainable transition of the constructing industry.

At the same time, with the rapid development of the economy and society, the people's living conditions and living standards have undergone radical changes. The changes took place on people in Shanghai where they gradually moved from the initial "narrow and humble places" to the bright and spacious new buildings. In the use of energy habits, they got rid of the previous "frugal use", but took the comfort as the first priority. The building, as a product, must adapt to the people's increasing demand for a better life. Thus, the requirements for buildings were converted from the single dimension of "energy saving" to the green, environmental protection, comfort and so forth.

At the beginning of the twenty-first century, Shanghai keenly grasped the opportunity of the transformation and development of the constructing industry, stood at the forefront of the tide, and built the first green building, serving as the demonstration building in China with the innovative spirit of pioneering and the courage to be the first, which started a new era of green building in China. Since then, a series of policies and standards were introduced to promote the industrialization of new green products and materials. The green landmark buildings were built in succession, such as the "tallest" Shanghai Tower and the "largest" National Exhibition and Convention Center (Shanghai) , which have continuously promoted the upgrade of the whole industry in the constructing field and become the green symbol of Shanghai, and enhanced the social benefits of green buildings.

This chapter will systematically introduce the "visible" representative projects and the "invisible" stories behind the transformation of Shanghai, from the early days of "energy-saving building" to the upgrade of "green building".

第一节
Part 1

率先起步，绿色建筑绿意渐浓
From Pioneering Start to Comprehensive Promotion

1. 示范引领，点绿启航

（1）示范楼诞生，启航绿色建筑新时代

国际社会对绿色建筑的研究源起于20世纪70年代，当时石油危机导致了全球对能源问题的关注，进而引发了建筑业对于生态建筑、可持续建筑等的探讨。

20世纪90年代初，上海集合诸多科研机构开展重大科研攻关项目"生态建筑关键技术研究及系统集成"，提出了具有中国特色的"节约资源、节省能源、保护环境、以人为本"的绿色建筑理念。

2004年9月，依托这一科研项目诞生了全国第一座绿色建筑示范楼，也就是"上海市生态建筑示范楼"。这座建筑面积仅有不足2000平方米的"迷你小楼"，却集成了多种形式的外墙外保温和复合保温墙体系统、复合遮阳系统、断热铝合金双玻中空Low-E窗、自然通风系统、热湿独立控制新型空调系统、太阳能空调和地板采暖系统、太阳能光伏发电并网技术、雨污水处理回用技术、再生骨料混凝土技术、室内环境智能调控技术、景观水域生态保持和修复系统等众多新产品和新技术（图3-1～图3-4）。在技术体系研发的基础上，通过建筑一体化设计和匹配应用，形成了"自然通风、超低能耗、天然采光、健康空调、再生能源、绿色建材、智能控制、资源回用、生态绿化、舒适环境"十大技术亮点。

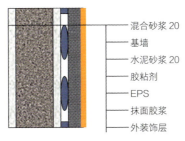

图3-1 EPS外墙外保温系统墙体主体构造示意图（应用于南墙）

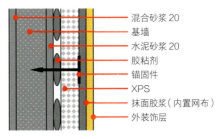

图3-2 XPS外墙外保温系统墙体主体构造示意图（应用于北墙）

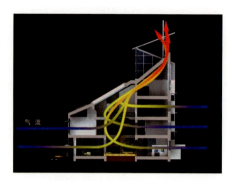

图 3-3 双空心混凝土砌块复合保温墙体主体构造示意图（应用于东、西山墙）　　图 3-4 示范楼室内自然通风气流组织

该项目的实践经验，为 2006 年国家首部《绿色建筑评价标准》GB/T 50378—2006 的编制提供了宝贵的一手素材。2008 年和 2009 年，示范楼先后两次通过住房和城乡建设部组织的专家评审，成为全国第一个绿色建筑三星级设计标识项目和运行标识项目，对普及绿色建筑理念、推动绿色建筑示范起到了重要作用。

示范楼建成后，吸引了来自社会各方的广泛关注。其中，《经济参考报》在 2005 年 5 月对该项目负责人、时任上海市建筑科学研究院副院长汪维进行了采访，并以"绿色建筑走进你我"为题，从一个普通市民的视角，对绿色生态的理念及其可感知的效益进行了解读。

绿色建筑走近你我

来源：经济参考报　2005 年 5 月 9 日　记者：冯亦珍

近日，记者在上海莘庄工业区看到被称为国内首幢真正意义的生态建筑示范办公楼。让人惊异的是，漂亮的大楼主要是由拆迁碎料、再生混凝土、再生石膏墙、工业废渣等"垃圾"组成，全楼的再生资源利用率达 60%。进入到里面它四季如春，云集了 10 项处于国际先进水平的生态技术，依循"节约能源、保护环境、以人为本"的基本理念而建（图 3-5）。

图 3-5　上海莘庄生态建筑示范楼

这幢建筑面积 1900 多平方米的示范楼于 2004 年 9 月落成，采用了 4 种外墙保温体系、3 种遮阳系统以及太阳能空调和地板采暖系统，室内空气清新。大楼具有"智慧"和"表情"，楼内一旦人数增多，二氧化碳含量上升，传感器会自动"通知"排风窗打开，徐徐清风会源源不断地吹入，每小时可换风、通风数十次。大楼中庭屋顶的巨大透明玻璃天窗可变换开启角度，以尽量把阳光均匀地分散到各个角落。在完全生态的环境中，这幢大楼一年使用空调的时间能够减少 2~3 个月。

据称，示范楼的综合能耗仅为普通建筑的 1/4，其中利用再生能源占 20%，每平方米的建筑造价（不含土地费）4000 多元，远低于普通写字楼的造价。

（2）理念渐普及，绿色建筑走向市场化

2005 年，建设部与科技部联合印发了《绿色建筑技术导则》，开始对绿色建筑进行技术层面的引导。2006 年，建设部发布国家标准《绿色建筑评价标准》GB/T 50378—2006，首次对绿色建筑给出了定义。

"绿色建筑是在建筑全寿命周期内，最大限度地节约资源（节地、节能、节水、节材）、保护环境和减少污染，为人们提供健康、适用和高效

的使用空间，与自然和谐共生的建筑。"

——《绿色建筑评价标准》GB/T 50378—2006

2008年，住房和城乡建设部发布了《绿色建筑评价标识使用规定（试行）》（建科〔2008〕61号），对绿色建筑评价和标识管理进行了规定。评价标准和标识规定的出台，标志着我国绿色建筑进入启航发展的新阶段。上海是国内最早建立绿色建筑标识评价制度的省市之一，在绿色建筑标识评定的规范化和有序化方面，走出了有自身特色的实践之路。

同年，上海市也发布了《上海市绿色建筑评价标识实施办法（试行）》（沪建交〔2008〕95号）和《上海市绿色建筑评价标识实施细则》（沪建建管〔2008〕12号）两份文件，旨在通过规范化、透明化、专业化的评定标识工作，吸引和鼓励有创新精神的开发单位、设计单位和技术服务单位参与进来，共同推动绿色建筑的星星之火，实现燎原。

评价标识启动后的三年内，滨江CBD绿地集团总部大楼、上海市城市建设投资开发总公司企业自用办公楼等近十个项目先后获评绿色建筑设计标识。

绿色建筑标识制度的自愿原则奠定了市场发展机制，一批先锋项目的率先成功启动，树立了绿色建筑首批旗帜，取得了良好的社会反响，为提升绿色建筑的行业美誉度与社会接受度起到了积极的示范作用，为后续全面执行绿色建筑标准奠定了坚实基础。

（3）上海世博会，传递绿色建筑之美好

"城市，让生活更美好（Better city, Better life）"。

2010年上海世博会，是世博会历史上第一次以城市为主题的展会，也是我国首次主办世界博览会。世博会从筹备之初就明确了"科技世博、人文世博、生态世博"的办博理念，在世博园区的规划总图中对系列生态建设要求进行了部署落实，通过广泛应用新技术、新能源、新材料，

实现"生态世博"的愿景。

在凝结着科技与文化展示的展馆建设方面，上海世博会构建了以绿色建筑为核心的建筑科技集成应用，这也是上海第一次以建筑集群的方式试点示范高星级绿色建筑[1]。世博中心、世博文化中心、上海案例馆——沪上生态家以及南市发电厂改建的城市未来探索馆，这些永久性建筑均执行绿色建筑三星级标准，呈现了绿色科技与建筑美学相融的曼妙图景。

①世博中心

世博中心是世博园区最为重要的永久性场馆之一，位于B片区，背靠黄浦江和世博公园（图3-6）。其让人瞩目之处不仅在于世博会期间肩负接待、交流、展示等多项重要职能，会后成为高标准的会议中心，更在于从设计伊始就严格以绿色理念作为宗旨进行创作，通过科技创新和传统手法相结合，将节能减排和生态环保的绿色主题在具体的建筑实现过程中加以体现。

世博中心秉承"功能完善、形态端庄、环保节能"的设计原则，塑造简洁大气的现代风格，营造滨江建筑恢宏的空间氛围。尤其值得称道的是幕墙

---

[1] 绿色建筑星级是指按照《绿色建筑评价标准》GB/T 50378—2006要求，被评价建筑均应全部满足控制项，根据满足评分项的程度划分为三个等级，分别为一星级、二星级、三星级。等级越高，表示绿色性能程度越高，二、三星级常被称为高星级绿色建筑。

图3-6 世博中心实景

系统，采用了热工性能优异的双银 Low-E 中空夹丝玻璃，通过在中空层中充氩气提高保温隔热性能。与铝框结合后的 K 值（传热系数）达到 2.0 瓦 /（平方米·开尔文），而夹层玻璃中的金属编织网可将遮阳系数降到 0.25 左右（图 3-7）。除此之外，世博中心还采用了冰蓄冷空调、江水源热泵、蓄热太阳能热水系统、雨水收集回用系统、杂用水收集利用系统、绿地节水微喷灌系统等一系列先进技术。通过系统比选、数据分析、类比测试、模拟优化等步骤，提出符合项目实际的系统设计建议，保证了世博中心绿色建筑设计目标的实现。

经测算，项目总能耗比国家节能标准规定值降低 20%，光伏年发电量可节约 357 吨标准煤，另外可实现年节约自来水 16 万吨，实现了良好的环境效益。

②城市未来探索馆

由南市发电厂主厂房改建而成的城市未来探索馆是 2010 上海世博会可持续改建的典范，也是国内首个老厂房改建的三星级绿色建筑项目（图 3-8）。项目前身是百年历史的南市发电厂，工业遗存，恰逢世博重生，遵循从"保护"到"利用"的再生性改造策略，在延续原电厂能源中心理念的同时，从绿色能源中心建设、建筑结构再生利用、室内环境性能综合提升三方面，实践先进的节能减排技术。

改造后总建筑面积达到 31088 平方米，保留利用电厂冷却水管道，

图 3-7 世博中心节能幕墙系统

图 3-8 南市电厂改造的城市未来探索馆

实施江水源热泵区域集中能源中心，为世博会城市最佳实践区的部分企业自建馆提供空调冷热源。充分利用厂房大跨度屋顶，采用一体化的光伏 BIPV 系统并网发电。创新研发主动式导光技术，用于室内大空间的光环境改善，给中庭绿化植物提供适宜的自然光（图 3-9）。

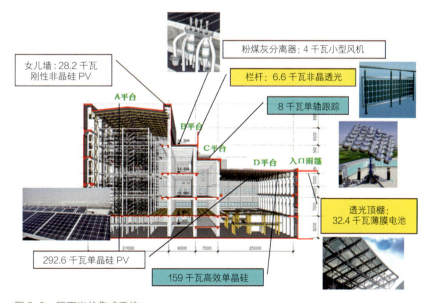

图 3-9 屋面光伏集成系统

③绿色影响力

2010年上海世博会，累计共有7308万人次入园参观，平均每天接近40万人次，单日客流最高达到103万多人次，创下历届世博会参观总人数和单日客流的新纪录。上海世博会把城市作为展览主题，诠释绿色、低碳的理念，尤其在首次设立的城市最佳实践区中，遴选了世界各国在绿色建筑领域的最佳案例。通过这一平台，城市发展中的沟通交流、文化包容、绿色发展、共享福祉、以人为本等"人民城市"理念得到了广泛传播。

世博会上诸多高水准的绿色建筑实践成果向世界展示了我国绿色建筑的快速发展。由此，也向世人揭开了绿色建筑的神秘面纱，让更多的人认知并体验了绿色建筑。经过历时多年的规划设计建设以及半年的会期运营，世博中心等项目完成了规划设计、建设施工、运行管理全过程的绿色实践，让"绿色"成为世博会重要的技术遗产。

上海世博会，让绿色建筑的理念从一个一个鲜活的项目中走了出来，让城市管理者、从业者和普通市民都对绿色建筑有了更具象的认知，对后续绿色建筑在上海的全面推广起到了重要的作用。

2．双管齐下，全绿覆盖

党的十八大把生态文明建设纳入中国特色社会主义事业"五位一体"总体布局，并将其放在突出地位，进一步强调了生态文明建设的地位和作用，昭示了党中央加强生态文明建设的意志和决心。对此，上海市在城市建设领域积极落实推进，全面贯彻创新、协调、绿色、开放、共享的新发展理念，积极践行"适用、经济、绿色、美观"建筑方针，全力加速绿色建筑发展。

（1）启动专项规划谋划，谋划顶层部署行业发展

为了更好应对建筑业高质量转型发展需求，2012年上海市前瞻性地组织开展了《上海市绿色建筑专项发展规划》的研究工作。旨在通过回顾总结经验和分析问题形势，制定若干重点任务与实施策略，对全市绿色建筑的发展进行总体布局谋划。

该规划对"十二五"期间上海市绿色建筑发展的数量和质量提出了量化目标：2012~2015年，完成绿色建筑面积不少于1000万平方米。切实提高绿色建筑在新建建筑中的比重，到2015年，绿色建筑占新建筑当年比重达到30%；政府投资的公益性建筑与保障性住房率先全面实施绿色建筑标准，到2015年执行率达到100%；创建6个绿色建筑示范园区，引导新建建筑规模化发展；探索既有建筑绿色改造，完成一批绿色建筑改造示范工程，所有建设工程实施绿色施工。

（2）实施财政资金奖励，支持绿色建筑驶入快车道

2012年，财政部会同住房和城乡建设部等联合发布了重量级文件《关于加快推动我国绿色建筑发展的实施意见》（财建〔2012〕167号），首次明确了绿色建筑的财政补贴方向，引导推动绿色建筑驶入快车道。该政策从政府层面对绿色建筑明确提出资金奖励，为全社会投资发展绿色建筑注入了积极活力。

上海作为绿色建筑发展起源地，积极响应国家政策，立足本市绿色建筑发展的实际特征，快速出台了支持本市绿色建筑发展的地方财政补贴政策。2012年8月《上海市建筑节能项目专项扶持办法》（沪发改环资〔2012〕088号）发布，明确将绿色建筑示范项目纳入专项资金支持范围，这也是节能减排补贴政策首次将绿色建筑纳入其中。文件明确提出对获得二星级或三星级绿色建筑标识的新建居住建筑与公共建筑，给予每平方米补贴60元的支持标准。该扶持办法有效激励了上海市绿色建筑的提速发展，极大提升了开发商对绿色建筑的积极性，也提振了上下

游产业链加速技术革新的动能。

这项政策出台以后,上海的绿色建筑发展迎来百花齐放的"春天",绿色建筑技术在实践过程中与原有技术体系不断磨合融入,设计单位的绿色专项设计能力也通过一个个项目的锤炼逐步成熟和体系化,为绿色建筑纳入强制性工程标准技术体系作好了技术准备。

(3) 制定三年行动计划,率先全面提升发展要求

2014年6月上海市人民政府办公厅转发《上海市绿色建筑发展三年行动计划(2014—2016)》(沪府办发〔2014〕32号)(以下简称《三年行动计划》),首次对绿色建筑提出了全面实施的要求,标志着上海的绿色建筑从此前的示范引导逐渐步入了全面普及的新阶段。可以说,《三年行动计划》是上海绿色建筑发展进程中一个重要的里程碑。

文件提出,将通过三年的努力,初步形成有效推进上海市建筑绿色化的发展体系和技术路线,实现从建筑节能到绿色建筑的跨越式发展。新建建筑全面执行绿色建筑标准,其中新建民用建筑全部按照绿色建筑一星级及以上标准建设,单体建筑面积2万平方米以上的大型公共建筑和国家机关办公建筑,按照绿色建筑二星级及以上标准建设。八个低碳实践发展区(长宁虹桥地区、黄浦外滩滨江地区、徐汇滨江地区、奉贤南桥新城、崇明县、虹桥商务区、临港地区、金桥出口加工区)、六大重点功能区域(虹桥商务区、世博园区、上海国际旅游度假区、临港地区、前滩地区、黄浦江两岸)内的新建民用建筑中执行二星级以上标准的规模不低于50%。

这是上海持续保持绿色建筑发展先锋的重要举措,当时在各省市中率先提出了"全面绿色"的发展目标。如果说2010年上海世博会让社会了解了什么是绿色建筑,那么《三年行动计划》的发布,则从顶层为上海谋划了绿色建筑的发展蓝图,极大地推动了绿色建筑在上海的提速和提质发展。

文件从顶层发展机制、标准和技术体系、全过程监管制度三个方面,为后续上海系统化推进绿色建筑发展设计了行动路线。

建立绿色建筑专项顶层发展机制是重要基础。2014年，上海市成立绿色建筑发展联席会议，由市领导作为第一召集人，覆盖上海市发改委、经信委、住建委、科委、规资局、交通委、国资委、财政局、金融办、机管局等20多个委办局成员。

绿色建筑发展联席会议制度的建立，标志着上海的绿色建筑专项发展提升至全市层面，由此，绿色建筑顶层发展机制初步建立。随后，各区都纷纷建立绿色建筑发展联席会议制度，各级主管部门构建了协同统筹机制，为绿色建筑的跨越式发展夯实了组织机制保障。

建立绿色建筑标准技术体系是重要支撑。为了保障新建民用建筑全面执行绿色建筑标准，最核心的问题是在哪个环节去落实审查？为此，上海给出了明确的回答，就是将绿色建筑的相关要求纳入设计文件中，在方案设计、施工图设计环节分别检查绿色建筑对应各项性能指标和技术措施的落实情况。

2014年，《公共建筑绿色设计标准》DGJ 08-2143-2014、《住宅建筑绿色设计标准》DGJ 08-2139-2014相继发布，将《绿色建筑评价标准》GB/T 50378—2014的性能目标转化为建筑、结构、给排水、暖通、电气等专业设计人员可选用的设计策略和技术措施，为设计人员理解绿色建筑、设计好绿色建筑提供了重要依据。2015年8月《绿色建筑工程设计文件编制深度规定》发布，进一步完善了建筑工程设计文件绿色建筑审批的依据，同时也全面提升了设计行业绿色建筑技术应用水平。

建立绿色建筑实施全过程闭环管理是最终保障。借助顶层联席机制，逐步打通绿色建筑在建设全流程中的重要"关节"，建立从土地出让开始贯穿立项审查、规划审批、初步设计审查、施工图审查、施工许可直至通过验收备案等各环节全面落实绿色建筑相关要求的闭环管理流程。其中，土地招拍挂阶段就带"绿色"出让，也是一个创举，通过把绿色建筑发展指标纳入出让条件，在编制出让文件时予以注明，并在土地出让合同中明确绿色建筑建设标准，从源头上规定绿色建筑性能，并从设计、审图、施工等建设环节对绿色建筑指标要求进行技术监管，确保新建建筑先天具备"绿色基因"。

(4)体现"人民城市"理念,逐步提升绿色建筑的社会效益

经过《三年行动计划》的深入实施,上海市的标准规范与工程技术逐渐成熟与完善。但在快速发展过程中,绿色建筑的发展也遇到了诸多挑战。例如,设计与运营存有断层现象,一部分绿色技术在使用中被闲置,其环境效益与经济效益难以实现;新建建筑的绿色体系趋于成熟,但量大面广的既有建筑绿色改造任重道远;普通百姓对于绿色建筑的感知度与获得感不强,市场消费驱动力不显性,间接影响了开发商的投入意愿。

针对发展中的这些现实问题,2016年《上海市绿色建筑"十三五"专项规划》(简称《"十三五"绿建专项规划》)发布,明确了未来五年间绿色建筑发展的阶段目标与重点任务。相比此前的《三年行动计划》,绿色建筑发展要求有了进一步提升。例如,针对上海市低碳发展实践区、重点功能区域,新建公共建筑按照绿色建筑二星级及以上标准建设的比例从50%提升至70%;既有公共建筑节能改造除完成规定动作之外,还要开展绿色化改造探索试点,创建一批既有建筑绿色化改造示范工程;在常规的公共建筑节能监管工作之外,还第一次提出对绿色建筑运行阶段的实施监管。

上海市住房和城乡建设委相关负责人2016年接受了《绿色建筑》和《建筑时报》的专访,对《"十三五"绿建专项规划》设定的目标任务和重点措施的缘由,及其对上海未来绿色建筑发展的影响进行了解读。可以预见,随着绿色建筑的理念逐渐深入人心,加速培养绿色建材、提升装配式建筑水平、提高绿色施工成效,打通产业链的相关环节,让绿色建筑不仅设计好,更能建造好、运行好,最终为老百姓服务好,将是绿色建筑在后续发展中的重点方向。

上海：绿色建筑规模化探索进行时

受访者：陈宁　上海市住房和城乡建设管理委员会建筑节能和建筑材料监管处处长

时间：2016 年 1 月

Q：早在 2004 年上海就诞生了我国第一座绿色生态办公楼，作为中国绿色建筑实践与推广的先行者，近年来，上海在推进绿色建筑发展方面又取得了哪些成绩？

A：截至 2015 年底，全市累计已有 297 个项目获得国家绿色建筑标识，建筑面积达 2600 万平方米，加上还有约 1400 万平方米未获得绿色建筑标识、但已审图通过的绿色建筑，全市绿色建筑的实际面积总量已经突破 4000 万平方米。仅 2015 年，全市就有 129 个项目获得绿色建筑标识，建筑面积超过 1200 万平方米，其中，二星、三星级的绿色建筑占比接近八成。

同时，上海还创建了一批影响力较大的绿色建筑示范工程，形成了良好的实践经验和工程建设的示范效果。目前，上海已有 12 个项目获得国家绿色建筑创新奖，其中有 4 个项目获得一等奖。此外，虹桥商务区、奉贤南桥新城已获得国家绿色生态示范城区称号，上海国际旅游度假区申报国家绿色生态示范城区已通过住房和城乡建设部评审。

Q：上海将在下一阶段采取哪些措施来促进绿色建筑的发展再迈上一个新台阶？

A："十三五"是全面建成小康社会非常关键的一个阶段，为深入贯彻好党的十八届五中全会及刚刚召开的中央城市工作会议和住房城乡建设工作会议以及市委十届十次会议提出的绿色发展理念和精神，目前，我们正在进行相应的研究和规划。根据规划，未来上海将全面推进新建建筑的绿色化，推动绿色建筑的规模化发展，加强技术的集成应用和人才培养，并将建立法律保障体系。希望通过一系列举措进一步提升建筑品质，打造宜居城市。

Q：这些推进上海绿色建筑发展的有力举措，您能具体展开说明吗？比如，如何做到全面推进新建建筑的绿色化？

A：《三年行动计划》已经明确提出了全面推进新建建筑绿色化的相应目标和要求，同时，在实际的建设过程中，我们还应更加强调绿色施工和绿色建材的应用，以及绿色运营管理。

为提升建筑全生命周期的绿色化水平，上海将进一步强调施工现场的节能、节地、节水、节材和环境的保护控制，在建设过程中着力推进绿色施工的发展。同时，以绿色施工示范工程创建为抓手，评选出一批绿色施工的样板工程，进一步普及绿色施工工法。

我们还将关注建材应用领域，建筑产品本身是否绿色，生产过程是否绿色。我们正着手研究制定上海市绿色建材评价标准和实施流程，逐步扩大绿色建材的应用范围，并支持现有建材企业进行技术改造，提高绿色制造水平。下一阶段，上海将重点开展节能节水材料和建筑室内环境保护材料、产品的绿色评价工作。

资源的综合利用也是推进建筑绿色化不可或缺的一个重要组成部分。从过去的粉煤灰、脱硫石膏的综合利用，到未来将重点推动施工现场废弃混凝土的资源综合利用，上海目前已出台了相应的管理办法，下一步将加快政策落地和实施。

此外，上海还将进一步推进绿色运营管理。上海市住建委已委托上海市绿色建筑协会开展课题，研究如何从过去注重绿色建筑的设计标识评价向运行标识评价过渡，确保绿色建筑效应能够直观地反映出来，让所有使用者能看得见。同时，将来对设计标识将不再进行财政补偿，只有获得运行标识的项目才能给予相应的财政补贴。

在《三年行动规划》发布实施的第九个年头，上海的绿色建筑规模已由 2015 年的 3600 万平方米，持续增至 2021 年的累计 2.9 亿平方米，上海中心大厦为目前全球最高的绿色建筑，国家会展中心（上海）为目前国内体量最大的绿色建筑。绿色建筑的建造成本逐步下降，越来越多的市民住进了按绿色建筑标准设计建造的住宅小区，享受到绿色科技给居住环境带来的改变。对于居住在这座城市的市民而言，绿色建筑不再仅仅是开发商宣传手册中的环保代名词，而是实实在在为老百姓节省了开支，将从前的"省着用"变为真真切切的"用着省"，在居住舒适的前提下实现能耗的不断降低。

《"十三五"绿建专项规划》发布至今，六年过去了，回忆上海过去这些年在绿色建筑发展过程中的体会，上海市住房和城乡建设委给出的一个很重要的经验是政府部门和开发建设单位在新技术的应用方面要一起探索、一起研究，制定切实有效的政策来引导建筑产业的绿色转型；

从开发商的视角来看，通过绿色技术的先试先行实现产品升级，找到差异化的竞争力，成为绿色理念下的新发展引擎。

3．长效法制，深绿提质

随着我国进入新时代，体现在城市建设领域建筑业转型发展形势日益紧迫，生态环境备受关注，绿色生态建设需求逐渐凸显。对此，建筑业提出以民生需求为导向，以品质保障为目标，着力改善人居环境，积极回应人民日益提升的建筑品质需求，将绿色建筑作为实现建筑业高质量发展的主要抓手。

为此，建筑领域的节能减排立法工作由原先的建筑节能拓展到绿色建筑，旨在通过将绿色建筑纳入法制轨道，提高绿色发展管理水平，提升绿色建筑实施全过程的建设品质。

（1）推进地方立法工作，绿色管理长效化

经过近十年的快速发展，上海绿色建筑进入了全面普及的新阶段，但保障制度却没能跟上，导致原有以建筑节能为主的地方性法规无法匹配绿色建筑发展现状。保障绿色建筑高质量发展的地方立法工作的必要性与紧迫性日益凸显。

首先，建筑领域的绿色发展内涵已经发生了深刻的变化。从单体建筑节能到区域绿色生态，从单项节能技术应用拓展到覆盖节地、节能、节水、节材、保护环境的绿色建筑技术集成，从设计建设阶段的技术要求到贯穿规划设计、建造施工、运营拆除的全生命周期，从传统现场建造到工厂化的装配式部品生产，从各专业孤岛式的设计模式到信息技术跨专业融合协同，从建筑部品的节能性能到建筑全产业链的节能减排……这些变化势不可挡，但原有的地方性法规体系还存在滞后现象，

未能发挥法规的保驾护航作用。

其次,原有的管理方式存在着不连续和缺乏协同的缺陷。针对新理念、新技术、新材料等发展态势,上海积极开展系列探索试点,如装配式建筑、全装修住宅、建筑信息模型、可再生能源利用、绿色建材、绿色生态城区、建筑垃圾资源化利用等。然而,在实际操作层面,各专项工作因为划分于不同管理部门,往往以单项政策推进为主,缺少全过程、系统性、长效性的监管依据,也容易产生各相关主体责任不清晰的问题。举个例子来说,绿色建筑监管制度侧重于项目开工建设,但在竣工验收阶段却没有闭环,就容易导致管理上的"漏斗"现象频发。

与此同时,人民对建筑品质有更高的需求,这一点上也亟待法规制度的保障。随着居民生活水平的提升,越来越多的市民强调健康、舒适和安全的室内环境需求,以及建筑性能与品质的同步提升。敏感人群频发的健康问题,引发社会公众对室内装修材料健康环保的重视。屡见报道的房屋质量问题也反映了高房价、低品质的现实矛盾。当下,全面执行绿色建筑标准的新建建筑,迫切需要对这些关乎民生需求的问题进行回应。

通过积极推进立法,明晰产业各主体的法律责任,督促各环节有效运转,保障绿色建筑高品质建设,促进产业健康有序发展,将有助于真正实现建筑领域的绿色发展。

2015年始,上海就开启了绿色建筑领域立法前期研究,以立足需求、问题导向为原则,采用专项调查、座谈访谈、问卷调研、专题研讨等方式,对上海市的绿色建筑发展现状进行了全面的调查分析,掌握绿色建筑立法的需求与难点,为法规编制工作指明了方向。2016年,上海市组建编制专组,建立定期研讨制度,集中资源对立法条文涉及的内容进行了专项深入研讨与编写完善,立法草案初步形成。

2020年,《上海市绿色建筑管理办法》正式纳入上海市人民政府立法计划,历经草案编制、征求意见、修改完善、司法读稿等多阶段工作,最终完成修改优化工作。办法编制过程中累计召开各类讨论会80多次,修改调整近60轮,收集、处理外部意见超过500条。

2021年9月《上海市绿色建筑管理办法》（以下简称《管理办法》）终于以市长令的方式发布，《管理办法》的出台，标志着上海市建筑领域的绿色发展进入法制化轨道。《管理办法》的规定范畴除了建筑节能与绿色建筑外，还涵盖了装配式建筑、全装修住宅、可再生能源利用、绿色建材、超低能耗建筑、绿色生态城区等内容，以适应城市建设绿色转型需求与未来发展趋势。

绿色建筑立法是满足人民美好生活需求的产物

受访者：徐强　原上海建科集团股份有限公司总工程师　时间：2022年6月

推动绿色建筑立法是为建筑绿色化发展提供法规保障，是建筑领域走向碳达峰、碳中和的有力支撑。徐强表示，绿色建筑不是完成设计方案或者项目建成就能结束了，而是需要在规划、设计、施工、运行等建筑全生命周期的各阶段都切实有效实践，才能实现绿色效应，而这一切都需通过立法方式给予保障，同时也是城市美好生活品质的基石。

Q：绿色建筑立法工作是基于什么样的背景提出的？

A：一是国家发展战略定位。2015年，党的十八届五中全会召开提出了"创新、协调、绿色、开放、共享"的发展理念；2016年，中央城市工作会议确立了"适用、经济、绿色、美观"的建筑方针；2017年，十九大提出建设美丽中国，推进绿色发展。"绿色"已上升为国家战略，而建筑作为城市发展的有机组成部分，建筑业的绿色低碳发展是必然趋势。二是可持续发展需求。随着中国经济的高速发展，能源短缺、资源匮乏、环境恶化、人口增长所带来的问题日益严峻，而传统建筑业高消耗、高污染、低品质，对能源和环境的压力日益凸显，绿色建筑是建筑业可持续、转型发展的必然选择。三是领域立法亟须更新。近十年来，随着经济快速发展，建筑业无论是从规模还是技术上都发生了深刻变化，现有《民用建筑节能条例》已无法保障建筑绿色生态化高质量发展。基于以上几个主要原因，亟须通过立法形式来保障和推动绿色建筑的可持续性发展。

Q：立法工作过程中经历了哪些挑战？

A：一是高标准严要求。本次绿色建筑立法经历立法论证、全面调研、深化研究、条文编制、多维研讨、精细修改多个阶段。每一个阶段主管部门对立法工作组都提出很高期待，要求科学充分地说明绿色建筑立法工作的必要性和可行性，对立法内容坚持以问题为导向、以需求为基础，要求定位明确，条文具有实操性，切实立足上海本市实情。二是建筑绿色内涵定义难。何为绿色建筑？何为建筑绿色化发展？从标准上看，绿色建筑有严谨的技术定义，但从法言法语角度定义绿色建筑那就完全是另外一回事了。随着这几年可持续发展深化，建筑领域的绿色内涵也不断在延展，从最初的节能到节地、节能、节水、节材、环保的集成，再到涉及建筑业转型改革的建筑工业化、促进多专业高效融合的BIM技术应用、作为循环经济一部分的绿色建材，以及旨在推动绿色规模化集聚发展的绿色生态城区都深刻地演绎了建筑绿色发展趋势。对此，工作组对绿色建筑内涵与范畴进行了多轮的研讨，后经过院士专题会、不同领域问卷等方式，最终形成采用大绿色建筑范畴的共识，也就是将有效促进建筑业转型发展、提升建筑品质、利于建筑可持续发展的专项工作都纳入绿色建筑范畴。

Q：绿色建筑立法如何体现"人民城市"理念，保障人民幸福感？

A：首先，绿色建筑突出"以人为本"。绿色建筑是指安全耐久、健康舒适、生活便利、节约资源、环境宜居的高品质建筑。这一内涵凸显了"以人为本"的价值主张，与"人民城市人民建"的理念相契合，立法保障了绿色建筑本身所应具备的优良性能，从而也保障了人们对健康居住环境的需求。其次，本次立法回应公众在建筑环境安全方面的关切。针对目前普遍存在的弱势群体室内环境堪忧的现象，如装修后室内空气污染严重等情况频发，本次立法对室内环境提出专项要求。比如将全装修住宅的室内空气污染物检测要求纳入竣工验收监管范围，明确幼儿园、中小学校、养老设施装修后实施室内环境质量检测，引导群众监督力量倒逼室内环境污染得到有效控制。最后，切实保障购房者的绿色建筑性能权益。要求建设单位在质量保证书、使用说明书中载明绿色建筑性能指标等内容，通过在交付时查验绿色建筑技术指标的落实情况，保障购房人的合法权益。

Q：这次绿色建筑立法工作的亮点是什么？

A：一是以问题为导向，致力破除行业发展瓶颈。针对监管不闭合问题，立足新需求新要求，将新业务的监管要点及时纳入现有的监管体系，明确从土地供应、立项审查、设计文件审查、竣工验收备案到交付使用、物业管理各环节的监管要求和监管部门职责，确保绿色建筑相关要求得以落地，实现全过程监管。针对重建设轻运行管理现象，设立运行管理章节，明确运行管理责任，完善运行监管体系，构建全生命周期管理制度。二是以行业为主导，集聚多方面资源推进立法。本次绿色建筑立法诉求源起上海市人大常委会基层立法联络点上海市绿色建筑协会，以行业协会为平台，开展了系列调研，听取多方面全产业链相关主体的诉求与建议，集聚了多层级政府主管部门以及建设开发、规划设计、工程建设、技术咨询、专项检测、设备材料、物业管理等行业主体的智慧与支撑，是一次为行业立法与行业参与立法的典范实践。

（2）出炉"十四五"规划，践行"人民城市"理念

十九大召开后，以增强人民群众获得感为工作出发点，以节约能源资源、保护自然环境为工作底线，提升建筑品质与建筑产业升级，满足居住需求与创建绿色生活相结合，为人们提供健康、舒适和高效的使用空间与自然和谐共生的建筑，成为绿色建筑高品质高质量发展的主要方向。

2019 年，《绿色建筑评价标准》GB/T 50378—2019 发布。紧扣原有标准实施中存在的不足，即绿色建筑实效性不明显，使用者获得感不强和新技术新内涵未得到充分体现三个方面，将原标准的"四节一环保"指标体系升级为"安全耐久、健康舒适、生活便利、资源节约、环境宜居"五大性能。随着技术指标体系的改变，绿色建筑的核心内容更容易被社会大众理解接受，同时响应新时期热点需求，提高绿色建筑的可感知度和民众获得感。五大性能的提出，有助于全面提升绿色建筑性能与质量，贯彻以人为本理念，至此绿色建筑发展进入了新时代。

上海积极贯彻践行 2019 年习近平总书记在上海考察时提出的"人民城市人民建，人民城市为人民"重要理念，在城市建设领域，也对绿色建筑发展开展了系统升级变革。

首先是理念的升级，"以人民为中心"成为绿色建筑核心理念。上海市工程建设标准《绿色建筑评价标准》DG/TJ 08-2090-2020 在修订过

程中，重点引导、规范建设方建造让人民满意的绿色建筑，满足人民对美好生活的需求向往。

其次是外部环境更加强调碳达峰、碳中和，从国际形势来看，应对全球气候变暖的节能减排压力持续增加，发展绿色建筑、提升建筑能效已成为各国的普遍选择。

最后是上海自身发展的内在驱动，"区域一体化"要求打造绿色创新发展新高地。新时代背景下，随着长江三角洲区域一体化发展上升为国家战略，上海需要持续发挥引领带动作用，打造绿色创新发展新高地，利用区域辐射效应推广绿色生态理念。《上海市城市总体规划（2017—2035年）》提出建设生态之城的目标愿景，上海自贸试验区临港新片区、上海虹桥商务区等重点区域将绿色生态引领作为发展方向，这些举措均为上海绿色建筑的发展注入了强劲的内部动力。

在持续深化"人民城市"建设理念的新百年启程之际，2021年上海印发了《上海市绿色建筑"十四五"规划》，提出"十四五"时期，坚持以人为本、质量导向、突出重点、协同发展、国际视野、创新驱动六大原则，强化"双碳"战略目标引领、区域发展内在驱动的发展形势，以提升人民群众对高品质生活的获得感为出发点，以推动绿色建筑的高质量发展为主线，遵循城市发展规律，聚焦区域自身特点，促进绿色建筑提质增效，营造健康、智慧的城市环境，持续优化宜居宜业的城市格局，提升城市软实力，助力"创新之城、人文之城、生态之城"的建设。

（3）夯实配套制度，保障高质量发展

上海市积极制定了系列绿色建筑相关政策，完善配套制度，覆盖设计、评价、运营等各阶段，夯实绿色建筑产业化发展。

因地制宜、因时俱进优化上海绿色建筑评价管理工作。为适应新时期国家绿色建筑发展要求，上海根据绿色建筑发展的实际情况，进一步规范地方绿色建筑评价管理工作。依据国家绿色建筑评价标识管理相关要求，2021年9月《上海市绿色建筑标识管理实施细则》（沪住建规范

〔2021〕7号）发布，明确了上海市绿色建筑标识管理主体，区分了标识认定阶段，细化了申报要求和申报材料，同时细化了一、二星级绿色建筑项目审查流程。

深入贯彻实施绿色建筑创新行动方案。为了进一步贯彻落实习近平生态文明思想和党的十九大精神，国家发展改革委印发了《绿色生活创建行动总体方案》（发改环资〔2019〕1696号）。2020年7月，住房和城乡建设部联合七部委印发了《绿色建筑创建行动方案》（建标〔2020〕65号），以此推动全国绿色生活创建活动。2020年9月，上海市也编制印发了《上海市绿色建筑创建行动实施方案》（沪建建材〔2020〕494号），方案明确了建筑领域的绿色发展目标：到2022年，当年城镇新建建筑中绿色建筑面积占比达到100%，星级绿色建筑持续增加，既有建筑能效水平不断提高，住宅健康性能不断提升，全面采用装配化建造方式，绿色建材应用进一步扩大，绿色住宅使用者监督全面推广，人民群众积极参与绿色建筑创建活动，形成崇尚绿色生活的社会氛围。

逐步提升绿色建筑标准管理要求。为进一步推进绿色建筑高质量发展，上海市于2021年6月印发了《关于加强本市绿色建筑设计管理工作的通知》（以下简称《通知》）。《通知》指出，新建民用建筑应当按照绿色建筑基本级及以上标准建设。其中，新建国家机关办公建筑、大型公共建筑以及其他由政府投资且单体建筑面积5000平方米以上的公共建筑，应当按照绿色建筑二星级及以上标准建设。绿色生态城区内，绿色建筑星级应当符合该城区绿色生态专业规划的要求。《通知》同时强调要积极引导设计人员将绿色理念融入建筑设计，提升绿色建筑设计水平。

持续优化提升激励政策助力绿色发展提质增效。针对节能减排的外部特性导致市场主体缺乏经济动力的状况，上海市持续深化专项激励政策的引导工作。继2012年在全国率先出台绿色建筑专项扶持政策之后，根据绿色建筑领域的发展新动态与需求，2016年修订出台了《上海市建筑节能和绿色建筑示范项目专项扶持办法》（沪建建材联〔2016〕432号），进一步扩展了支持范围、明确补贴要求及提升补贴标准。随后，结合政策的执行情况与行业发展需求，2020年又修订形成了新的《上海市建节能和绿色建筑示范项目专项扶持办法》（沪住建规范联〔2020〕2号），新增了超低能耗建筑示范项目作为重点扶持对象。

上海市绿色建筑主管部门立足本市绿色建筑发展形势与需求，持续优化扶持政策，与时俱进地及时调整激励政策，进一步提升上海对绿色建筑发展扶持政策的适用性，切实发挥了激励政策对绿色建筑发展提质增效的功效。

从2012年至2021年，上海市累计共28个绿色建筑运行标识项目获得了绿色建筑示范项目财政补贴，其中二星级共有12个，三星级16个，累计申请资金支持共12962万元。同时，市区两级的财政激励政策体系逐步形成，目前上海已有11个行政区出台了区级的财政补贴制度，进一步强化了财政政策的激励引导作用。

第二节
Part 2

找准重点，绿色成效量质并举
Focus on the Key Points, Simultaneously Raise
the Quantity and Quality of Green Effectiveness

1. 闭环管理，绿色建筑要求纳入全流程

近十年来，随着城镇化进程和经济快速增长，房地产行业得以蓬勃发展。基于城市建设规模与建筑能源资源消耗快速增长的现状，上海市对绿色建筑发展实施"控制新建、优化既有"的方针，即逐渐建立完善配套管理制度，对新建建筑全面执行绿色建筑标准，提升建筑的绿色性能；对既有建筑中的重点用能单位实施节能监管，提升建筑用能管理水平，积极推进绿色改造。

（1）纳入审图，新建建筑"全面绿"

2014 年，上海在全国率先开展绿色建筑专项审图，要求审图单位在工程项目施工图审查合格证中明确注明绿色建筑等级，将绿色建筑的工作从咨询的"后端"前移到设计的"前端"。

为进一步规范建筑工程绿色设计和审图水平，保证绿色建筑设计文件编制质量，上海市先后发布了《上海市住宅建筑绿色设计施工图设计文件审查要点》和《上海市公共建筑绿色设计施工图审查要点》，并配以设计深度规定和绿色建筑专篇要求，针对土建与装修一体化、幕墙及室外景观等绿色建筑指标中涉及需要二次专项深化的施工图设计不同步送审的情况，提出了各阶段设计要求及建设单位的承诺制度，保证了绿色建筑设计的完整性，对提高住宅建筑和公共建筑的施工图绿色设计文件审查质量具有重要的指导意义。

通过两年多的持续努力，得益于各类专业技术培训、专项检查以及检查通报等方式，上海市的主要审图机构的绿色建筑专项审图能力显著提高，绿色建筑专项审图制度进入常态化，报建的各类新建民用建筑已 100% 执行绿色建筑标准。截至 2021 年底，上海绿色建筑总面积累计达到了 2.9 亿平方米。

除强化审图之外，2015 年起，上海市每年组织开展建筑节能和绿色

建筑专项检查，对各类不符合绿色建筑设计、施工的问题通报批评或开具整改单，促进绿色建筑设计、施工质量逐年提升。

作为上海最早一批开展绿色建筑审查的专家，苑素娥教授级高级工程师回忆这些年的绿色建筑审图工作的从零起步和快速推进，感慨颇深。

她提到，"随着绿色建筑政策的不断出台、标准体系的不断完善、建设实施的不断深入，近几年施工图审查标准及要求逐年提高，促使绿色建筑施工图审查更加正规化、严格化。我们工作中的检查重点是绿色建筑执行国家、地方法律法规、规范、标准的情况，常见的问题往往集中在绿色建筑设计深度不足、得分与措施不一致等方面。通过把检查结果及时反馈给设计单位，并总结改进，近年来上海绿色建筑的设计质量已得到大幅度的提升，从设计前端很好地保障了新建建筑在绿色建筑标准方面的质量。"

（2）健全标准，绿色性能有保障

绿色建筑作为一个"产品"，和我们熟悉的汽车等消费品一样，需要经历设计、施工、验收三个主要阶段，合格之后才能交付使用。随着绿色建筑的发展进入到全面普及的新阶段，仅仅一部评价标准已经无法满足产业链上不同主体的使用需求。如何才能像交付汽车一样，交付满足绿色建筑星级要求的合格绿色建筑产品？

为解决这个问题，上海相继发布了《住宅建筑绿色设计标准》《公共建筑绿色设计标准》《建筑工程绿色施工评价标准》《绿色建筑工程验收标准》以及《绿色建筑检测技术标准》。这些标准贯穿建设项目的全流程，并且以绿色建筑评价标准规定的指标体系为核心，旨在帮助项目以终为始，基于绿色建筑的性能目标，确定合理的设计策略、落实绿色施工的具体要求，最终通过必要的性能检测，达到专项验收要求。

对此，负责上海绿色建筑相关标准编制的专家韩继红表示，上海的绿色建筑评价标准体系与政策的协同性非常好，在绿色建筑建设流程管控中评价标准是核心龙头、设计标准是支撑基础、验收标准是关键环节（图3-10）。

图 3-10　上海绿色建筑的全流程标准体系

标准体系是绿色建筑发展的重要引导和支撑

受访者：韩继红　上海市建筑科学研究院资深总工程师　时间：2022 年 8 月

与国外市场化运作情况不同，大力发展绿色建筑是我国城镇化建设战略选择，主要以国家和地方政府发布的管理规章、标准规范、激励政策等作为推进抓手，绿色建筑的发展尤其离不开标准规范的支撑，绿色建筑在全寿命期内各环节均离不开工程建设标准的引导。

Q：上海市绿色建筑评价标准体系建设历程及特点是怎样的？

A：谈到绿色建筑评价标准体系，首先不得不提到国家标准。2006 年上海建科院与中国建研院联合主编国家《绿色建筑评价标准》GB/T 50378，提出了中国"绿色建筑"定义，确定了有中国特色的评价指标体系，不仅直接用于我国绿色建筑的评价，更为重要的是为其他绿色建筑标准的编制和协同提供了基础，是绿色建筑领域母标准。

在总结国标编制经验、地方工程项目实践的基础上，2012 年上海编制了地方《绿色建筑评价标准》DG/TJ 08-2090，在此基础上，作为全国先期开展绿色建筑研究和实践的地区，上海市结合自身气候、资源和建设特点，积极开展各类绿色建筑标准编制，例如针对住宅和公建分别推出强制性绿色设计标准，在全国率先推出绿色建筑检测标准，根据国家标准的变动及时修订地方标准等。

2014年上海市率先将绿色建筑与建筑节能独立作为《上海市工程建设标准体系表》（修订）的新增领域，按照基础标准、通用标准、专用标准层级，围绕评价、设计、施工、验收及测评、运营、改造、部品的体系框架，将原先分散在其他专业标准体系中与绿色建筑相关的已编、在编标准进行了梳理及排序。通过现状分析和合理预测，提出了待编标准表，制定了中期和远期的待编标准规划，明确了上海市绿色建筑标准的系统发展方向，描绘了具体的发展愿景。此后，遵循体系表的中远期规划，陆续发布了绿色建筑设计、施工、检测、验收等各类标准，并在2020年跟随国家标准变动对地方绿色建筑评价标准进行了及时更新。

总体而言，上海市绿色建筑标准从无到有，从少到多，标准体系逐步建立健全，目前已涵盖建筑全寿命期各环节，标准体系系统性强，与政策协同性好，适应上海本地绿色建筑发展需求，其不断更新和优化助推绿色建筑的高质量发展。

Q：上海绿色建筑标准体系对于绿色建筑建设流程管控发挥的作用具体是哪些？

A：上海绿色建筑评价标准体系与政策协同性好。在绿色建筑建设流程管控中评价标准是核心龙头、设计标准是支撑基础、验收标准是关键环节。

评价标准明确了绿色建筑的定义，描绘了什么样的建筑符合绿色建筑要求，从理念到指标体系，评价标准一直在不断拓展绿色建筑内涵和外延，纳入新的发展理念和政策导向需求，其前后三个版本的不断更迭充分匹配了政府对于绿色建筑建设从示范引导、到大规模推广到"全面绿"的管理需求。

设计标准在建设流程管控中起到了基础支撑作用，上海市根据住宅建筑和公共建筑的不同需求，分别针对性编制了设计标准，协同绿色建筑强制审图机制，有效地将绿色建筑的具体要求落入设计文件和建设管理开端。

验收标准是检验绿色建筑落地的关键环节。目前正在修订的上海的绿色建筑工程验收标准响应"全面绿"的要求，在常规工程九大分部的基础上增加了绿色建筑要求，强调对绿色建筑工程的落地实效监督。

（3）政策驱动，运营实效"看得见"

除了将绿色建筑纳入设计审查推动其全面普及之外，上海市还通过政策引导，鼓励项目自愿申报绿色建筑标识，提升绿色建筑的实际性能。截至 2021 年底，全市累计获得绿色建筑标识的项目共计1226 个，建筑面积 1.1 亿平方米。其中，标识项目以高星级项目为主，二星级及以上绿色建筑标识总体占比约 80%，在全国处于领先水平（图 3-11）。

图 3-11 上海市历年绿色建筑标识项目数量

如果说良好的设计奠定了项目的"先天绿色基因"，那么运行效果则是检验绿色建筑成效的"试金石"。上海一直重视绿色建筑的实际表现，希望绿色建筑能带给使用者实实在在的好处，让"绿色"看得见、摸得着，最终能转变成"真金白银"的省钱。

为此，近年来市级专项资金一直在积极引导绿色建筑项目申报运行标识，通过鼓励一批设计好、运行好的项目去自愿申报，提升绿色建筑的社会效益。截至 2021 年底，上海历年累计的绿色建筑运行标识项目总数达到 70 个，建筑面积合计 783 万平方米。从星级分布来看，二星级和三星级运行标识项目占项目总数的 91.43%，建筑类型主要以公共建筑为主（图 3-12）。

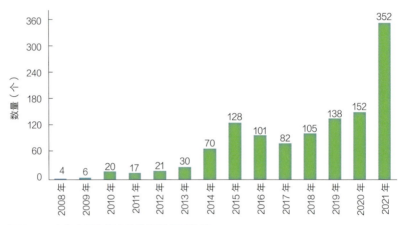

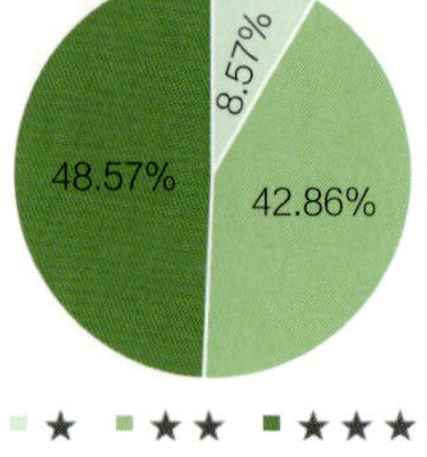

图 3-12 上海市历年绿色建筑运行标识项目星级比例分布

由此可见，这些项目在最初设计阶段就建立了较好的绿色基础，运行期间又往往是自持管理，可以从全生命周期把绿色建筑的技术优势充分发挥出来。

2．科技驱动，绿色建筑破解实效难题

科技研发是推动绿色建筑行业发展的重要力量之一，通过对前沿技术及政策动向进行探索研究，解决行业产业发展中的突出问题，引领行业的发展方向。自"十二五"以来，上海市围绕绿色建筑适宜技术应用、绿色建筑性能质量提升、建筑室内空气质量保障等相关技术领域，依托各类科研主体立项开展了近60项课题研究，解决了绿色建筑在发展过程中遇到的各类难题，夯实绿色建筑的技术基础。

可以说，绿色建筑在国内经过了多年的发展，设计环节的技术难点已经逐步解决。然而，在运行阶段绿色建筑的效益如何显现出来，绿色技术的效能如何充分发挥，以及如何通过运行数据反馈前端的设计优化，最终让建设单位能够获益，让居住的百姓能够获益，是摆在从业者面前的一道难题。

2016年8月，上海市人民政府印发《上海市科技创新"十三五"规划》（沪府发〔2016〕59号），将绿色建筑与生态城区建设纳入重点任务和方向，也正体现了科技创新推动绿色建筑领域提质发展的重要价值。

其中，为解决绿色建筑性能实效显性化的问题，自"十二五"以来，上海多家研究机构围绕运营优化、性能评估、既有建筑绿色化改造等方向，主持或参与多个国家科技支撑计划项目或重点研发计划项目，典型的包括"绿色建筑规划设计关键技术体系研究与集成示范""绿色建筑标准实施测评技术与系统开发""基于全过程的大数据绿色建筑管理技术研究与示范"和"绿色建筑性能后评估技术标准体系研究"等，取得了显著进展。

（1）如何选取最适宜的绿色技术？

上海市作为全国率先推动绿色建筑发展的地区，拥有绿色建筑项目长期实践优势，对提升绿色建筑运行实效尤为关注。

早在 2014 年，上海就围绕绿色建筑建成实效方向开始了初步探索，通过调研 20 多个已建成的绿色建筑项目，分析了建筑遮阳、地源热泵、雨水系统、中水系统等若干重点技术的设计落地情况，开展了关于绿色建筑的关注点和满意度等方面的问卷调研，并向开发单位及物业公司调查绿色建筑的运营模式、运维现状及运营实效。在此基础上，编制了《上海市绿色建筑技术推广目录》，筛选出屋顶绿化等六个大类 40 余项适合上海地区推广的绿色建筑技术（图 3-13），用列表的形式详细说明了技术名称、技术简介、技术指标和适用范围，对促进上海绿色建筑技术体系优化以及后续标准规范的制定具有一定的指导作用。

a 屋顶绿化

b 透水铺装

c 车库天然采光

d 可调遮阳

e 节水灌溉

f 装配式建筑

图 3-13　上海市适用绿色建筑技术示例

（2）如何评估绿色建筑的实际性能？

绿色建筑实际运行的工况往往和设计输入条件存在着偏差，从而导致运行性能较设计预期有所偏离。对于某个大楼的业主或者物业单位来说，拿到电费和水费的账单时，往往不知道如何去评价这栋楼的绿色运行水平究竟如何，和同类建筑相比处于什么样的位次？这就需要建立一种科学的评价基准，例如通过大量的实际楼宇数据的积累建立绿色建筑的性能数据库，在这个数据库中找到同类型的项目进行对比，就可以回答上面这个问题了。

上海部分研究机构在"十三五"期间承担了国家重点研发计划课题"绿色建筑性能后评估技术标准体系研究"，系统开展绿色建筑运营后评估标准体系构建所需的基准线标尺、后评估评估方法和标准研究。在全国大范围数据调研基础上，尝试提出了绿色建筑能耗基准线的确定方法，并编制了《绿色建筑运营后评估标准》及软件工具，可以说在科学评估绿色建筑的性能方面迈出了第一步（图3-14、图3-15）。

图3-14 《绿色建筑运营后评估标准》

图3-15 《绿色建筑运营后评估标准》配套软件工具

3．多样载体，推动行业共同进步

（1）丰富多彩的科普宣传

全国节能宣传周自 1991 年以来已连续举办三十余年，在每年活动期间，上海市都精心策划，开展了政策宣贯、标准解读、技术交流、示范项目授奖、新产品推广等一系列丰富多彩的活动，持续宣传节能理念、推广节能新技术。

2021 年宣传周开幕前夕，上海市以征集投票的方式，推选出了这次宣传活动的吉祥物"蓝蓝"，同时确定了宣传口号"节能减碳、你我同行"（图 3-16）。为了更贴近民众的实际生活，还制作了一系列的宣传衍生物发放给民众，在全社会营造节能氛围，倡导节能新风尚。

图 3-16　2021 年上海节能宣传活动吉祥物"蓝蓝"及宣传口号

自 2016 年起，上海市连续举办"上海国际城市与建筑博览会"（以下简称"上海城博会"），成为上海市对接"世界城市日"的重要载体，也是上海城市建设管理成效的展示推广平台。上海城博会近年来以"碳中和与城市绿色转型""提升社区和城市品质"等为主题，围绕绿色建筑、海绵城市、老旧小区既有建筑改造、建筑工业化、美丽乡村建设、绿色建造、重大工程项目安全管理、城市新基建、绿色建材、绿色设备、建筑绿化、能源互联网等主题召开各类论坛及活动，受到了大众的广泛关注。大会同期举办一年一度的"孩子眼中的未来城市"公益绘画征集和展示活动，让孩子们用绘画表现对绿色低碳的理解、对生活环境的关注和对未来生活的美好期待（图 3-17）。

（2）持续深入的行业交流

自2014年起，上海市每年发布"上海绿色建筑发展报告"，对绿色建筑行业发展的年度成果进行总结，也为社会各界提供了一份了解全市绿色建筑行业发展情况的专业、权威的白皮书（图3-18）。

为提升建筑行业对绿色建筑的认知度与专业程度，上海市也依托行业协会及相关单位，举办形式多样的论坛、标准宣贯和技术培训等，加强信息共享和互动交流。其中特别有代表性的是上海绿色建筑国际论坛，通过邀请国内外的领衔专家和行业机构进行专题报告和互动交流，并对一批优秀项目进行颁奖，增强新理念、新技术、新产品的推广，提升绿色建筑的美誉度（图3-19）。

图3-17 2021年城博会期间举行的"孩子眼中的未来城市"公益绘画征集和展示活动

图3-18 上海市历年绿色建筑发展报告

图3-19 2021年上海绿色建筑国际论坛

第三节
Part 3

不断突破，实践给出上海方案
Continuously Breakthroughs, Give Shanghai Solutions

1. 上海中心大厦缘何成为"绿色建筑第一高度"

（1）超前设计理念与构想

"这幢大楼建成之后，将向世界展示上海这座现代化国际大都市的经济实力和科技水平，展示'海纳百川，追求卓越，开明睿智，大气谦和'的城市精神，成为城市经济发展的新航标。我们提出了两个建设目标，一个叫'垂直城市'，还有一个就是'绿色环保'。生态、节能、环保、安全是我们这幢大楼的灵魂，是21世纪现代摩天大楼与自然和谐共存的完美体现。摩天大楼不是一个封闭的钢筋水泥空间，而是一个自然与人文、环境与生活有机结合的和谐空间。所谓'垂直城市'，就是要超越地标，实现使用功能上的新突破。我们要建造的不仅仅是一个象征意义上的城市地标、一幢纯粹意义上的建筑，还是一座垂直的城市，一个资源高度集约化、能源高度节约化的超级大厦城市。"

——原上海中心大厦建设发展有限公司党委书记、总经理　顾建平

为破解超高层建筑带来的"环境、交通、资源与心理"等世界性难题，上海中心大厦创造性提出了全过程可持续绿色垂直城市发展理念，以"体现人文关怀、强化节资高效、保障智能便捷"为技术特色，采用了"建筑、区域、城市协同"气候环境设计手法，包括120°螺旋上升建筑外形、多能互补梯级能源供应、顺势而为高效节水雨中水回用、多方位高品质亲自然的环境营造、新科技物联云建筑集成智慧管理以及多元化多层次社区文化服务等绿色建筑新技术，开创了超高层建筑绿色可持续发展的先河（图3-20）。

（2）全过程绿色科技引领新标杆

上海中心大厦于2011年立项成为住房和城乡建设部科学技术项目计

图 3-20　上海中心大厦实景

划——科技示范工程项目（绿色建筑和低能耗建筑"双百"示范工程）。其针对超高层建筑功能复杂、能源资源消耗高、环境影响大、系统设计和运行管理难等问题，遵循绿色建筑发展理念，因地制宜提出了"体现人文关怀、强化节资高效、保障智能便捷"的绿色超高层建筑技术目标，研发实践了室外风环境影响控制技术、室外光污染控制技术、幕墙节能技术、多能源复合技术、雨中水回用技术、结构优化技术、自然采光强化技术、绿色施工全过程管控技术、设计施工和运营管理全过程 BIM 应用技术九大绿色超高层建筑关键技术，全面提升了上海中心大厦的绿色性能，研究成果荣获 2018 年度上海市科技进步特等奖。

现代玻璃幕墙建筑产生的光污染问题日益引起广泛重视，特别是超高层玻璃幕墙建筑。以此作为攻关的难点之一，上海中心大厦在设计之初就开始高度关注玻璃幕墙的光污染防治，以 3 公里半径区域为评价范围，分析对周围敏感目标的影响时间、范围和程度，通过建筑幕墙构造优化设计和幕墙玻璃可见光反射比选择抑制建筑幕墙的光污染影响范围和程度。最终建筑外幕墙构造选用交错方案，幕墙玻璃选用超白玻璃组合，玻璃可见光反射率控制在 12% 以下。一系列组合措施实现了玻璃幕墙的光污染控制，有效降低了对周边建筑及人员的影响（图 3-21）。

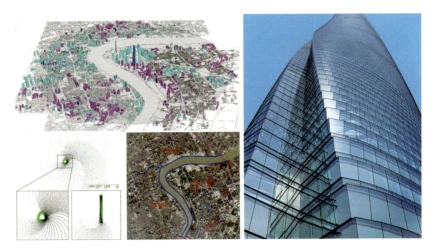

图 3-21 光污染评价范围、模型及光污染控制方案

全球升温和碳排放问题日益严重，在摩天大楼中广泛使用的玻璃幕墙容易造成巨大的热损失，双层玻璃幕墙为这个难题提供了一种解决方案。上海中心大厦采用了两层玻璃幕墙，形象地说，就像热水瓶一样，双层幕墙之间的空腔形成温度缓冲区，避免室内直接和外界进行热量交换，比起普通单层玻璃幕墙，双层幕墙能降低采暖和制冷能耗，但这样的幕墙结构此前从未出现在 350 米以上的超高层建筑中。此外，"双层幕墙"还具备降噪隔声功能，能屏蔽雷电轰鸣及外界噪声，给予内层区域活动的人们足够的安全感和静音环境。双层玻璃幕墙之间的空中花园形成了独立的微气候区，可以改善大厦内部空气质量，创造宜人的休息环境。这里有室内公园、休闲吧台、阅读室，人们在这里聚会，享受温暖的阳光（图 3-22）。

不同于其他超高层建筑，上海中心大厦地处陆家嘴金融核心区，与金茂大厦与环球金融中心共同构成了世界上独一无二的超高层建筑群，如何优化上海中心大厦平面布局，提供舒适的室外人行区风环境，改善周边建筑群的微气候风环境，是上海中心大厦必须解决的主要问题之一。设计初期，上海中心大厦采用风洞试验研究风对建筑负荷的影响，同时借助于计算机 CFD 模拟手段对大厦室外风环境进行了模拟计算及优化，保障大厦周围风环境满足室外活动的舒适性要求（图 3-23）。

图 3-22　双层幕墙内部空间　图 3-23　上海中心大厦风洞试验

（图片来源：上海中心大厦建设发展有限公司）

2020年7月，上海中心大厦顺利通过住房和城乡建设部"绿色建筑"示范工程验收。验收会的专家对其绿色建筑建设成果给予了高度评价。作为全球最高的绿色建筑，上海中心大厦的成功实施为绿色超高层建筑新技术的推广起到了很好的示范作用，相关建设经验依托《绿色超高层建筑评价标准》的颁布向全社会推广实施。

（3）举世瞩目的绿色建筑"第一高度"

"上海中心将是一座'绿色'摩天楼。尽管目前世界上各大摩天楼都采用了一些绿色节能技术，但同时取得中国绿色建筑评价体系和美国 LEED 绿色建筑认证体系的摩天大楼，'上海中心'将是首开先河。"

——新华社报道

上海中心大厦在超高层绿色建筑方面取得了大量的创新成果，先后获得我国绿色建筑三星级运行标识、美国 LEED-CS 铂金级认证，是目前全球最高的绿色建筑。多次被权威媒体如中央电视台、上海电视台、东方卫视、凤凰卫视等重点报道，示范效果显著。

东方网报道称，"上海中心大厦围绕可持续发展的设计理念设计和施

第三章 蝶变——绿色建筑推动建筑领域全产业能级提升

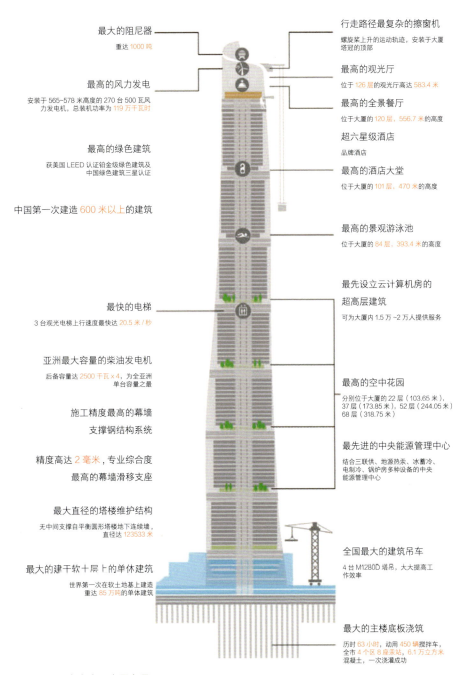

图 3-24　上海中心大厦之最

[图片来源：上海中心大厦建设发展有限公司. 上海中心大厦之最 [J]. 建筑实践，2018, 1 (1) : 1.]

117

工，力求在建筑的全生命周期，实现高效率的资源利用，把对环境的影响降到最低，达到保护自然生态环境、改善区域城市环境、营造健康室内环境的建筑目标。"

《新民晚报》报道称，"上海中心并不追求建筑上的高度，而是追求成为超高层绿色建筑的典范。'绿色'和'可持续'成了开发商和设计者提到最多的词。"

作为国内外超高层建筑开展绿色建筑实践的有效尝试，上海中心大厦对绿色超高层建筑的建设起到很好的示范作用，对减少有害气体排放和废弃物处置，缓解城市环境压力，改善环境质量具有积极的推动作用。自其投入运行以来，绿色运营管理水平不断提升，持续成为引领绿色建筑建设运营的"第一高度"（图3-24）。

2．解密国家会展中心（上海）"绿色超级航母"

"国家会展中心（上海）的一系列绿色技术应用在会展类建筑以及全行业内产生了良好的示范效应及推广作用。"

——《经济日报》2021年9月8日

外观形如四叶草、承接进博会等超大型展会的国家会展中心（上海）位于上海市虹桥商务区核心区，紧邻虹桥交通枢纽，总建筑面积超150万平方米，可容纳40万人次，堪称中国乃至全球会展业的"超级航母"。13个展厅单个面积近3万平方米，相当于4个标准足球场，是世界上规模最大的会展综合体，也是国内首家大型会展类三星级绿色建筑运营项目，荣获2020年度全国绿色建筑创新奖一等奖（图3-25）。

绿色建筑运行标识的获得，是项目在设计、施工、运营的全生命周期内实现建筑节能减排的真正体现，具有较大难度。国家会展中心（上海）将绿色低碳的可持续发展理念转化为内在需求驱动力，依靠多项技

图3-25 鸟瞰"四叶草"

术创新,在场馆的规划设计、施工建设、安全保障、智慧运行等方面突破了一系列的技术难题,为"绿色生态、安全健康、数字智慧"场馆建设与运营目标的实现提供了强有力的技术保障。

(1)综合体交通设计

国家会展中心(上海)非常注重场地交通系统的绿色设计,创新性地采用高效运行的立体交通模式。设计充分考虑到日均40万人次的承载能力,借鉴与城市道路相仿的环线系统,缓解交通压力。在基地内通过内环、中环、外环的设计进行交通组织(其中内环以货车为主,可使物流直接抵达展馆门口,客车则行驶在中环线,基地周边的外环线则是布展货车的临时轮候区),有效缓解周边的交通压力。项目通过合理的动线引导,保证场馆人员车辆的通畅有序,实现交通减排。

(2)"清洁能源"的高效利用

大型会展场馆是"能耗大户",做好节能减排不仅是绿色建筑的要求,也是公共建筑应当承担的社会责任。

国家会展中心(上海)采用分布式能源中心"三联供"系统:以天然气带动发电设备运行,产生的电力供建筑使用发电,产生的余热又进行了回收利用,实现向建筑供热、供冷以及供生活热水。通过这种方式,能源的利用效率达到了75%以上,加上水蓄冷系统的"移峰填谷",为大电网的峰谷平衡作出了积极贡献。

国家会展中心(上海)是国内首个全部使用"三联供"集中供能的场馆建筑,从2015年开始已连续运行多年。"三联供"系统省却了主体建筑内的锅炉房,降低了潜在的安全和健康风险,运营上还能减少设备维保及相关物业人员费用。据测算,国家会展中心(上海)建成后年节约标准煤约1.6万吨,减少二氧化碳排放量约4万吨。

(3)LED照明的"全覆盖"

作为目前世界已建成的最大场馆,国家会展中心(上海)共使用12万套LED灯具,包括141万平方米建筑的室内功能照明、10万平方米室外展场的功能照明和室外景观照明,成为世界上第一个全部使用LED照明的场馆(图3-26)。

图3-26 国家会展中心高大展厅的LED照明

34米高的主展厅，通过采用LED灯具替换金卤灯后，照度可达到350～450流明，用电量却减少了四分之一。经测算，仅这部分年节约用电就达到646万度，节约标准煤约2580吨。

（4）超级电容及节能电梯示范区

得益于上海世博园区"超级电容车"的示范，"不怕停电的安全电梯"走进了会展中心。通过超级电容"储电"，在停电、断电情况下仍可保证继续运行15米以上。会展中心共安装了50台超级电容电梯，其中6台在国内首次实现了"停电不急停"的安全功能，成为世界上规模最大的超级电容及节能电梯集中示范区。

超级电容节能电梯在模拟工况下综合节电率为25%，最高可达33%以上。400多台电梯通过采用超级电容和回馈系统结合的方式，每年预计节电300万度，相当于3500多户居民1年的用电量。

（5）数字智慧实现"大客流""大交通"有序高效

在日常运营中，国家会展中心（上海）时常面临着每日40万人次"大客流"、1万辆集卡"大物流"和上万辆汽车进出"大交通"的综合考验。其通过现场控制网、感知物联网、移动互联网等数字智慧运营系统的集成，依靠"导航""导览"和"导购"等数字智慧硬件及App软件技术，建立会展场馆的大数据分析平台，实现运营的有序高效，提高现代服务业的能级，起到引领示范和应用推广作用。

国家会展中心（上海）特别注意传统技术与"大数据""云计算"等相关新技术的结合，设置了智慧展馆综合管理平台系统，集成楼宇自控系统、能耗在线监测系统、视频监控系统、一键导航系统、红外客流分布系统、室内空气品质在线监测系统、光伏发电系统、人员在岗显示系统、交通停车系统、充电桩系统等多个系统，能够全方位监测并展示场馆内的实时情况（图3-27）。

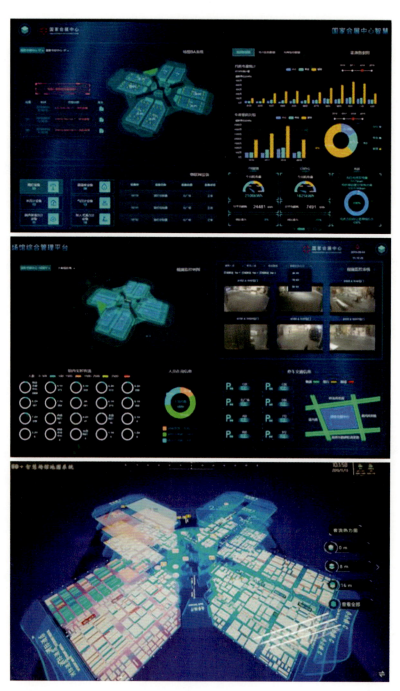

图 3-27　智慧展馆综合管理平台

（6）卓越的全国辐射及国际影响力

作为最大的会展综合体，国家会展中心（上海）按照生态、环保、可持续的要求，以绿色会展为核心，遵循系统性、经济性、阶段性原则，坚持统一规划、合理布局、因地制宜。该项目在设计、施工、管理上始终坚持全周期的绿色低碳理念，不仅刷新了会展综合体建设的规模纪录，更是绿色建筑在会展综合体上的一次创新应用，实现了社会效益与经济效益的统一。

国家会展中心（上海）秉承绿色博览会的标准，从"绿色展台、绿色运营、绿色物流、绿色餐饮"四个方面作出表率。此外，展览期间还设立了"四叶草杯"中国国际博览会绿色展台奖项，引导展台设计、施工、运营向绿色、环保趋势发展。实践证明，"绿色展会"的系列举措为会展行业的绿色发展树立了良好标杆，起到了积极的引导作用。

3. 科技住宅用细节和品质创造幸福感

"三湘张江海尚福邸项目受到了来自政府及社会的认可，从绿色建筑设计三星，到成为上海市第一个获得国家绿色建筑三星运行标识的住宅项目，它的成就来自于自始至终想为老百姓造好房子的这个朴素的初心，以及用科技和细节去打造优秀项目的匠心。

当整个社会都沉浸在科技和创新的狂潮之中时，我们希望用绿色科技提升人民生活品质，让生活更加美好。"

——三湘印象股份有限公司高级工程师　李力群

三湘张江海尚福邸项目在上海市推进可持续发展和绿色建筑的背景下，贯彻以人为本、建设生态型居住环境的规划目标，充分利用天然资源创造自然生态的人居环境，成为上海首个获得绿色建筑三星运行标识

图 3-28　三湘张江海尚福邸项目实景

的住宅项目（图 3-28）。其注重自身个性和特征形象打造，绿色建筑技术融入了居住者在小区散步时不经意的"抬头间"，冬冷夏热雾霾天时在家中的"未觉察"，为住户提供了丰富多彩的绿色体验。

（1）绿色体验之一："类森林"的绿化融入

在采访中，小区住户向记者提到，"小区绿化特别好，小鸟很多，每天早上都是被悦耳的鸟鸣唤醒的，感觉特别舒服。"

小区内的绿化景观主打"类森林"效果，采用适宜上海地区的乔灌草结合的多品种绿化，以树木为主体，树木投影面积占总绿化面积的 70%~80%，营造漫步森林的感觉（图 3-29）。种植品种包括樱花、玉兰、香樟、乐昌含笑、丛生香柚、红枫、垂丝海棠、海桐球、大叶黄杨球等，四季景观分明，鸟栖虫鸣。每棵树上均挂有"姓名出身"牌，在进行科普的同时还可起到改善小区微气候的效果。

建筑屋面和场地汇集的雨水经过雨水初期弃流装置汇入收集管网，进入地下雨水机房的蓄水池，净化处理后提供给景观绿化灌溉、道路清洗。相比使用市政供水，雨水的收集再利用既节约了水资源，又更加生态环保。

图 3-29 户外绿化"类森林"感营造

（2）绿色体验之二：全龄友好的户外空间

在采访中，小区住户向记者提到，"小区很适合老年人和小朋友活动，全是坡道，没有台阶，推车可以直接入户，特别方便。"

小区充分考虑了居民的安全性，机动车在小区入口处直接下地库，内部道路实现人车分流，还做了无台阶的无障碍设计，方便老人、婴儿车出入活动。小区在日照良好的区域设置了儿童活动区，供小朋友和家长健身娱乐和休憩，还设有健身跑道、健身 BOX，可以满足不同年龄段的人群锻炼需要（图 3-30）。

（3）绿色体验之三：量身定制的绿色内装

在采访中，小区住户向记者提到，"室内墙纸颜色可以根据业主的喜好提供二次设计，哑光的墙壁被灯光照射产生的漫射效果特别柔和、舒适，我们很喜欢。"

该项目在住户入住之初提供二次装修菜单，菜单充分考虑住户喜好，细化到壁纸颜色的选择。配置智能化控制开放系统，住户可以根据自己

图 3-30　户外场地和健身 BOX

的家电配备,自己动手把一些家电的远程控制并进来,形成家中"万物互联"的效果。

(4) 绿色体验之四:以终为始的低碳节能运营

在采访中,小区住户向记者提到,"和朋友小区对比,由于有太阳能热水和高气密性设计,燃气费和空调采暖季节的电费都能节省好多!"

该项目使用高性能门窗,优良的施工工艺保证建筑户内的高气密性和卓越的隔热、隔声性能,充分体现绿色科技建筑的优点。

阳台部位安装了太阳能与阳台栏板一体化的立面集成系统,为高层住宅项目提供了可再生能源应用的示范样例。为节省住户的使用空间,储热水箱、太阳能泵站、膨胀水箱分开安装于阳台设备间的上方,下方预留洗衣机空间,给住户带来更好的生活体验(图 3-31)。

图 3-31　三湘阳台太阳能热水专利技术应用

户式空调、新风、地暖、热水设施的配置并没有带给居民高能源费用的困扰。通过节能围护结构和高效设备系统、可再生能源利用,全年预计可为住户节约能耗 30%。

(5)绿色体验之五:健康安心的居住环境

在采访中,小区住户向记者提到,"可以用手机端查看室外和屋内 $PM_{2.5}$ 指数,通过开启新风系统净化后,指标很快降到 10 以内,房间科技感满满,特别安心。"

即使在雾霾天,关上门窗也能立即在室内呼吸到清新洁净的空气。这是因为每户配备了高能效的户式中央空调系统和户式净化新风系统。通过地面送风、顶回风的置换送风方式,新鲜、清洁空气以低速从地面送出,在房间内形成新鲜的"空气湖",为室内营造清新、健康的空气环境。户内的低温热水地面辐射采暖系统的设置,让居住者在寒冷冬日也能拥有良好的居住体验(图 3-32、图 3-33)。

图 3-32　新风系统地面送风及地板采暖实景

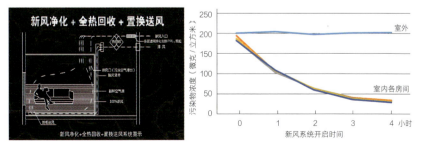

图 3-33　新风系统图示及除霾测试实际测试效果

（6）绿色体验之六：科技赋能的智能管理

在采访中，小区住户还提到，"最喜欢电动卷帘，可以照顾我作为数码从业人员白天的睡眠需求，还可以用手机端控制卷帘的开启，下雨天即使在外面忘记关也不担心了。""通过智能设备可随时了解孩子在家的活动情况，不仅解放了家长，还培养了孩子的自主意识。"

电动卷帘的设计受到上班族的特别推崇。居室、卧室和客厅外部均设置了可调节外遮阳系统，帘片为内部填充高密度无氟聚氨酯发泡材料的双层铝合金结构，在增强室内气密性的同时还起到节能保温、遮光、保护居住者私密性的作用（图3-34）。

图3-34　外遮阳系统实景

阳台门同样采用了"三玻两腔中空"的新型门窗系统，门窗隔声性能达到了41分贝，优于建筑隔声设计高标准的要求，有效隔绝外部噪声，营造室内安静环境，守护居住者的睡眠健康。

为实现智慧、科技的居住体验，户内还配有先进、可靠的智能家居控制系统，具有实时监测、智能运行、远程控制和系统开放的特点。系统可以控制户内灯光、窗帘、卷帘、空调、地暖、新风、浴霸等设备，可视化界面清晰、直观，方便各个年龄阶段的人使用。还可通过手机上的App自行编辑，设置一键离家、回家、会客、聚餐等场景模式，实现家居控制、安全布防、接听对讲、联系物业等功能。此外，还可查看小区室外儿童游乐园、健身广场等处的摄像机，随时观察孩子的安全状况（图3-35、图3-36）。

该项目先后获得了国家绿色建筑三星级设计标识和三星级运行标识、华东地区年度最佳住宅、上海市优秀住宅金奖、中国房地产广厦奖等荣誉。基于项目实践研发的智能新风净化系统、太阳能热水系统、地面送风装置、斜坡绿化屋面、阳台墙体等获得多项专利，积极推动了绿色住

图 3-35　智能系统操作主界面　　图 3-36　智能系统户内控制末端

图 3-37　三湘张江海尚福邸项目绿色建筑亮点

宅行业的科技进步（图 3-37）。

项目在科技内核的驱动下，通过"类森林"的绿化融入、全龄友好的户外空间、量身定制的绿色内装、以终为始的低碳节能运营、健康安心的居住环境、科技赋能的智能管理，践行绿色之初心，带给住户满满的体验感和幸福感，为行业提供了可供借鉴的绿色实践范本。

4. 自然和谐共生的都市森林住宅

"设计，当你做对的时候就很好被理解。设计不是单单看上去很棒，而是让人觉得有行动的冲动。如果他们觉得在这样的房子中每天都很开心，这就达到设计的初衷了。"

——中鹰黑森林项目室内设计师　Mano

中鹰黑森林项目位于上海市首批确立的四大示范居住区之一——万里城的核心区域，总建筑面积27万平方米，核心区域紧邻10万平方米的绿化公园，北部和东部分别被横港河和龙珍港环绕，形成天然的半岛状。森林与河流的巧妙结合，构成了优越的选址条件，"健康科技住宅""森林住宅"也成了这里的标签。

该项目设计时考虑了诸多绿色前沿技术，包括体现生态亲自然属性的超高绿地率、全定制户型可变的住宅结构形式、高性能的外围护体系、精装科技生态健康的室内环境、智慧便利的家居系统、高品质供水系统、绿色装修建材严选等。期待在匠心科技的加持下，提供居住者心中的"终极住宅"（图3-38）。

（1）自然融入生活，感受四季交替

小区内部种植了11000余棵成年乔木，构成了约12万平方米的集中绿化系统，连同周边原有的约10万平方米的中央绿地，一条状如纽约中央公园的"超级绿轴"呈现在眼前。夏季步行在社区内，气温较外环境

图3-38　中鹰黑森林项目绿色建筑亮点

图 3-39　中鹰黑森林项目实景

有显著的降低，极大地改善了居民在室外活动时的体感舒适度。

小区引入了先进的屋顶花园系统，通过渗耐防水卷材有效阻隔植物根系及水汽渗入顶楼住户，在绿化效果之外，更关注建筑使用安全性和耐久性（图 3-39）。

（2）纯简建筑空间，实现空间灵活变化

建筑空间设计采用先进结构体系，除必须保留的剪力墙、柱、梁之外，尽可能采用大空间敞开式布局，将室内空间全部打开，实现可量身定制的自由户型。以 232 平方米面积房型为例，从三房到五房可灵活切换，满足用户个性化定制要求。住户无论是家庭结构发生变化，还是想要换一种生活方式，都能够轻松应对。

建筑的围护结构给住宅"穿上"了高品质的"防护衣"，例如采用"四层双腔 Low-E 玻璃"外墙系统，内充惰性气体，在气密性基础上实现了隔热、保温、防雨、隔声性能。住宅的空调负荷大大降低，不仅节约了能源费用，还能保障室内冬暖夏凉的体感。

(3)采光和新风兼具，调理身心的居住体验

住宅设计中的大面积采光窗设置，提供了充足自然采光，自动防辐射外遮阳系统还能贴心地避免不舒适的眩光。为了应对梅雨天气，项目设置了一套"置换式新风系统＋四管制毛细管冷暖辐射系统"取代了传统空调地暖，尤其适合老人等敏感体质人群，实现了无噪声、无风感的效果。

户式独立新风系统由独立变风量新风机组和送排风管组成，具有良好的除湿功能，室内湿度始终控制在40%～60%范围内，即使不开窗也能在室内享受到优质、清洁的干燥空气。

在建材的选择上，项目用石膏喷涂系统替代传统水泥砂浆，工艺涂料更加安全，并且拥有优越的防火性能。采用健康墙纸和地板，绿色环保、吸声透气、防霉吸潮，还可分解甲醛等有害气体。

该项目坚持以健康科技为使命，精益求精的严谨细节，刷新了住宅产品的既有概念。突破传统的设计理念，告别传统的户型局限，从设计、施工、建筑、监理等环节打造"长寿命、免维护、低能耗"的健康科技住宅，绿色生态与高端科技完美融合，为同类住宅项目作出良好的示范。

5．绿色技术带来一届不一样的花博会

"夏初天晴，在网上预约了花博会门票，搭乘直达公交专线来到花博园。完成标志大门打卡留影，首先来到的就是大蝴蝶世纪馆，拾级而上来到蝴蝶背上的屋顶花园，可一览园区美景，处处花团锦簇。沿'花舞双桥'前行，来到自带波澜壮阔屋檐的复兴馆，观赏室内盆栽展览。走累了，在'牛奶盒长椅'上小憩，品尝着'白玉兰'冰激凌，在树荫下享受着微风吹过的花香。"

——花博会观众记录

第十届中国花卉博览会于 2021 年 5 月 21 日至 7 月 2 日在崇明东平国家森林公园地区举行，共吸引国内外 212 多万人次前来参观，2408 万人次在网上观展，创下 4 个纪录——展园规模最大、展园数量最多、展期时间最长、展出质量最高。

"生态"是崇明发展的根基，更是本次办博关键词。花博园依托原有自然风貌进行改建而成，南园则基于东平国家森林公园的生态基底加以提升改造，根据树木点位来敲定建筑布局，做到不砍伐一棵树。此外，花博园的复兴馆、世纪馆、竹藤馆都获得了我国绿色建筑标识认证。作为永久保留的建筑，绿色主场馆也为本次花博会留下了科技遗产（图 3-40）。

（1）绿水森林的园区

花博园占地约 10 平方公里，包括花博园主展区、东平国家森林公园拓展区、南北两个配套服务区，构建"三区、一心、一轴、六馆、六园"的规划格局。

图 3-40　花博会园区实景

园区原有水系牡丹湖、梅湖水质较差，水系规划均以现状水系利用为主。水域取消人工硬质驳岸，充分利用草木、砂石天然材质，打造全自然驳岸，呈现原生态景观。此外，园区水生态修复选用了矮型苦草、改良型刺苦草、龙须眼子菜三种水生植物净化水体，河道地表水达到了Ⅲ类水质标准，实现河湖水体清澈。同时利用水网湖泊作为天然雨水收集池，用雨水进行绿化灌溉，形成生态自然的水循环体系。

崇明岛上的土壤普遍存在碱性、质地黏重、养分含量低、排水性差的问题，并不适宜苗木的生长。通过土壤专家改良配土，有效促使苗木根系萌发和苗木快速生长，打造出绿树成荫、置身森林的花博园生态系统。这些树挑起了园区的"减碳"重担，将通过 20 年的时间来抵消花博园在建设过程中所产生的 15.3 万多吨的碳排放量。

东平森林公园改建区域则留出部分生态保育区，保护最原生态的珍贵森林资源（图 3-41）。

图 3-41　水系与森林生态系统

（2）绿芯的建筑艺术品

复兴馆、世纪馆、竹藤馆，这三座永久性的核心主场馆，个个都有绿色"绝活"。

波澜壮阔的复兴馆融合中国的剪纸、折纸概念，采用中国古典坡屋顶和柱廊为架构，层叠激荡的坡屋面寓意复兴之路波澜壮阔的历程。波涛状屋顶造型，可以形成自遮阳挑檐，有效阻挡太阳光直射对室内人员和植物的热影响，又可降低空调能耗，也为排队的游客提供遮风挡雨的空间。屋顶与太阳能光伏组件完美融合，可充分利用崇明岛较为丰富的日照资源为建筑提供可再生能源（图 3-42）。预测 20 年寿命期内，平均每年发电量可达 11.38 万千瓦时。

世纪馆形似一只展翅的彩蝶，以花卉、绿植、采光庭院等构成"蝶恋花"造型。世纪馆拥有全国跨度最大的自由曲面混凝土壳体，屋顶跨度 280 米，屋面板只有 250 毫米，相当于一张 2 米长桌子的桌面板厚度不到 2 毫米，节材效益显著。整体覆土的建筑形式，通过种植屋面与周边林木的互动消隐建筑体量，从而实现建筑主体与周边环湖生态景观环境的完美融合。采用清水混凝土工艺，还原材料自然质感，体现一种"清水出芙蓉，天然去雕饰"的独特美感（图 3-43）。

竹藤馆以"茧"为原型，取"破茧为蝶"之意，从高空俯瞰，宛如一只竹藤编织而成的"茧"。展厅采用 3D 打印模板的建造工艺，作为室

图 3-42　复兴馆

图 3-43　世纪馆

内装饰造型，实现了主体结构施工与装饰一体化。模板外侧的喷射混凝土覆盖层则选用 UHDC 超高延性混凝土作为材料。超高延性混凝土是一种以水泥、石英砂等为基质的纤维增强复合材料，将混凝土的覆盖层厚度

图 3-44　竹藤馆

从传统混凝土的 150 毫米降低至 75 毫米，提升了整体场馆外观的轻薄感，也最大限度体现了节材理念（图 3-44）。

（3）点滴的花"惠"生活

花博会景观主轴区域，两侧灰绿色的观花长椅格外惹人注目。这是将废弃牛奶盒打碎后，通过特殊技术高压制作而成的，共回收了约 502.7 万个废弃牛奶盒，其中每块材料需回收约 2200 个牛奶盒。利乐包装含有优质的纸质纤维和塑料，把它们碾碎挤压，可直接生产成室内家具、室外园艺设施、工业托盘等产品（图 3-45）。

花博会还设立了资源循环利用中心，对园区及小镇范围内厨余废弃物、绿化修剪物、畜禽排放物等进行处理，垃圾的日处理能力达到 192 立方米。以花栖堂为代表的花博园各大餐饮点产生的垃圾，都有着"光明前途"——厨余垃圾可经过降解成为有机肥料，餐饮用具由天然植物材料打造而成，对人体无害，对环境友好。

花博会举办期间所产生的废弃物实现了完全无害

图 3-45　牛奶盒长椅

化处理,真正实现了环境零污染、垃圾零排放。现在花博会虽然已结束,但是厨余垃圾处理后的有机肥料都会运往距离花博会 2 公里的青年农场,也成了后花博会"沃土计划"的一部分。

(4) 可持续的运营保障机制

智慧花博管理平台为园区运营提供了强大的保障。运营指挥系统重点聚焦花博园区内部管理和运营,汇聚"智慧交通、智慧安防、智慧票务、智慧园区"等多个子系统实时数据,为指挥中心管理者、相关负责人提供全面的园区概览信息,提供园区内及周边事件的智能预警,实现园区运营指挥智能化。

此外,考虑到园区的动线很长,有 11.8 公里,为方便游客在园内出行,园区设置了环线公交线路,停靠 7 个站点,还设置了 2 条电瓶车线路,配置各类载客电瓶车 120 多辆。全部使用绿色新能源车辆,实现园内绿色交通比例 100%,鼓励绿色游园。

6. 衡山坊探索老房子绿色焕新的路径

"衡山坊作为当时上海第一批历史街区更新类的绿色建筑项目,是对绿色建筑推广非常有意义的探索和尝试,在保留还原历史建筑原貌的同时,赋予了建筑低碳环保的功能。也为今后的此类城市更新项目探索了绿色改造标准和模式。而如今的衡山坊不但保留传承了老上海文化历史的精髓,还通过现代感的设计和绿色环保的理念重塑了摩登时尚的生活格调。让更多人可在此感受难得的城市绿色慢生活,于城市一隅窥探海派文化历史精髓。"

——上海衡复投资发展有限公司副总经理　王宇翀

衡山坊坐落于上海市衡山路与天平路交会处，由 11 幢独立花园洋房及两排典型上海新式里弄住宅组成。项目占地 0.57 公顷，建筑总面积达 7300 平方米，北部新里集合了创意办公、艺术空间及异国美食，南部花园洋房主要以精品零售店为主。

衡山坊是上海近代典型海派民居，建于 20 世纪三四十年代，当时正处于民国建筑发展的鼎盛时期。2010 年起，上海衡复投资发展有限公司对这一地区进行重新规划，在保留原有建筑风格、建筑体量及空间布局的前提下进行修缮、加固与提升，完整呈现了原有建筑的肌理与空间形态，重现历史建筑韵味，又巧妙融入现代商业元素，最终成功打造出一处独具上海魅力的城市慢生活街区，成为徐家汇的后花园（图 3-46）。

图 3-46　衡山坊现状俯瞰实景

（1）改造前的各种准备工作

改造前的衡山坊是居民住宅，因为建造时代十分久远，出现了年久失修的状态，外墙和外窗各种部位都出现了不同程度的破损，同时也产生了很多安全隐患（图3-47）。

同时，衡山坊地处衡山路与天平路的交叉口，正好在地铁1号线和9号线的上方（图3-48）。在开建之前，专家到现场进行了勘察，发现地铁隧道的顶部至衡山坊的地面只有4米的覆土，因此该项目受地铁的振动影响会非常大，同时其改造建设也需要考虑到对地铁安全的影响。

相关机构分别对衡山坊进行了振动检测和影响分析，确定了以"荷载改变为零"为原则进行整体改造方案设计。改造会受到很多限制和要求，同时也要兼顾到历史风貌的保护。因此，在整个改造过程中，各方都需要用心做好每一个细节。

图3-47 改造前的衡山坊

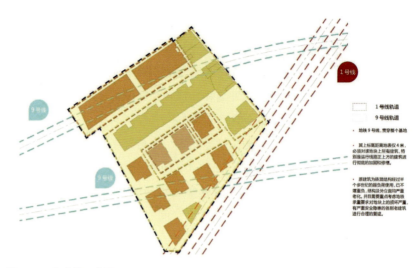

图 3-48　衡山坊区位图

（2）古树和绿墙的新旧交织

场地内有一些年代久远的古树，包括香樟、石楠、枣树等，建设方和设计方尽可能对其进行保留。其中在场地内作了香樟树的移植，移植过程中出现了生长不佳的状态，还对其进行了及时且持续的救治，最终将其顺利保留。场地内的枣树也最大限度地保留，现在场地内看到的枣树都是保留后的。这些树木伴随了衡山坊多年的岁月，见证了时代的变化，承载了变迁的记忆，还将继续陪伴着衡山坊未来的时光（图 3-49、图 3-50）。

受到场地的限制，衡山坊可用于绿化的空间很少，并且由于建筑风格为欧式，都是坡屋面，很难采用屋顶绿化，因此最终选择对建筑外墙实施垂直绿墙，实现生态效应。建筑穿上了绿色的保温隔热"外衣"，也为整个空间带来了盎然的绿意，这片垂直的绿意蔓延下来，成了衡山坊的独特风景（图 3-51）。

"老"绿化和"新"绿化在衡山坊进行跨时空的交互，形成了衡山坊一抹别有韵味的绿色风景。

图 3-49　香樟树现场救治情况　　图 3-50　现场保留的枣树　　图 3-51　现场绿墙图

（3）微景观，微生态

同样也是由于场地的限制，衡山坊无法像常规的绿色建筑一样设置雨水收集池对雨水进行回收利用。因此，景观设计师也开动了脑筋，结合景观设计采用了多种类的雨水生态设施，对雨水进行过滤、蓄积，有效地防止了雨水在场地内的积蓄，同时也可对植物进行渗灌。

首先，在土壤内埋入了蓄排水板，可以在暴雨天有效地排水，同时在蓄水格中可以收集部分雨水，在非雨天渗入植物根系，实现绿化自然渗透灌溉。水景采用斜坡的方式，可以引导雨水流入自然土壤，将水分保持在土壤，同时也可以避免暴雨天时雨水在场地内的积累。乔木的树池周围一圈放置了很多小砾石，也便于雨水入渗。这些形形色色的小的景观小品，都在用心保护着场地的自然生态平衡（图 3-52）。

（4）与环境相融的复合遮阳

上海的绿色建筑都少不了遮阳系统，是因为上海的夏季会有持续的高温晴天，外界会给建筑带来很多的热量，这些热量的进入一方面会影

图 3-52　场地内的绿色生态设施

图 3-53　多种遮阳设施

响人在建筑中的舒适性，另一方面也会增加空调用电。衡山坊的改造采用了灵活多样的遮阳形式，例如树木遮阳、阳台遮阳、篷布遮阳等。这些与历史风貌协调统一的遮阳设计方式，在达成建筑美学的同时，也达到了节能环保的效果（图3-53）。

（5）会发光的建筑秘密

在衡山坊里，还藏着一栋特殊的建筑，这个建筑在白天看，是一个普通的砖墙建筑，但在晚上，它就成了闪闪发光的现代建筑。奥秘在哪里呢？原来它的立面由传统青砖和特殊发光砖两种不同的肌理覆盖。这两种材料尺度相同、颜色相近，在白天共同呈现出一种宁静的状态，但是一到晚上，新砖会突然发出光芒，带来非常特别的浪漫体验，寓意为历史到未来的穿梭。新砖里的光源也是 LED 节能光源，体现了绿色环保的理念。这栋建筑不仅保留传承了老上海文化历史的精髓，还通过现代感的设计理念重塑了上海摩登时尚的生活格调（图 3-54）。

（6）全场地无障碍通行

为了实现场地与建筑间的无障碍衔接，方便老人及残障人士的出行，衡山坊的室外景观充分考虑了无障碍设计。室外地坪进行整体抬高设计，尽量做到与部分建筑室内同高，在 7 号、11 号、26 号建筑入口设置了无障碍坡道，从场地和建筑两方面实现整场地无障碍通行（图 3-55）。

一个社会的文明程度，很大程度上取决于对弱势群体的关注和态度。无障碍设施建设水平和通畅程度，反映着一座城市的内在品质和精神风貌。衡山坊位于这样的中心区位，也处处体现了这份人文关怀。

衡山坊的绿色改造从 2010 年启动，到 2016 年完成，从 20 世纪走来的老建筑在新时代实现了华丽的绿色转型和有机更新。整个改造过程，前期作了跨专业的诊断与规划，采用了因地制宜的绿色改造方案，同时提倡低成本修复，实现了文化的传承，给入驻企业也注入了绿色活力。该项目最终取得了绿色建筑二星级设计评价标识和上海市既有建筑绿色更新改造评定金奖，实践了既有建筑的绿色化改造，也成为历史街区中一道特别的绿色风景。

图 3-54　夜晚中的发光建筑

图 3-55　全场地无障碍通行

7. 第一人民医院打造绿色疗愈空间

"我们要按照'北园林、南森林'的设计思路继续美化市一环境，将市一打造成绿色医院。"

——上海市第一人民医院院长　郑兴东

"在改造过程中，我们遵循三个原则：真实性，即加强老建筑的认同感；历史性，即明确新旧建筑边界；整体性，即实现新旧建筑区域共生。"

——上海市第一人民医院基建处处长　赵文凯

作为民用建筑里的"珠穆朗玛峰"，医院建筑有着极其复杂的功能要求和内在逻辑。同时，随着医学发展模式从传统生物医学模式转向生物—心理—社会医学并重模式，也越来越需要充分考虑"人"的需求。一座好的医院，除了具备"医用建筑"的共性之外，还应有自己的场地属性、环境属性和文化属性等，在"功能性"和"体验感"中间保持一种微妙平衡。

（1）历史建筑的更新与再生

医院的改旧焕新，宛若"螺蛳壳里做道场"，往往更为精密复杂。上海市第一人民医院基地内部保留了一幢四层的虹口中学教学楼，始建于20世纪20年代，至今已投入使用约90年。医院更新建设时对其进行了结构加固、功能重置、立面修复等全方位的保护性修缮和更新。

医院不仅保留了具有历史价值的建筑，还针对原有院区医疗功能的缺失或部分功能空间面积的不足，新建融急诊、体检中心、功能检查、病房、手术、中心供应、血库等功能于一体的医疗保健综合楼。此外，通过广场道路、绿化、出入口改造，院区综合管网和水、电等市政配套设

图 3-56 上海市第一人民医院实景

施的扩容改造,建造与武进路南侧建筑相连的架空连廊,以满足改扩建后医院整体医疗、交通等使用功能需要。经过整修的老建筑既保留了其历史风貌,同时其全新的功能内核也使其焕发出新的生命力(图 3-56)。

(2)绿色理念的融合与贯彻

促进自然采光。项目创造性地将老建筑与新建医疗综合楼通过一个玻璃体相衔接,形成医院的急诊大厅。急诊大厅屋顶玻璃天窗内侧安装了电动遮阳百叶,可根据光线的变化自动调节百叶的角度,既减少了太阳辐射带给室内的热量,又为急诊大厅提供了柔和明亮的自然光线。急诊大厅中庭贯通至地下一层,屋顶天窗在为地下影像科的候诊大厅带来良好采光的同时,也提升了地下室的空间品质,为医患人员创造了接近阳光、接近自然的机会,改善了人们的心理情绪,提供了随自然光照变化而变化的丰富视觉体验(图 3-57)。

图 3-57　急诊大厅可调节内遮阳实景　　　图 3-58　外立面水平遮阳实景

促进自然通风。主要功能房间均设置可开启外窗，春季、秋季典型工况下主要功能房间平均自然通风换气次数均大于每小时 2 次，为室内提供良好的通风条件。积极引入自然通风，一方面降低了过渡季建筑的使用能耗，另一方面为室内提供了新鲜空气，可以有效减少病原微生物的积累，改善室内空气品质。

提升遮阳设计。除了在急诊大厅屋顶设置可调节内遮阳外，项目还在塔楼单体立面外窗采用有韵律感的内凹设计，层间楼板对外窗形成水平遮阳，做到了节能与艺术性的有机结合（图 3-58）。

高效机电设备。通风系统设置二氧化碳和一氧化碳浓度传感器来调节通风机的运行，设置新风排风热交换系统实现系统节能；采用节水型用水器具、无蒸发耗水量的冷却技术实现用水量降低；设置屋面太阳能热水系统，充分利用可再生能源，为 13~15 层病房提供生活热水，降低建筑碳排放。

（3）以人为本，让疗愈生根于美丽医院建设

随着医学模式的转变，医疗建筑也从强调功能和效率转变为满足"医—患—护"生理、心理、社会需求的疗愈功效。

上海市第一人民医院将空间环境与疗愈相结合，通过建筑布局、色

调、灯光等设计，有效激发患者积极向上的情绪。在医院北部，急诊大厅屋顶天窗可根据光线的变化自动调节百叶角度，提供柔和明亮的自然光线，为急诊患者营造疗愈的空间氛围；病房走道护墙板及房间门均采用原木色，室内软装也以温暖的色调装饰；病房卫生间的楼板降板用高强树脂格栅铺地，减少病人在淋浴时滑倒的可能性（图3-59）。

医院在保留建筑和新建单体裙房设置花园式屋顶绿化，面积1100平方米，屋顶绿化面积比例达到52%。屋顶增设的绿化与原有城市绿化形成联动，又与虹口港的水景相呼应，打造城市新的景观亮点（图3-60）。

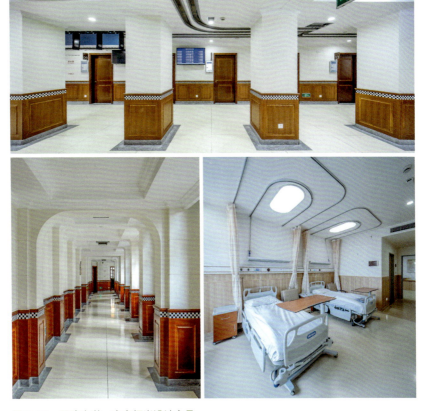

图3-59　医院走道、病房灯光设计实景

图 3-60 裙房屋顶花园实景

（4）数字赋能，让智慧服务于医院建设

项目还引入了 BIM 技术，以信息化推动实现了医疗建筑全生命周期智慧化管理。建设期通过参数化 BIM 模型，第一人民医院的建筑"活"了起来，医院可提前"透视"工程的诸多细节与难点，施工空间的利用、管线的排布等问题都可事先通过 BIM 进行"演练"，避免了盲目施工和返工损失（图 3-61）。

运营期，医院提出了"SMART"智慧医院建设框架理论（S—Service，智慧医疗服务；M—Management，智慧管理；A—Architecture，智慧后勤；R—Research，智慧科研；T—Technology，新技术运用），形成了"五位一体"的智慧医院信息化框架。医院以让患者"再少跑一次"为目标，不断开发和优化互联网端的患者体验服务，让信息"多跑路"，患者"少麻烦"，提升了患者就医体验，获得了数字化转型便民服务标杆示范单位的荣誉。

作为绿色医院建筑改造的范本，第一人民医院立足全局视野，提出服务于"健康上海""健康中国"的发展方针，以一张可持续发展的蓝图为"基石",在高质量发展的道路上行稳致远,擘画特色鲜明的绿色低碳、健康人文医院新蓝图,为医院更高质量发展带来无限的活力与生机。

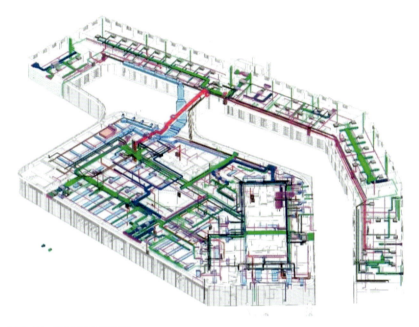

图 3-61　项目 BIM 模型图

第四章
Chapter 4

攻坚——建筑工业化与绿色建材助推城市建设转型发展

Tackling the Tough — Building Industrialization and Green Building Materials Boost the Transformation and Development of Urban Construction

城乡建设领域是推动绿色发展、建设美丽家园的载体，在上海市加快建设具有世界影响力的社会主义现代化国际大都市的征程中，建筑工业化作为城乡建设转型发展的关键之一，发挥着极其重要的支撑和保障作用。

如何基于节能、绿色、低碳等要求，改变传统建筑业存在的不足，减少资源消耗和环境污染，减轻建筑产业工人的劳动强度，化解日益增加的建筑垃圾造成的处置压力，进一步改善人民群众的居住条件。经过近十年的艰难摸索，建筑工业化发展的航向日渐清晰。发展装配式建筑，通过创新现代化的制造、运输、安装和科学管理等生产方式，代替传统建筑业分散的、低水平的、低效率的手工业生产方式。推广绿色建材，实现建筑垃圾等固废资源化再利用，强调建材的资源、能源、环境、再利用和品质等属性。为统筹发展与人民、资源、环境之间的关系，以装配式建筑和绿色建材推广为着力点，成为推动建筑绿色发展转型攻坚的内生动力和重要方向。

本章将和读者一起重温上海建筑业转型之路，回顾装配式建筑和绿色建材的发展历程中的一些重要事件，包括装配式建筑全面实施、住宅全装修与内装工业化推进、外保温系统一体化探索，以及建筑垃圾变废为宝和利废减碳的建材实践。

Urban and rural construction is the carrier to promote green development and build a beautiful home. On the journey of accelerating the construction of a modern socialist international metropolis with world influence in Shanghai, building industrialization which is one of the keys to the transformation and development of urban and rural construction plays an extremely important supporting and safeguarding role.

The thorny problems are how to make up for the shortcomings of the traditional construction industry and how to reduce resource consumption, environmental pollution and labor intensity of workers in the construction industry to relieve the pressure on disposal of increasing construction waste and improve the living conditions based on energy-saving, green, low-carbon and other requirements. The direction of the development of building industrialization is becoming clearer after nearly ten years of hard exploration. First of all, we should develop prefabricated buildings to replace the decentralized, low-level and inefficient handicraft production mode of traditional construction industry by innovating modern production modes of manufacturing, transportation, installation and scientific management. Furthermore, we should promote green building materials to realize the recycling of solid wastes and emphasize the attributes of resource, energy, environment, recycling and quality of building materials. In order to coordinate the relationship of the development with people, resources and the environment, the promotion of prefabricated buildings and green building materials has become an endogenous driving force and an important direction to promote the green development and transformation of buildings.

We will review the transformation of construction industry in Shanghai and some important events in the development of prefabricated buildings and green building materials in this chapter, including the full implementation of prefabricated buildings, the promotion of the industrialization of full decoration and interior decoration of residential buildings, the exploration of the integration of external insulation systems, recycling of construction waste and the practice of building materials for waste utilization and carbon reduction.

第一节
Part 1

建造方式和建筑材料绿色化转型的现实需求
Realistic Demand for Green Transformation of Construction Mode and Building Materials

1. 高质量发展对建造方式的转型需求

传统建筑业属于劳动密集型产业，建造方式存在诸多弊端：过多的湿法作业和现场扬尘造成环境污染；建筑材料损耗较大，产生大量建筑垃圾；施工机械噪声影响居民生活；人工作业为主，工作条件差，劳动强度大，施工效率低，且技术工人越来越少；工程质量参差不齐，墙体渗水、墙面开裂、空鼓等质量通病难以根除，施工安全事故多发。

我国经济已由高速增长阶段转向高质量发展阶段，建筑业作为我国国民经济的支柱产业，是推动经济社会发展的重要力量，建筑业的高质量转型无疑是国民经济实现高质量发展的重要基础。为此，住房和城乡建设部印发的《"十四五"建筑业发展规划》（建市〔2022〕11号）明确提出，要以推动建筑业高质量发展为主题，加快建筑业转型升级。

新发展格局下，我国已将解决好资源与环境问题摆在了保障长期可持续发展的关键战略地位。建筑工业化是改变传统建筑生产方式的重要变革，是消除资源浪费和环境污染、改善作业条件、解决人工短缺等问题的创新实践。以新型建筑工业化带动建筑业全面转型升级，是建筑业高质量发展的必然方向。

而在此背后，发展建筑工业化需要对建材部品制造、标准化设计、装配式施工及信息化管理等多元素进行整体规划调整，从而拉动整个产业链上下游的工业化进程。因此，这也注定是建筑业转型变革中的一场攻坚之战。

2. 实现"双碳"目标对绿色建材的长期需求

随着碳达峰、碳中和战略目标的提出，落实建筑节能、减排工作，推动建筑行业绿色、低碳发展，成为摆在建筑业从业者面前的一张"必答卷"。

建筑行业碳排放占全国总量的比重较大，根据中国建筑节能协会发布的《2021中国建筑能耗与碳排放研究报告》显示，2019年建筑全过程碳排放总量为49.97亿吨二氧化碳，占全国碳排放的比重达到50.6%。

建筑材料作为建筑行业的物质基础，其资源、能源、环境、品质属性很大程度上决定了建筑节能、减排效果。选用绿色建材不仅可以延长建材耐久性和建筑寿命，而且有利于降低建筑材料生产、使用过程中的资源消耗和碳排放，对促进绿色建筑发展、降低建筑碳排放都有重要作用。

在新型城镇化进程中，随着建筑总量的不断攀升和居住舒适度要求的提高，对绿色建材的需求更加明显。从建筑全生命期碳排放的视角看，建筑材料构成了建筑隐含碳的主要来源。据统计，建筑材料生产使用过程中资源、能源消耗约占建筑全生命周期总消耗量的25%，其产生的碳排放量则占了全国碳排放总量的28%。上海，这座天然资源极度短缺但同时能源需求总量居高不下的超大城市，积极研发并推广绿色低碳建材的使用，减少天然资源和用能消耗，尤为迫切。

3. 垃圾围城、资源短缺对再利用的迫切需求

随着城市建设不断发展，居民住宅、市政设施不断更新换代，在改善人民居住条件和社会保障设施的同时，也带来了数以千万吨计的建筑垃圾副产物。建筑垃圾逐渐以围城之势，对上海市民的生活造成了巨大威胁。

这里说的建筑垃圾是指建筑物、构筑物进行建设、拆迁、修缮，以及居民装修房屋时，产生的余泥、余渣、泥浆及其他废弃物，主要由渣土、碎石块、废砂浆、砖瓦碎块、混凝土块、沥青块、废塑料、废金属料、废竹木等组成。

2007年开始，上海的建筑垃圾产生量开始急剧增加。2009年，全

市建筑垃圾产生量首次突破 4000 万吨，2012 年更是达到了 1 亿余吨。而在当时，仅有约 5% 的建筑垃圾可以实现资源化利用，大量剩余的建筑垃圾只能采取堆存和填埋等方式处置，垃圾围城现象日益突出。堆存和填埋建筑垃圾的方式，不仅占用土地，还需耗费大量的人力和运输、处置费用，同时在处置过程中，稍有不当就可能会引发环境污染，影响城市生态安全。

另外，上海城市建设对建筑材料的需求量持续增长。2021 年，上海市工程建设领域使用预拌混凝土 6007.10 万立方米、水泥 2776.96 万吨、建筑用石 5756 万吨、建设用砂 5275.2 万吨。这些建设材料对周边省市资源的需求和依赖程度很高，其中 90% 以上的水泥靠外省市输入，而建设用石、建设用砂则完全由外省市供应。

因此，加速研究建筑垃圾的资源化利用，实现"变废为宝"，一方面是减轻废弃处置压力、减缓垃圾围城困境的迫切需求，另一方面也是解决建设资源供给侧和需求侧不平衡的必然选择，是建筑工业化进程中亟待攻克的技术瓶颈。

第二节
Part 2

建筑工业化转型
Transformation of Building Industrialization

建筑工业化是践行"两提两减"原则、实现建筑业绿色化与低碳化转型的重要途径。上海市推进建筑工业化的工作起步较早,通过政策"引逼"推动,不断积累核心技术,建筑产业化水平稳步提高。

目前,上海市装配式建筑面积实现了跨越式增长,在全国处于领先水平。上下游产业链不断聚集,标准规范体系逐步完善,产业工人及技术人员的业务水平不断提高。与此同时,大力推动全装修、内装工业化与主体结构装配式进入同步发展轨道,推动建筑外保温向结构保温一体化方向发展,将其作为促进建筑业转型升级的重要抓手,推动建筑工业化与绿色建筑技术的深度融合。

1. 装配式建筑的发展历程

"万科新里程"成为国内第一个"新型建筑工业化"装配式商品住宅项目,为上海的装配式建筑试点工作拉开了序幕。自20世纪90年代中期以来,上海从住宅建筑入手,探索建筑工业化的推进之路,大致经历了三个发展阶段。

(1) 1996～2013年的试点探索和试点推进期

1996年上海市被列为全国住宅产业现代化示范城市,这一年成了上海市建筑工业化试点工作的起点。1996年到2013年期间,上海不断地试点探索和推进,先后制定了《上海住宅产业现代化试点工作计划》《关于加快推进本市住宅产业化的若干意见》(沪府办发〔2011〕33号)、《关于本市进一步推进装配式建筑发展的若干意见》(沪府办〔2013〕52号)等政策文件。由此,逐步建立了装配式住宅产业化的工作框架,初步形成了装配式建筑的产业雏形。

同时,上海市也是全国较早建立装配式建筑标准体系的省市之一,在"十一五"期间编制了装配式混凝土住宅的设计标准、预制构件生产和安装的相关标准,部分标准在全国处于领先地位。

通过政策上的"引逼"推动,上海市在部分试点项目中率先应用装配式技术,关键技术逐步得到积累,不断突破发展瓶颈,住宅产业化水平得到了稳步提升。

(2) 2014~2016年的大面积推广期

装配式建筑是对传统建造方式的重大变革,需要设计、生产、施工等环节的整体革新。在装配式建筑发展初期,相关从业单位围绕先有项目(市场)还是先有产业链争论不休。开发建设单位往往对后续拆分设计、构件生产能力有顾虑,对投入装配式项目的积极性不高;构件生产企业则对项目落地和投资回报信心不足,不愿投资生产线,又造成了产能的不足。两者相互博弈,制约了上海市装配式建筑的发展。

从2014年开始,上海市积极发挥市场在资源配置中的主导作用,将推进工作重点放在项目落地上,以实实在在的项目盘活市场,推动产业链发展,打开了装配式建筑发展的新局面。在此期间,上海市积极响应全国建筑产业现代化发展要求,聚焦体制机制建设、市场培育和产业链发展,加快了装配式建筑推进步伐。2014年发布了《关于推进本市装配式建筑发展的实施意见》(沪建管联〔2014〕901号)文件,明确提出了"两个强制比率"(装配式建筑面积比率和新建装配式建筑单体项目的预制装配率)的发展目标。首先,2015年各区县落实装配式建筑的建筑面积比例不少于50%;2016年起,外环线以内新建民用建筑应全部采用装配式建筑,外环线以外应用面积比例超过50%;2017年起,外环线以外应用面积比例在50%基础上逐年增加。其次,装配式混凝土建筑单体预制装配率应不低于30%,2016年起调整为不低于40%。同时,政府投资的总建筑面积2万平方米以上的新建建筑、总建筑面积5万平方米以上的新建保障性住房项目应采用装配式建筑。为了适应装配式建筑发展的需要,2016年上海市发布了《关于本市装配式建筑单体预制率和装配率计算细则（试行）的通知》（沪建建材〔2016〕601号）文件，规范了装配式建筑单体预制率和装配率的计算口径。

为了建立装配式建筑推进机制、加大工作协调的力度，上海市以土地源头控制为抓手，将装配式建筑建设要求写入土地出让合同，保障装配式项目顺利落地。同时，将装配式建筑项目纳入建管信息系统监管，在报建、审图、施工许可、验收等环节设置管理节点进行把关。按照"区域统筹、相对集中"的原则，针对不同类型、达到一定规模的建设项目提出了装配式建筑的落实要求。

上海市对装配式建筑的发展导向和政策激励，使装配式建筑项目规模得到了大幅增长，连续三年实现了翻番，到2016年已落实装配式建筑1519万平方米。装配式建筑项目的大规模实施在很大程度上促进了预制构件生产能力的增长，产能从2014年的180万平方米快速提升到2016年的1200万平方米。到"十二五"末，上海市建筑工业化产业链已初具雏形。

为贯彻落实中央城市工作会议精神、交流学习推进经验，2016年住房和城乡建设部在上海市召开了全国装配式建筑工作现场会。相关领导充分肯定了装配式建筑推进发展的"上海模式"，认可上海市聚焦体制机制建设、充分发挥市场在资源配置中主导作用的做法，为上海市持续推进装配式建筑发展坚定了信心。同时认为上海市推进装配式建筑的做法可成为全国推进装配式建筑发展的重要范本，其发展经验可向全国推广复制。

（3）2016年以来的快速发展期

2016年以来，上海市装配式建筑进入了快速发展期。这一年开始，上海全市范围内符合条件的新建建筑原则上全部要求采用装配式建筑，由此也开始了全面推广装配式建筑的新阶段。

2017年，上海市入选"全国首批装配式建筑示范城市"，这不仅是国家对上海市以往装配式建筑发展成绩的认可，也是对上海市进一步推进相关建设的激励。这一年，上海市共有7个装配式建筑项目入选"全国装配式建筑科技示范项目"。

为了更好地推进装配式建筑示范项目,2017年上海市制定了《上海市装配式建筑示范项目创新技术一览表》(沪建建材〔2017〕137号),涵盖了13个类别的创新技术,包括"结构专业创新""工业化设计创新""构件生产、施工阶段创新"等方面,诸如住宅大空间可变房型设计(图4-1)、减震隔震技术的装配式结构体系(图4-2)、先张法高效预应力构件(图4-3)、双面叠合剪力墙结构(图4-4)等技术均纳入其中。2018年更新的《2018年上海市建筑节能和绿色建筑示范项目专项扶持资

图 4-1　住宅大空间可变房型设计

减震:黏滞阻尼器替代剪力墙,提升防灾性能、提高预制率、减轻自重

隔震:构件尺寸减小,建筑立面更通透

图 4-2　减震隔震技术在装配式建筑中的应用

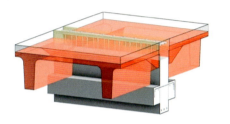

图 4-3　预应力体系在装配式建筑中的应用

金申报指南》(沪建建材〔2018〕67号)中发布了"上海市装配式建筑示范项目创新、推广技术一览表",并增加了"建筑专业创新"方面的创新技术。

为了进一步规范装配式建筑的落实范围,2019 年《上海市住房和城乡建设委员会关于进一步明确装配式建筑实施范围和相关工作要求的通知》(沪建建材〔2019〕97号),明确提出:新建民用建筑、工业建筑全部采用装配式建筑,新建建筑单体预制率不低于 40% 或单体装配率不低于 60%。这一指标要求处于全国最高水平,体现了上海市装配式建筑的技术先进性。该文件的出台为装配式建筑在全市范围内全面推广应用提供了非常重要的支撑作用。

图 4-4　双面叠合剪力墙结构

为了适应装配式建筑快

速发展的需求，进一步规范装配式建筑单体预制率和装配率的计算口径，2019年上海市印发了新的《上海市装配式建筑单体预制率和装配率计算细则》（沪建建材〔2019〕765号）。与原来《关于本市装配式建筑单体预制率和装配率计算细则（试行）的通知》（沪建建材〔2016〕601号）计算相比，新的计算细则（765号）坚持预制率和装配率双轨并行计算的规则；鼓励新型技术工艺与高效建造做法，更加注重"提质提效"；通过调整装配式建筑指标计算方法，从构件的工业化程度出发，根据产品成品效果规定修正系数；充分考虑外围护及内装部品的占比分值，突出装配式建筑的集成化与系统化。

为了扎实推进装配式建筑各项工作，及时探索总结可复制推广的装配式建筑发展经验，切实发挥示范引领和产业支撑作用，上海市积极培育国家和上海市装配式建筑产业基地。截至2021年底，上海市已有12家企业被住房和城乡建设部认定为国家装配式建筑产业基地。为进一步发挥装配式建筑示范城市的作用，上海市从2018年开始开展上海市装配式建筑示范产业基地的培育工作。上海市装配式建筑产业基地是国家装配式建筑产业基地的储备，是推进上海市及全国装配式建筑发展的重要载体。截至2022年初，累计认定了23个上海市装配式建筑产业基地。这些国家和上海市装配式建筑产业基地覆盖设计、施工、总承包、构件生产、检测检验、科技研发等全产业链，形成了区域集聚效应和规模效应。

上海市积极总结装配式建筑示范项目建设经验，通过择优推荐并报送住房和城乡建设部科学技术项目计划中科技示范工程类项目评选，截至2021年底，荣获国家级装配式建筑示范项目累计达33项，体现了良好的示范和引领效应。

上海市在大力推进装配式建筑发展的同时，还十分注重加强装配式建筑质量安全的监管，相继出台了《关于进一步加强本市装配整体式混凝土结构工程质量管理的若干规定》（沪建质安〔2017〕241号）、《关于进一步加强本市装配整体式混凝土结构工程钢筋套筒灌浆连接施工质量管理的通知》（沪建安质监〔2018〕47号）、《上海市装配整体式混凝土建筑防水技术质量管理导则》（沪建质安〔2020〕20号）等管理性文件。

上海积极加强技术研发应用,在全国较早地编制了装配式混凝土建筑质量检测的地方标准《装配整体式混凝土建筑检测技术标准》DG/TJ 08-2252-2018,针对关注度较高的套筒灌浆质量检测,系统研发了预埋传感器、预埋钢丝拉拔、钻孔内窥镜、X 射线数字成像等四种适用于不同阶段的方法,在国内外率先攻克了灌浆质量检测难题,实现了灌浆缺陷可感知、可识别、可量化、可透视的全面突破。同时,开展装配式建筑专项检查,积极推广新型质量管控手段,如 L 型灌浆饱满性透明监测器等,着力提升装配式建筑的施工质量。

在政策驱动和市场引领下,上海装配式建筑的设计、生产、施工等相关产业能力快速提升,同时还带动了相关产业专业化公司的发展。

截至 2021 年底,上海全市在出让和划拨土地中累计落实的装配式建筑面积总量超过 1.85 亿平方米,其中包括图 4-5 所示的土地出让阶段的 1.65 亿平方米装配式建筑落实量和划拨土地中的 0.2 亿平方米(保守估计)装配式建筑落实量。2021 年当年,上海市新开工装配式建筑达到 3408 万平方米,新开工装配式建筑面积占新开工建筑总面积的 93.1%

图 4-5 上海市土地出让阶段装配式建筑落实情况

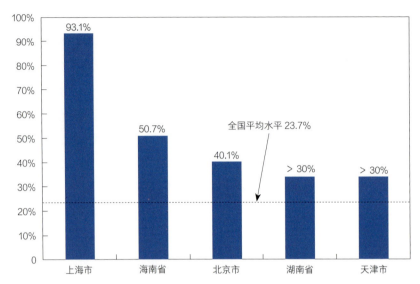

图 4-6　2021 年全国部分省市新开工装配式建筑面积占比

（图 4-6），居全国首位。在上海市备案的装配式混凝土预制构件生产企业达到 143 家，比 2016 年增长了 254%，实际产能约 530 万立方米，比 2016 年增长了 203%。

2020 年，江苏、浙江、安徽、上海三省一市签订《长三角区域建筑业一体化高质量发展战略协作框架协议》；2021 年，"长三角区域新型建筑工业化协同发展联盟"在沪宣告正式成立。这成为长三角区域实现建筑业一体化高质量发展的新起点，标志着三省一市构建装配式建筑一体化市场体系又迈开一大步。

"十四五"期间，上海将对标国际先进经验，以需求为导向、以市场为主体，在保持装配式建筑规模和要求的基础上，进一步推动装配式建筑与智能建造、绿色建筑技术的深度融合，全面提升装配式建筑的建造效率和质量水平，继续保持上海建筑工业化位居全国前列的建设水平，对长三角区域城市形成辐射带动作用，在全国形成良好的示范引领效应。

上海市装配式建筑推广应用情况

受访者：薛伟辰　同济大学教授　时间：2022 年 8 月

同济大学薛伟辰教授表示，发展装配式建筑促进了传统建造方式向建筑工业化的转型，是推动建筑节能减排、绿色低碳发展的有效路径，已成为建筑业转型的重要举措之一，对推动上海建成卓越全球城市、建设绿色宜居城市和现代化国际大都市具有重要意义。

Q：装配式建筑对城市建设有哪些积极贡献？

A：装配式建筑的发展，为推动上海建筑业转型升级、提升城市发展品质和生态文明建设作出了积极贡献。装配式建筑的推广应用，实现了建筑行业生产方式的转型与升级，支撑了建筑业高质量发展。相比现场浇（砌）筑的施工方式，装配式建造方式大幅减少了资源消耗、建筑垃圾、碳排放和扬尘与噪声污染，改善了城市环境，促进了城市建设绿色低碳和可持续发展。装配式部品在工厂进行标准化生产，进度不受恶劣天气等自然环境的影响，生产效率和产品质量明显提高，工人的作业环境得到改善。施工装配机械化程度高，提高了施工效率，有助于减少工期；装配化施工精度高，减少了施工质量问题，降低建筑后期维修维护费用，延长建筑使用寿命。装配式建造方式有助于减少现场用工数量，缓解产业工人短缺的压力，并减轻产业工人的劳动强度。

Q：上海推进装配式建筑取得了哪些成效？

A：近年来，上海装配式建筑发展态势良好、成效显著，上下游产业链不断聚集，标准规范体系逐步完善，产业工人及技术人员的业务水平不断提高，装配式建筑面积实现跨越式增长。具体表现在：

一是装配式建筑推进机制基本建立。管理部门持续出台了示范项目专项资金扶持、商品房预售优惠、容积率面积奖励等政策。例如，在土地出让阶段明确装配式建筑要求，实现装配式建筑实施比例和单体预制指标双控；积极研判装配式建筑发展需求，陆续出台涉及设计咨询、构件生产、现场施工与竣工验收等方面的推进政策。

二是装配式建筑技术和标准体系不断健全。高校及科研机构积极开展装配式建筑相关课题研究，形成了一批达到国际先进水平的关键技术和成套技术，实现了"产、学、研、用"的一体化发展；积极推进装配式建筑科研成果在项目中的实践转化；相关主管部门积极推进装配式建筑标准规范的制定，标准体系的覆盖面不断扩大，体现了良好的创新性和引领性。

三是装配式建筑示范、推广与质量监管形成良性联动。发挥装配式建筑示范效应，总结示范经验，鼓励技术创新，挖掘技术亮点；积极开展装配式建筑产业基地和示范项目评选，发挥示范引领和带动作用。在示范应用的基础上，通过合理规划，逐步扩大推广范围，目前装配式建筑已逐步覆盖全市各区新建项目。推广过程中，通过行政监管和行业自律相结合的模式，逐步完善了装配式建筑的质量监管体系。

Q：未来上海装配式建筑的发展趋势如何？

A：随着"双碳"战略目标的提出，实施建筑领域碳达峰、碳中和行动，推动建筑高质量发展，是上海建筑业发展的主旋律。国家及本市的相关管理部门，也在积极研判绿色建筑、建筑节能未来的发展目标。从已知的情况看，发展超低能耗、近零能耗和零能耗建筑将成为主脉络。作为近零能耗建筑的初级阶段，"十四五"期间，超低能耗建筑将在上海市规模化推广，发布的《上海市碳达峰实施方案》提出，"十四五"期间累计落实超低能耗建筑示范项目不少于800万平方米，形成覆盖建筑全生命周期的超低能耗建筑技术和监管体系。近零能耗建筑目前正在实施工程示范，零能耗建筑是近零能耗建筑发展的高级阶段，未来也将大力推广。因此，未来装配式建筑的发展，首先要融合超低能耗、近零能耗、零能耗等要求，其次要把更高品质作为主要发力点，例如，在围护结构体系方面，随着建筑结构、防火、防水、保温、隔热、耐候、装饰等功能的要求越来越高，要重点发展多功能一体化集成部品，进一步提升装配式建筑质量，满足人居舒适度的要求。此外，工业化内装也是装配式建筑的重要组成，未来也应加大技术创新和推广范围。

2. 住宅全装修与内装工业化

住宅全装修与内装工业化是实现建筑工业化的必然趋势。上海市积极响应全国建筑产业现代化的发展要求，在建筑工业化发展进入快车道的同时，也将内装工业化与全装修住宅建设管理作为促进建筑业转型升级的重要抓手。

1999 年到 2007 年是全装修住宅发展的试点推行期。从 2008 年开始，全装修住宅建设比例被纳入土地出让的前置条件，步入了全装修住宅全面推广的新阶段。

2016 年，上海市发布了《关于进一步加强本市新建全装修住宅建设管理的通知》（沪建建材〔2016〕688 号）文件，提出自 2017 年 1 月 1 日起，本市外环线以内城区新建商品住宅实施全装修比例达到 100%，除奉贤、金山、崇明外的其他地区则应达到 50%。通过对全装修目标任务进一步的分解，上海建立了全装修住宅开发的长效机制，并逐步形成了闭环管理。

2016 年，全装修和室内装配式装修开始计入装配率指标的计算，促进了全装修、内装工业化与主体结构装配式进入同步发展轨道，在全国起到了示范引领作用。同年，上海市组织全装修住宅产业链优秀企业参加中国住博会，向全国展示上海市全装修住宅发展的成果，并开始编制"上海全装修住宅发展报告"，引起了各方的高度关注。

2018 年，上海市发布了《住宅室内装配式装修工程技术标准》DG/TJ 08-2254-2018。该标准是全国首个针对装配式装修的地方标准，明确了装配式装修的集成设计、生产运输、施工安装、质量验收和使用维护的要求。在此基础上，为推进上海市全装修住宅产业的发展，满足广大居民对居住安全、质量、功能、环境和设施等方面的需求，上海市又于 2021 年发布实施了《全装修住宅室内装修设计标准》DG/TJ 08-2178-2021。

随着装配式建筑发展的不断深入，推进全装修住宅建设为传统的住宅建设方式带来了新的变化。2019 年交付的全装修住宅，基本都采用了装配式主体结构同步实施，并且预制率达到 40%，全装修住宅的发展能级得到了显著提升。

装配式装修是将工厂生产的工业化内装部品（图 4-7）在现场进行组合安装，具有以下突出的技术优势：首先，容易控制部品质量，且现场可快速装配；其次，结构与管线、内装部品分离，耐久性易保证；再次，工种、工序少，操作简单，人员易管理；最后，部品拆换方便，客户体验好，且节约造价。近年来，上海的装配式装修市场涌现出一批新型的工业化内装部品，如竹木纤维板隔墙、水泥实心复合隔墙板等。

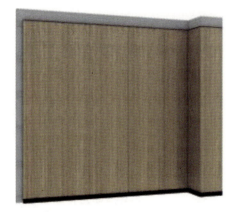

图 4-7　新型工业化内装部品

在推进全装修住宅的过程中，消费者的接受程度也逐步提高（图 4-8）。从 2006 年开始，上海市每年都会委托第三方机构通过一对一入户调研的方式，对全装修住宅用户满意度开展常态化评估工作。结果显示，用户满意度从 2006 年到 2013 年间保持在 70 分以上（满分 100 分），且满意度呈现逐年上升的趋势，2014 年以后均达到 80 分以上，表明上海的全装修住宅工作得到了大部分小区业主的认可。调研还发现，新型冠状病毒肺炎（后简称新冠肺炎）疫情之后，生活方式发生改变，用户对于全装修住宅更加关注功能、健康和便捷性。

在全装修监管市场化方面，随着 IDI（Inherent Defects Insurance，

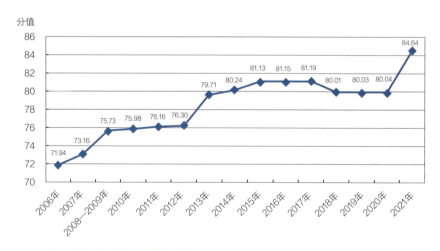

图 4-8　全装修住宅用户满意度调研结果

工程质量潜在缺陷保险）保险的落地和新建住宅"业主预看房制度"的试行，全装修监管精准施策，从单一的政府监管逐步向市场化监管扩展，夯实了全装修住宅的交付质量。

在政策支持下，上海市住宅全装修与内装工业化得到了蓬勃发展。集成厨卫等部品部件的应用，实现了现场安装干式拼接，减少了装修人力成本和建筑装修垃圾产生，获得了各方好评。

2016年，是上海市全装修住宅规模化发展的分水岭（图4-9）。在此之前，每年全装修住宅的竣工面积基本保持在300万平方米左右，之后全装修住宅的竣工面积有了质的飞跃，跨上了500万平方米的新台阶。此后，由于全市商品房竣工量逐年减少，全装修住宅竣工量同步逐年下降，但2018年后全装修住宅竣工量占商品房竣工量的比例都保持在50%以上（图4-10）。

在"绿色、环保、健康"等可持续发展理念的大力推动下，全装修匹配绿色建筑、装配式建筑、超低能耗建筑等，正在成为高品质住宅交付的新常态。

"十四五"期间，上海市将继续扩大装配式全装修住宅的落实比例，其中采用装配式建筑的新建公租房、廉租房和长租公寓项目100%实现全装修，公租房、廉租房项目还将逐步实现装修部品部件预制化。同时，

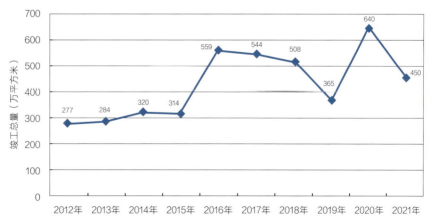

图4-9 全装修住宅年度竣工总量

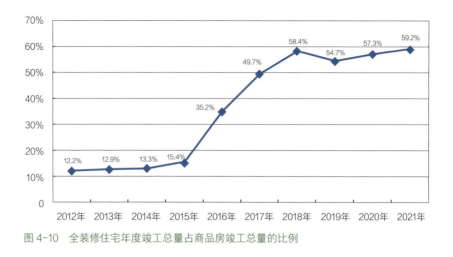

图 4-10　全装修住宅年度竣工总量占商品房竣工总量的比例

进一步革新全装修住宅的发展模式，全面提升工业化内装与全装修的实施效率；鼓励标准化、集成化、模块化全装修，实现装修全过程精细化管理；推行结构工程与分部分项工程协同施工，提升全装修和工业化内装的实施效率。

3. 外围护系统的一体化实践

建筑节能对节约能源、改善居住环境具有重要意义，我国建筑节能工作为国家实现节能减排目标、推进城乡建设可持续发展和加强生态文明建设等作出了重大贡献。

建筑节能的主要路径之一是提高外墙、外窗等围护系统的热工性能，降低建筑冷热负荷需求。自上海开展建筑节能工作以来，设计标准主要经历了相对节能率30%、50%、65% 三个阶段，每个阶段都对外墙、外窗等热工性能提出更高要求，可以理解为：冬天时为建筑穿上更加保暖的"外衣"，减少体内热量的散失；夏季则通过遮阳系统，把太阳的热量阻隔在建筑之外，减少进入内部的热量蓄积。

外墙常用的节能措施是在主墙体施工完成验收后,增加保温系统。保温系统按所处的部位不同有不同的形式,例如布置在外墙外侧的称外保温系统(图 4-11),布置在外墙内侧的称内保温系统(图 4-12),两者一起结合使用的称作组合保温系统。保温材料主要分为有机材料、无机材料、有机与无机复合材料三大类,其中以有机、无机材料居多。常见的有机保温材料有模塑聚苯板(EPS 板)、挤塑聚苯板(XPS 板)、喷涂聚氨酯等,无机类保温材料通常使用岩棉板(带)、无机保温砂浆、泡沫玻璃板、发泡水泥板等。

有机、无机保温材料各自的优点和不足都比较突出。有机保温材料的导热系数、吸水率、密度相对较低,相比无机保温材料,同样厚度时保温效果会更好,保温效果更容易得以保持(因为材料吸水后导热系数通常会变大),而且自重也比较轻。但有机保温材料的先天不足是燃烧等级问题,这一点限制了其使用范围。无机保温材料通常是不燃材料,解决了材料本身的消防安全问题,强度也比有机保温材料更高。但由于其导热系数不如有机保温材料,通常使用厚度偏大。另一方面,无机保温材料的吸水率又比较大,因而对外部保护层的防水、防裂要求也相对更高,一旦外部保护层出现开裂、渗水,保温效果会受到很大影响。好比雨衣一旦破了条口子,里面的保暖衣就会淋雨吸水,保暖效果大打折扣。

国内的墙体保温系统在推广应用初期,其做法和技术标准等主要参

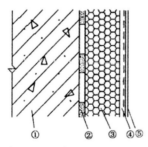

①基层墙体;②粘结层;
③保温层;④抹面层;
⑤饰面层

图 4-11 外墙外保温系统

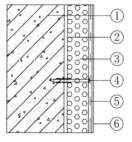

①基层;②界面层;③保温层;
④锚栓;⑤抗裂砂浆复合玻纤网;
⑥饰面层

图 4-12 外墙内保温系统

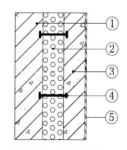

①内叶板;②保温材料;
③外叶板;④连接件;
⑤饰面层

图 4-13 夹心保温系统

考德国、英国等欧洲国家,引入的系统类型多为膨胀聚苯板薄抹灰系统、挤塑聚苯板薄抹灰系统、聚氨酯发泡薄抹灰系统等。此后,国内也研发创新了多种国产化外保温系统。

随着应用规模逐步扩大,这类保温系统的缺点逐渐显现。常规的外保温系统一般由界面层／粘结层、保温层、防护层、饰面层等组成,施工作业时要分步施工,工序复杂,施工周期长。同时,施工方式以现场湿作业为主,依赖工人手工操作,不仅劳动强度大,施工难度也较大,对工人的施工技能水平要求很高。施工过程中,一旦对材料品质、施工水平的控制有所疏忽,保温系统就可能产生质量隐患。尤其是遇到环境温差、干湿循环、冻融循环等状况时,外保温系统的耐久性和安全性将面临严峻挑战。

针对传统外保温系统存在的上述问题,上海市积极部署,探索研究外墙保温一体化系统的技术方向。2020年,《上海市禁止或者限制生产和使用的用于建设工程的材料目录(第五批)》(沪建建材〔2020〕539号)中,对外墙外保温系统有针对性地提出了禁止、限制等使用要求。紧接着,2021年2月,《外墙保温系统及材料应用统一技术规定(暂行)》(沪建建材〔2021〕113号)发布,明确提出鼓励采用外墙保温一体化形式。由此,预制混凝土夹心保温外墙板系统(图4-13、图4-14)、预制混凝土反打保温外墙板系统(图4-15)等外墙保温一体化系统得以迅速发

图4-14 预制混凝土夹心保温外墙板系统

图4-15 预制混凝土反打保温外墙板系统

图 4-16 混凝土模卡砌块自保温系统

图 4-17 砖预制墙体自保温系统

展，传统砌块也开始向大尺寸预制自保温墙板发展，如混凝土模卡砌块自保温系统（图 4-16）、砖预制墙体自保温系统（图 4-17）等。

外墙保温一体化系统有助于提升墙体保温效果，规避外围护系统的开裂、渗漏等问题，提高工程质量，减少后期维护和返修。同时，工厂预制的方式也在很大程度上避免了施工现场的湿作业，减少建筑垃圾、噪声及有害气体和粉尘的排放。外墙保温一体化系统顺应外围护系统与主体结构同寿命的发展趋势，有助于减少建筑全生命期的材料和能源消耗，减少碳排放。据调研，"十四五"期间，新建建筑采用外墙保温一体化系统的面积预计将达到 2640 万平方米。

外窗同样是影响建筑节能效果和居住体验的关键部分。一扇漏风的窗户会造成热量的散失，一扇漏水的窗户则容易在风雨天给居住者带来烦恼，对建筑节能和室内舒适度都是不利的，这就是现在人们格外关注外窗的气密性、水密性、抗风压和保温性能的原因。

外窗的组成包括型材、玻璃、五金配件、密封材料等，其质量的优劣不仅和部件材料紧密相关，也取决于安装情况。针对外窗的性能提升，上海市发布了《关于全面推广建筑成品外窗应用加强建筑外窗工程质量管理的通知》（沪建建材〔2020〕55号），率先提倡使用建筑成品外窗（图 4-18），强化建筑外窗工程质量管理。通过引导编制成品外窗团体标准，推广成品建筑外窗的应用，实施建筑外窗干法安装工艺，从而打通生产、设计、审图、施

图 4-18 成品外窗

工、监理、检测、监管等环节，提升建筑外窗的使用性能。

建筑外墙饰面是影响城市面貌的重要方面，其长期安全性和耐久性显得格外重要。当建筑采用花岗石、面砖饰面时，传统做法多采用施工现场干挂、湿贴工艺，工作劳动强度大，施工质量控制难度高。从提升装配式建筑整体质量考虑，上海积极鼓励饰面一体化预制技术（图4-19）。装配式预制构件通过采用一次反打成型工艺，有利于提高饰面材料与混凝土基材的粘结强度，提高装配化程度，减少高空湿作业，施工速度快，进一步推进现场文明施工和安全作业。

图4-19　万科金色城市项目（饰面一体化装配式建筑）

4．装配式建筑应用案例

（1）李尔亚洲总部大楼

李尔亚洲总部大楼（图4-20）位于上海市杨浦区，建筑面积28600平方米，地上11层，地下2层。该项目采用装配整体式混凝土框架－现浇核心筒结构体系，是内环线内首个采用预制双T板的装配式高层办公楼，通过标准化设计和免模免支撑的预制双T板的应用，达到了"两提两减"的成效。

①标准化设计

项目设计时,调整了核心筒位置,保证柱网开间规整,体现了标准化、模块化的单元设计理念。框架梁双向正交布置,避免梁斜向布置、出现异形板,次梁单向布置,避免井字、十字布置,实现构件的标准化设计(图4-21)。除主梁外围平柱边外,中间梁尽量居柱中布置,方便后续节点钢筋避让。

按照装配式设计理念,结构平面尽量避免布置次梁,框架梁尽量居轴线中线布置,垂直两方向梁高设置不小于

图4-20 李尔亚洲总部大楼实景

100毫米的高差,便于节点钢筋的排布。柱在裙房以上无截面收缩,保证构件最大程度标准化,在节约了模具成本的同时,也便于工厂生产和现场安装。此外,结构构件配筋遵循了"大直径、少根数、少种类"的原则。

②预制双T板(预应力预制混凝土双T板)应用

通过比选确定采用预制双T板底板密拼作为楼盖布置方案,在同样的楼盖面积下,构件总数大幅减少,并且不会出现次梁后浇段现场施工、主梁后浇段隐患、叠合板出筋碰撞等一系列问题,同时预制双T板四周没有出筋,大大节约安装作业时间,施工效率也大大提高。

相对于传统现浇混凝土结构,该项目现场模板用量减少约50%,人工用量减少约40%,固体垃圾减少量达60%以上,现场用水、用电量减少约30%,证明了预制双T板楼盖方案在经济效益上也成为该项目的最佳选择。

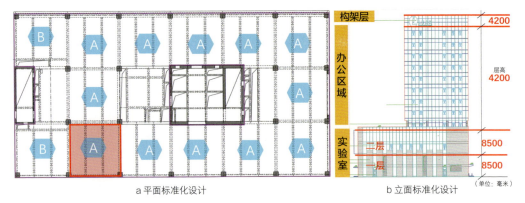

a 平面标准化设计　　　　　　　　b 立面标准化设计

图 4-21　标准化设计

预制双 T 板是由土木工程学家林同炎发明的，包括受压面板和两个肋梁，其截面呈两个"T"字形。预制双 T 板截面形状合理，经济性能优势明显；结构承载效率高，可充分发挥高强混凝土和高强预应力筋的材料强度；构件标准化程度高，可通过预应力长线法生产线实现高效生产；尤其适用于大跨度、大空间、重荷载的公共建筑和工业建筑。

该项目是预制双 T 板作为高层装配式框架 – 现浇核心筒结构楼盖的首次尝试，也因此获批了"第五批上海市装配式建筑示范项目"，为后续具有高层、大跨特征的公共建筑或商业建筑的装配式设计与建造提供了经验（图 4-22）。

a 吊装过程　　　　　　　　b 吊装完毕

图 4-22　预制双 T 板吊装施工
（图片来源：上海天华建筑设计有限公司）

（2）长宁古北璟宏公寓项目

项目由两栋高层租赁住房组成，总建筑面积 44809 平方米，地上 16 层，地下 2 层，地上 1~2 层为配套商业用途，3~16 层为租赁住宅，总套数 374 户，于 2021 年竣工交付（图 4-23）。

该项目基于模块化设计理念的内装，实现了租赁型住宅户型灵活可变，并可满足长期居住的全生命周期使用需求。工业化内装毫米级误差的品质管控，确保了批量作业后的质量稳定性和后期拆改的便利性。

该项目以《上海市租赁住房规划建设导则》为依据，提供了五款面积不等的标准化户型，可适应单人、双人和一家人居住等不同场景。考虑到居住人群一般以两年以上的长租为主，同时租售同权的政策也逐步明确，以产品全寿命周期为出发点，采用了结构主体与内装分离的装配式内装技术。

大开间空间内部的厨房、卫生间、套内房间之间的墙体采用非砌筑内隔墙，包括套内隔墙和三层隔声轻钢龙骨隔墙两种形式，隔声效果好，产生的建筑垃圾少。随着未来家庭结构的变化以及家庭成员的增加，装配式隔墙体系为户型变动提供了便利。装配式内装采用工业化的生产方式，具有标准化、自动化、规模化的特点，可实现规模化建造，大大简化了现场工序，提高了生产效率。通过采用结构主体与内装分离的 SI 体系，实现全干法施工，不受气候变化的影响，比传统装修方式节约工期近 50%。

该项目通过装配式内装技术的应用，使租赁者获得高品质生活，提升租赁生活的居住体验，为未来的租赁住房项目提供了可复制的标准（图 4-24）。

a 效果图　　　　　　　　　　　　　　　b 实景图

图 4-23　长宁古北璟宏公寓

a 卧室　　　　　　　　　　　　　　　b 客厅

c 厨房　　　　　　　　　　　　　　　d 卫生间

图 4-24　公寓内部装修

（3）松江装配式超低能耗试点楼

该项目是位于上海市松江区的一个住宅试点楼，总建筑面积1800平方米，地上共6层，于2017年竣工。项目采用了预应力空心楼板－预制剪力墙结构体系，融入被动式节能、信息化等理念，实现了装配式技术与超低能耗技术的创新结合，成为全国第一个全装配式超低能耗建筑（图4-25）。

该项目具有非常高的预制率和装配率。内外墙板、楼板、阳台、楼梯、女儿墙等主要构件均为预制（图4-26），建筑单体预制率达到80%以上。同时，室内装修也采用装配式内装，建筑单体的装配率达到95%以上。

该项目充分利用预应力空心楼板的受力特点，通过调整结构布置形式，楼板跨度可达11米，实现了无凸梁、凸柱的大空间（图4-27），达到了建筑可自由分隔、可重复改造的效果。

该项目采用的一体化预制夹心墙板集成了结构、外饰面、保温、节能附框与外遮阳构件等，解决了门窗与墙体渗水、外保温与外饰面砖脱离等质量通病，实现了外墙保温与结构同寿命。施工现场以规范化、机械化的装配作业为主，无脚手架、无模板支撑体系（图4-28），交叉施工少，外防护均为工具式的防护设施，安全生产有保障。

该项目融入了被动式节能建筑的技术理念，从外围护设计、门窗配置、可再生能源利用、室内环境控制等方面进行充分的考虑，实现了超低能耗的目标。包括对所有构造节点进行封堵处理（图4-29），杜绝气

图4-25 松江装配式超低能耗试点楼效果图

图4-26 构件拆分示意图

图 4-27 无凸梁、凸柱的大空间

图 4-28 无脚手架、无模板支撑的施工现场

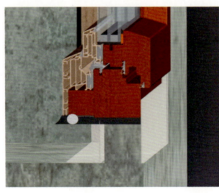 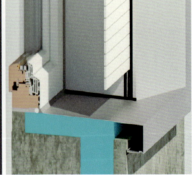

窗下口断桥处理　　　　　　　　　拼装节点气密性处理

图 4-29 构造节点处理

二维码　　　　　　　无源芯片　　　　　　BIM 技术

图 4-30　信息化技术的应用

密性差导致的能耗损失，提升了整体节能水平，以及采用基于装配式结构的断桥节点，确保无冷桥产生。此外，通过加厚外墙、真空玻璃、节点高气密性处理、同层排水等技术，也提升了建筑的隔声降噪水平。

　　该项目采用无源芯片与二维码两种互补的方式，实现了预制混凝土构件的全过程信息跟踪管理。BIM 技术将设计、深化设计、构件生产、现场施工等有效地串联在一起，大大提高了实施效率（图 4-30）。

第三节
Part 3

绿色建材和固废资源化
Green Building Materials and Solid Waste Recycling

绿色建材是指利用先进的生产技术所生产的，利于环境保护、资源节约和人体健康的建筑材料，又被称为可持续发展的建筑材料或生态环境材料。绿色建材的含义主要有两点：一是在其整个生命周期内，包括生产、运输、施工、使用以及拆除这些过程中，对资源、环境造成的负荷最小，使用结束后可以最大限度地回收再利用；二是有利于居住品质的提升，不损害甚至可以增益使用者身体健康。

上海始终做好绿色低碳建材产品推广应用的先行者，绿色建材推广工作特色鲜明。近年来，积极响应国家政策号召，不断完善绿色低碳建材相关标准和政策体系，有序推进绿色低碳建材的推广应用。

1. 绿色建材的发展历程

2013年1月，国务院办公厅转发了国家发展改革委、住房和城乡建设部制订的《绿色建筑行动方案》，要求着重发展绿色建材，以建立绿色建材评价认证制度为工作重点，奏响了我国绿色建材推广工作的号角。

以往，建材企业将产品生产出来后，需要面向市场和消费者提供性能的证明文件。对于普通消费者来说，由于缺乏专业背景，往往无法识别什么样的产品是环保的、健康的、绿色的，这就需要第三方认证机构来证明产品的性能。因此，为规范绿色建材产品认证流程，健全绿色建材市场体系，增加绿色建材产品供给，提升绿色建材产品质量，国家市场监管总局、住房城乡建设部和工信部三部门联合发布了《关于印发绿色建材产品认证实施方案的通知》（市监认证〔2019〕61号）和《关于加快推进绿色建材产品认证及生产应用的通知》（市监认证〔2020〕89号），推动绿色建材评价转向绿色建材产品认证。

2015年，以绿色建材评价标识为切入点，上海市发布了工程建设规范《绿色建材评价通用技术标准》DG/TJ 08-2238-2017，制定了预拌混凝土、预拌砂浆、砌体材料、建筑水性涂料、建筑节能玻璃等五类建材产品的绿色评价技术。

2020年，上海市发布了《关于加快本市绿色建材（预拌混凝土）推广应用的通知》（沪建建材〔2020〕383号），率先在全市预拌混凝土行业引导绿色建材推广应用，规定取得施工许可的政府（国企）投资的绿色建筑项目，应在预拌混凝土材料方面全面使用绿色建材。截至2021年，上海共有90家预拌混凝土企业取得了绿色建材认证，供应市场的绿色产品占比达到77.7%，有效促进了预拌混凝土等生产企业的转型升级及产业结构调整。

数据表明，从2017年至2021年，预拌混凝土生产企业的单位产品能源消耗量呈逐年降低趋势，从0.419千克标煤/立方米下降至0.296千克标煤/立方米，基本达到国家标准规定的1级（≤0.30千克标煤/立方米）要求。2021年，上海市预拌混凝土行业折合减少二氧化碳排放量约18398吨，即减少7380吨标准煤。见微知著，预拌混凝土等绿色建材的规模化应用，可为上海市提前实现"双碳"目标贡献不小的力量。

2022年，上海市又发布了《关于在本市民用和工业建筑中进一步加快绿色低碳建材推广应用的通知（试行）》（沪建建材〔2022〕312号），规定从2023年1月起，在取得施工许可的政府（国企）投资的民用和工业建筑项目中，全面推广应用混凝土预制构件、蒸压加气混凝土砌块（板）、预拌砂浆、建筑涂料、防水卷材、防水涂料、建筑玻璃、管道等八类绿色低碳建材，进一步加强了绿色低碳建材的规模化推广应用。

上海市绿色低碳建材推广应用情况

受访者：樊钧　上海建科集团股份有限公司副总工程师　时间：2022年7月

绿色低碳建材规模化推广应用是我国城镇化建设和"美丽中国梦"实现的重要环节，是建材行业在产业结构、能源消耗、生产过程、资源利用、产品供给、绿色制造等方面实施减碳的有效途径。樊钧表示，控制建筑建材行业碳排放、促进建材绿色低碳转型升级迫在眉睫，绿色低碳建材已成为建筑行业的发展趋势和行业共识。

Q：在国家"碳达峰、碳中和"目标的引领下，请从技术角度谈谈绿色低碳建材推广应用的意义？

A：建材行业是我国能源消耗和碳排放最大的工业部门之一。2019年，我国建筑材料行业碳排放量达 27.7 亿吨，占全国碳排放总量的 28%，占建筑全过程碳排放总量的 55%。绿色低碳建材具有资源、能源、环境和品质等属性，其应用有利于提升工程质量、减少建筑资源能源消耗和降低建筑碳排放。尤其是采用大掺量固废制备技术，其中大掺量固废胶凝材料、装配式预制构件、轻质构件中的固废掺量分别达到 60%、70% 和 90%，不仅有效地促进各类固废的全面资源化利用，也大幅地减少对高能耗材料的使用，降低建材原材料引入碳排 70% 以上，从而实现水泥基建材的低碳化。在当前资源环境约束趋紧的情况下，大力推广应用绿色低碳建材，已成为推动建材行业向绿色低碳转型升级的必然选择。

Q：请介绍一下上海市在绿色低碳建材方面取得的相关成果。

A：上海市长期致力于绿色低碳建材制备技术、绿色生产关键技术和评价标准体系等研究，取得了丰硕的成果。首先，在全国范围内率先创新地提出基于全生命周期、与《绿色建筑评价标准》GB/T 50378 衔接的定量化绿色建材评价指标体系与评价方法；开发基于绿色复合胶凝材料体系、资源节约型骨料和再生拌合水的大掺量固废高性能混凝土绿色制备技术，建立集固废资源化利用、节能减排、精细化管理于一体的预拌混凝土绿色生产成套技术，并集成绿色建材评价与绿色生产关键技术，开发了全国第一个基于互联网、符合国家要求并适应上海地方特色的绿色建材评价与辅助生产系统——"绿材通"。通过上述技术推广应用，实现了建材绿色制造在预拌混凝土、预拌砂浆和墙体材料等多领域的产业化推广与应用。此外，全市积极开展了绿色建材产品评价认证和碳足迹评估示范工作，目前已有110 家预拌混凝土企业取得绿色低碳建材产品采信证明，其产品广泛应用于本市各大型工程建设中。同时，采用互联网线上选材、"O2O"线下店交互模式，实现个性化快速选材，实现绿色建筑建造减排二氧化碳约 20%、资源消耗降低约 30%。

Q：请对上海市绿色低碳建材进一步发展提出建议。

A：建材行业的绿色化低碳发展已成为大势所趋，建议以绿色建筑为重要工程依托，以认证为推进手段，在率先推动政府/财政/国企投资项目的绿色采购和工程应用示范基础上，尽快形成全国范围可复制、可推广的产业模式，逐步促成行业绿色转型升级和产品优质、优价的市场化机制。此外，建议进一步扩大绿色建材产品推广应用范围，助力城乡建设领域"碳达峰、碳中和"目标的实现。

2．建筑垃圾的变废为宝

上海是一座资源匮乏的城市，每年需外省市供应1亿多吨的天然砂石。随着国内对资源和环境的保护意识增强，天然砂石的开采越来越受到限制。去哪里找资源，成为上海城市建设面临的严峻考验。

与此同时，上海每年产生大量的建筑垃圾，其中包含了相当比例的废弃混凝土和拆房垃圾（图4-31），是具有资源化利用价值、可取代天然砂石的良好原材料。若能将这部分建筑废弃混凝土、拆房垃圾进行充分利用（图4-32），不但可以减轻建筑垃圾的处置压力、改善城市环境，每年还能减少大量的天然砂石需求，从社会、环境和经济等各方面评价，综合效益十分显著。

早在2013年，国务院印发的《循环经济发展战略及近期行动计划》中明确指出，要推进建筑废物资源化利用；推进建筑废物集中处理、分级利用，生产高性能再生混凝土、混凝土砌块等建材产品；要因地制宜

a 废弃混凝土   b 拆房垃圾

图4-31　建筑垃圾的废弃现状

a 废弃混凝土再生骨料　　　　　　　b 拆房垃圾再生骨料

图 4-32　再生骨料的来源

地建设建筑废物资源化利用和处理基地。

2014 年 6 月，上海市政府办公厅转发的《三年行动计划》中提出要推进建筑废弃物减排和资源利用，促进废弃混凝土、建筑废弃物的综合利用，将废弃混凝土综合利用工作纳入循环经济发展规划，研究出台上海市建筑废弃混凝土利用管理暂行规定。

2015 年，上海市发布《上海市建筑废弃混凝土资源化利用管理暂行规定》（沪建管联〔2015〕643 号），明确符合条件的企业可从事建筑废弃混凝土资源化利用工作，并要求备案企业建筑废弃混凝土处置率达100%，资源化利用率不低于 95%。同时，还将利用建筑废弃混凝土生产的再生建材产品纳入本市建材备案管理范围，进一步完善了技术标准、产品标准及施工工艺，并要求国有资金占控股地位的工程项目，应当采购和使用再生建材产品。该文件还将再生建材的使用和项目绿色建筑认证与白玉兰奖、鲁班奖等奖项申报挂钩，这些项目中的再生建材产品使用率不得低于 10%，并鼓励非政府投资工程使用再生建材产品。

除废弃混凝土外，建筑垃圾还包括大量的拆房垃圾与装修垃圾，由于这些垃圾成分复杂、分选困难，资源化利用难度相对较大。随着废弃混凝土资源化利用技术和机制逐渐成熟，拆房垃圾与装修垃圾的资源化利用也逐渐被提上日程。

2017 年，上海市颁布了《上海市建筑垃圾处理管理规定》（市府 57 号令），装修垃圾被明确归类为建筑垃圾，规定"行政主管部门将介入装修垃圾清运市场的管理，规定建筑垃圾投放管理责任人将其管理范围内产生的装修垃圾，交由符合规定的市容环境卫生作业服务单位进行清运，这些单位通过招投标方式产生，由区绿化市容行政管理部门组织实施"。同年，上海提出以更高标准实现"新三年环保计划"。建筑垃圾方面，将完成老港基地、嘉定、闵行、浦东、松江等建筑垃圾中转分拣场所及资源化利用工程的建设。

2021年，上海市人民政府印发《上海市2021—2023年生态环境保护和建设三年行动计划》（沪府办发〔2021〕2号），明确提出加强建筑垃圾规范化和资源化处置管理，出台建筑垃圾、固体废弃物（后文简称为"固废"）综合利用相关行业（团体）标准；落实建筑垃圾转运码头，提升建筑垃圾水路运输比例；推进区级建筑垃圾中转分拣场所建设，加快闵行马桥和华漕等一批建筑垃圾资源化利用设施建设；提升上海市建筑垃圾资源化产品强制使用比例，到2023年，上海市装修垃圾和拆房垃圾资源化利用能力达到590万吨/年。

2022年，上海市通过对多家建筑垃圾处置企业开展调研，策划编制《上海市建筑垃圾资源化利用建材产品目录》，以期加快推进建筑垃圾再生产品应用，提升建筑垃圾资源化利用水平。结果表明，上海市当前对于装修垃圾的处置多以填埋或制砖为主，少部分用于回填和场地平整，其中砖制品80%运往外地。

据统计，2020年，上海市共申报处置建筑垃圾1.0782亿吨，其中拆除垃圾290万吨、废弃混凝土540万吨、装修垃圾494万吨，通过分类管理，超亿吨的建筑垃圾得到了妥善、规范的处置。积极拓展建筑垃圾消纳利用渠道，针对废弃混凝土备案管理15处资源化场所，处理能力600万吨/年；针对拆除垃圾、装修垃圾，统一规划建设12座资源化处理设施，处理能力590万吨/年。切实推动了建筑废弃物的资源化利用发展，有力推进了资源节约型、环境友好型和绿色生态城市的建设。

3. 利废减碳的建材实践

上海是全国最早开展粉煤灰建材利用的城市,在国际上率先采用了工业化生产的粉煤灰用于水泥混合材等关键技术,为城市建设和运营提供了强有力的支撑,成果在海内外都产生了很大的影响力。

由于建材资源供需矛盾日益加剧,加上废弃物处置面临的巨大压力,上海开展固废建材资源化利用的必要性显得愈发显著。因此,上海非常重视粉煤灰、脱硫石膏、采矿选矿碎屑、冶炼废渣、建筑垃圾、河道淤泥(淤沙)等(图4-33)在建材中的综合利用。

通过政府持续引导投入、社会主体积极参与,上海市固废建材资源化利用的水平和能力不断提升。2016~2019年,上海市用于建材的工业固体废物利用总量约为4398.48万吨,其中粉煤灰1301.12万吨、冶炼废渣2752.9万吨、脱硫石膏344.3万吨,共节约标煤379.3万吨。按每

a 粉煤灰

b 脱硫石膏

c 冶炼废渣

d 河道淤泥

图4-33　固体废弃物

万吨固废占地 333.5 平方米计算，理论上可节约土地约 147 万平方米。

据统计，2015~2019 年，上海市大宗工业固废综合利用率保持在 95% 以上（表 4-1），做到"当年排放当年利用"，处于全国领先水平。其中，2019 年冶炼渣综合利用率为 99.7%，主要加工成矿渣微粉和钢渣微粉，用于建筑材料；粉煤灰利用率达 99.8%，主要用于墙体材料、水泥、混凝土、预拌砂浆的掺合料及市政工程材料；脱硫石膏利用率 99.2%，大部分用于生产建筑石膏板。

技术和标准的进步是保证固废建材资源化利用可靠性的基础，上海在推进建材利废减碳实践的同时，系统搭建了粉煤灰、废弃混凝土、脱硫石膏、生活垃圾焚烧炉底渣等固废建材资源化利用技术与标准体系，不断完善利废减碳建材的技术和标准体系（表 4-2）。

根据《上海市国民经济和社会发展第十四个五年规划和二〇三五年远景目标纲要》（2021 年 1 月 27 日上海市第十五届人民代表大会第五次会议批准）的要求，未来上海市将以实现"碳达峰"与"碳中和"为目标，持续优化固废建材资源化利用能力，进一步提升利用能级。

2015~2019 年上海市大宗工业固废综合利用情况　　　　　　　　表 4-1

指标	工业固废名称	2015 年	2016 年	2017 年	2018 年	2019 年
排放量（万吨）	冶炼渣	783.48	707.30	646.25	665.83	733.55
	粉煤灰	399.65	345.30	346.55	329.71	279.71
	脱硫石膏	86.88	74.50	80.99	94.38	94.49
	合计	1270.01	127.02	1073.79	1089.92	1107.75
利用量（万吨）	冶炼渣	783.58	704.90	644.04	664.64	731.38
	粉煤灰	385.70	337.50	341.15	315.38	279.17
	脱硫石膏	86.29	72.60	79.75	92.26	93.73
	合计	1255.57	1114.99	1064.94	1072.28	1104.28
综合利用率（%）	冶炼渣	100.00	99.70	99.70	99.80	99.70
	粉煤灰	96.50	97.70	98.40	95.70	99.80
	脱硫石膏	99.30	97.50	98.50	97.80	99.20
	合计	98.90	98.90	99.20	98.40	99.70

城市固废应用于建材的相关标准　　　　　　　　　　　　表 4-2

序号	标准名称	实施日期
1	《脱硫石膏土体增强剂应用技术规程》DG/TJ 08-2082-2011	2011 年 5 月 1 日
2	《脱硫石膏粉刷砂浆应用技术规程》DG/TJ 08-2085-2011	2011 年 8 月 1 日
3	《脱硫石膏轻质砌块、条板应用技术规程》DG/TJ 08-2099-2012	2012 年 6 月 1 日
4	《混凝土砌块（砖）用再生骨料技术要求》DB31/T 1093-2018	2018 年 10 月 1 日
5	《再生骨料混凝土技术要求》DB31/T 1128-2019	2019 年 5 月 1 日
6	《再生骨料混凝土砌块（砖）技术要求》DB31/T 1170-2019	2019 年 10 月 1 日
7	《建筑垃圾再生集料无机混合料应用技术标准》DG/TJ 08-2309-2019	2020 年 5 月 1 日
8	《再生骨料混凝土应用技术标准》DG/TJ 08-2018-2020	2020 年 12 月 1 日
9	《工程填筑用装修垃圾再生集料技术要求》DB31/T 1254-2020	2021 年 2 月 1 日

4．绿色低碳建材应用案例

（1）2010 年上海世博会城市最佳实践区"沪上·生态家"

该项目作为代表东道主中国参与 2010 年上海世博会城市最佳实践区的案例，旨在展示上海在城市可持续发展、建筑生态宜居领域的生态建筑技术实践成果，建筑面积 3005 平方米，地上 4 层，地下 1 层，采用钢筋混凝土框架结构（图 4-34）。

沪上·生态家的土建材料全部是由城市固废再生制成的绿色低碳建材，包括再生骨料混凝土、绿色预拌砂浆、淤泥烧结多孔砖、蒸压粉煤灰加气混凝土砌块、脱硫石膏板等（图 4-35）。主体采用再生骨料混凝

图 4-34 沪上·生态家实景　　　　　　　　　　　图 4-35 沪上·生态家采用的土建材料

土，一到三层的外墙采用环保型淤泥烧结多孔砖，四层的外墙采用蒸压粉煤灰加气混凝土砌块自保温墙体。外保温砂浆采用膨胀玻化微珠水泥保温砂浆，内保温砂浆采用膨胀玻化微珠石膏保温砂浆，通过内外无机保温砂浆降低整个墙体的传热，使保温、隔热效果大幅提升，达到建筑节能 65% 的要求。

①再生骨料混凝土

该项目采用的绿色再生骨料混凝土充分利用了粉煤灰、矿渣粉等工业废料代替部分水泥形成绿色复合胶凝材料；利用旧混凝土破碎后经筛选合适粒径范围的混凝土块取代大部分碎石，作为再生骨料。在此基础上，采用高性能减水剂制备绿色再生骨料混凝土，强度等级可达 C40。再生骨料混凝土和易性良好，坍落度损失小，易于泵送施工，其力学性能完全满足设计要求，且耐久性良好。据统计，项目共计使用了近 3000 立方米的再生骨料混凝土。

②绿色预拌砂浆

该项目使用的绿色预拌砂浆中，粉煤灰、再生细骨料掺入总量达 70%，总用量为 414.2 吨。施工单位普遍反映砂浆施工性、保水性好，砌块粘结牢固，灰缝饱满，无开裂、空鼓和起壳等缺陷，强度、抗冻性、干燥收缩率等均达到设计要求。

③淤泥烧结多孔砖

淤泥烧结多孔砖是以河道淤泥、水厂淤泥为主要原料，以煤渣、煤灰、煤矸石、木屑、秸秆、谷壳以及其他易燃固废为燃料，经过破碎、混合、焙烧等一系列工艺流程生产而成，淤泥砖单一墙体传热系数明显低于普通烧结多孔砖墙体。项目使用的淤泥烧结多孔砖来自上海市金山区，以金山区自来水厂淤泥为主要原料烧制而成。

④蒸压粉煤灰加气混凝土砌块

蒸压粉煤灰加气混凝土砌块主要由粉煤灰、磨细生石灰、水泥、石膏、铝粉等材料组成。除淤泥烧结多孔砖外，该项目也利用蒸压粉煤灰加气混凝土砌块作为外墙材料。相对于一般墙体材料，粉煤灰加气砌块材料的导热系数较小，墙体传热系数较低，是目前工程应用中性价比较高的一种墙体自保温材料。

⑤脱硫石膏板

脱硫石膏是对煤燃烧后产生的烟气进行脱硫净化处理后产生的工业废渣，加以综合利用，从而"变废为宝"。目前脱硫石膏综合利用的主要途径为水泥行业和石膏建材生产。该项目全面使用了以脱硫石膏为原料生产的轻质石膏板。

⑥拆旧材料再利用

项目总计回收利用了约 15 万块石库门老砖，用于砌筑建筑外立面和楼梯踏步；利用旧厂房拆迁回收的型钢重新焊接加工成"生态核"、钢楼梯；利用再生石灰石打造花格窗窗楣和石库门。通过将旧城拆迁的废弃建材回收利用，不仅体现了资源循环的理念，还展现了上海民居的文脉（图 4-36）。

图 4-36　沪上·生态家的旧砖利用

（2）绿源天地 A 座

绿源天地为上海城建物资有限公司总部办公大楼，是响应国家节能环保政策、积极组织实施建筑固废资源再生利用的重大示范工程。2 号楼 A 座共 12 层，建筑高度 45.6 米，建筑面积 1.5 万平方米，三层以上的结构材料全部为高性能再生混凝土，是上海首座再生混凝土小高层建筑（图 4-37）。

项目实施了再生骨料混凝土的高性能化及制备技术、高性能再生混凝土结构设计与施工的关键技术、高性能再生混凝土结构的监测与绿色评价技术，实现了从理论到实践、从材料性能到结构性能的跨越，为提高废混凝土资源化利用率、推动建筑绿色化及可持续发展起到积极作用。

图 4-37　上海首座再生混凝土小高层建筑——绿源天地 A 座

项目被工信部确定为国家资源再生利用重大示范工程（工信部节〔2015〕468 号）。

（3）上海市奉贤区观工路

奉贤区观工路为三级公路，路面总宽为 9 米、15 米两种类型，交通荷载等级为中等交通，原路面为沥青混凝土路面。由于土方运输车等大型载重卡车经过较多，在使用一段时间后，路面出现破损、开裂、车辙等较为严重的病害。

再生道路基层材料经厂拌再生后，在观工路（K3+850—K4+009）路段、沙港桥东侧（K4+230—K4+300）路段的路面抢修工程中开展应用（图 4-38）。该示范开创了上海固废材料回用于道路基层的先例。

图 4-38　奉贤区观工路抢修现场

（4）上海市首套装修垃圾"变废为宝"生产线

2017年，在徐汇区景联路成功建立首套装修垃圾"变废为宝"流水线，装修垃圾通过清运车辆运输到这里，然后分批次进行初步筛选，其中体积较小的轻物质通过风选进入收集箱内，体积较大的装修垃圾进入破碎、处置、再加工等工序（图4-39、图4-40）。

分拣后的装修垃圾经过粗加工，主要形成两种原料：塑料颗粒和骨料。塑料颗粒是分拣出的轻物质经过低温溶解、拉丝、切料后制成的，可以用来加工制作木塑板、垫仓板、垃圾袋、燃烧棒等产品。分拣出来的砂石、砖瓦、混凝土块等重物质被分为大颗粒、小颗粒和粉末状三种骨料，可以用来填坑、铺路或者制作路面砖、透水砖等产品。这条流水线分类细致，装修垃圾资源化利用的效率变得更高。该流水线的分拣效率约150吨/小时，每天运转8小时，相当于200多名工人的工作量，年设计处理量50万吨。目前，借助这套流水线，徐汇区每天产生的装修垃圾可以做到不过夜甚至不落地就完成处置。

图 4-39　分拣好的轻物质进入收集箱　　图 4-40　大块装修垃圾的分拣

第五章
Chapter 5

繁衍——绿色生态城区开启规模化发展新阶段

Reproduction — Green Urban Area Opens a New Stage of Large-Scale Development

上海作为高密度超大型城市的代表，在城市面貌日新月异的同时，也面临着人口稠密、资源短缺、生态日趋脆弱等问题。协调好空间、人口、资源、环境和产业之间的关系成为推动城市绿色发展的要务。

进入新时代，"以人民为中心"的核心理念对绿色建筑的外延和内涵提出了更高要求，上海加快推动绿色建筑由单体向区域化发展，从微观到宏观层面转变，从建筑领域单个维度向能源、交通、绿化、资源处理、智慧管理等多个维度的协同转变，以区域为尺度整体提升绿色性能，提升宜居宜业性能，增强人民对城市绿色发展的获得感、满意度和幸福感。

绿色生态城区的理念正是在这个背景下应运而生。上海的绿色生态城区是指以创新、生态、宜居为发展目标，在具有一定用地规模的新开发城区或城市更新区域内，通过科学统筹规划、低碳有序建设、创新精细管理等诸多手段，实现空间布局合理、公共服务功能完善、生态环境品质提升、资源集约节约利用、运营管理智慧高效、地域文化特色鲜明的人、城市及自然和谐共生的城区。建设绿色生态城区，是转变城市发展方式的必然选择，更是建设生态之城的必由之路。

上海在由点到面推进绿色生态城区建设进程中积累了一揽子的做法经验，通过标准先行、政策引导相结合的方式，形成以规划为先导、过程管控为抓手的全过程绿色生态城区推进模式，将绿色发展理念全面贯穿于城市建设的组织之中，通过区域联动布局，提升区域品质和人居环境质量，助力上海到2035年实现城市总体规划描绘的"生态之城"建设愿景。

As a representative of high-density and super-large cities, Shanghai is also facing problems such as dense population, shortage of resources, and increasingly fragile ecology while the city is changing with each passing day. It has become an important task to coordinate the relationship between space, population, resources, environment and industry to promote the green development of cities.

In the new era, the core concept of "people-centered" has put forward higher requirements for the extension and connotation of green buildings. Shanghai accelerates the development of green buildings from individual to regional, from micro to macro levels, from a single dimension in the construction field to a multi-dimensional coordinated transformation of energy, transportation, greening, resource processing, and smart management. The city has improved its green performance on a regional scale as a whole, improved its livability and business performance, and enhanced the people's sense of acquisition, satisfaction and happiness in urban green development.

It is in this background that the concept of green urban area came into being. Shanghai's green urban area refers to the development goals of innovation, ecology, and livability. In the newly developed urban area or urban renewal area with a certain scale of land use, through scientific overall planning, low-carbon and orderly construction, innovative and refined management and many other means, to achieve a harmonious coexistence of human, city and nature with a reasonable spatial layout, complete public service functions, improved ecological environment quality, intensive and economical use of resources, intelligent and efficient operation and management, and distinctive regional cultural characteristics. Building a green urban area is an inevitable choice to change the way of urban development, and it is also the only way to build an ecological city.

Shanghai has accumulated rich experience in the process of promoting the construction of green urban area from point to point. Through the combination of standards first and strategy guidance, the city has formed a whole-process green urban area promotion model with planning as the guide and process control as the starting point, and the concept of green development is fully integrated into the urban construction. Through the regional linkage layout, the city improves the regional quality and the quality of the living environment, and contributes to the construction vision of the "ecological city" of the "Shanghai master plan 2035".

第一节
Part 1

政策引领，全程把控
Policy Guidance, Whole Process Control

1. 区域联动布局

通过发展绿色生态城区，最大限度地发挥建筑、交通、生态环境、资源能源等方面的集约、协同效应，对宏观层面提升区域绿色生态宜居性能有重要价值。为此，上海在科学研判的基础上，于2018年发布了《上海市人民政府办公厅转发市住房城乡建设管理委等四部门关于推进本市绿色生态城区建设的指导意见》（沪府办规〔2018〕24号），明确了在全市范围内部署推进绿色生态城区的总体目标、基本要求、实施方法、技术指标等内容。

这份文件由上海市政府办公厅进行转发，是上海从顶层布局、统筹推进绿色生态城区工作的重要部署，为全市规模化高质量推进绿色建筑吹响了号角。此后，相关技术标准和配套政策陆续发布。这些强有力的"组合拳"，为上海打开了绿色生态城区蓬勃发展的春天之门。

（1）地方特色的标准研究

早在2015年，上海就意识到绿色建筑从单体到区域拓展的时机和条件已经成熟，开始着手对绿色生态城区专项工作进行研究。通过设立课题，从上海的地域文化、城市发展规划等基础条件出发，紧紧围绕国家绿色发展的总体战略，围绕绿色生态城区的概念、内涵、特色体系和推进机制等进行探讨。这项研究形成了两个重要成果，分别是《上海市绿色生态城区评价导则》和《关于推进本市绿色生态建设的指导意见》（建议稿），从技术和管理两个层面为后续绿色生态城区建设的机制形成提供了支撑。

2018年1月，上海市工程建设规范《绿色生态城区评价标准》DG/TJ 08-2253-2018发布，成为继国家标准《绿色生态城区评价标准》GB/T 51255—2017出台之后，全国第一部地方性的绿色生态城区评价标准，充分体现了上海在创新引领方面的决心和魄力。

作为地方标准，上海的绿色生态城区在指标体系设定方面和国家标准相比，既作好充分衔接，又突出地方特色和政策引领。上海的绿色生态城区指标体系紧紧围绕绿色发展的基本理念，设置了选址与土地利用、绿色交通与建筑、生态建设与环境保护、低碳能源与资源、产业与绿色经济、智慧管理和人文等六类指标，涵盖绿色生态城区规划建设的各个方面，又处处体现"人民城市"的理念，具有很强的上海印记。

2019年11月，《上海绿色生态城区评价技术细则》（简称《细则》）发布，作为标准的配套技术文件，《细则》进一步完善了绿色生态城区的具体技术要求，为绿色生态城区评价工作提供了更为具体的技术指导。由此，上海在绿色生态城区方面的评价标准体系基本构建完成。

（2）政策文件的落实推进

上海在"十三五"期间为绿色生态城区专项工作设定了明确目标，勾勒了市区联动、全面开花的发展蓝图，提出三年三步走的分阶段里程碑节点。各个区和特定地区管委会，2018年底要完成绿色生态城区试点区域梳理储备；2019年底，至少选定一个新开发城区或更新城区启动创建并完成其绿色生态专业规划编制；力争到"十三五"期末，至少创建完成一个绿色生态城区。在此基础上，全市层面形成一批可推广、可复制的试点与示范城区，以点带面，推进上海绿色生态城区建设。

从2019年开始，上海市持续每年发布《关于上海市绿色生态城区梳理储备工作情况的通报》，通过系统总结该年度全市绿色生态城区推进的重要举措和各区及特定管委会进展情况，明确下一步重点工作方向。

由此，市区联动的机制不仅建立了起来，还在实施过程中不断加以完善。各区和管委会对绿色生态城区工作的推进都给予了高度重视，纷纷结合战略发展定位、开发建设计划、生态本底条件等统筹推进本区域的试点、示范区域的梳理储备工作。

截至2022年上半年，上海全市已成功创建了18个绿色生态城区，总用地规模约49平方公里。同时，为了应对人口和土地资源的紧约束，结合内涵发展特点，城市更新区域也被纳入了绿色生态城区的创建范畴，徐汇、杨浦、静安、虹口、黄浦等中心城区都在积极探索既有城区的绿色更新之路（图5-1、表5-1）。

绿色生态城区作为一项创新工作，在统筹实施和落实成效方面相比传统专业领域工作更具挑战性。得益于区域联动和创新工作模式的实施，三年来，上海逐渐积累了经验，绿色生态城区的理念得到普及，为"十四五"期间进一步辐射推广、服务区域发展战略奠定了坚实基础。

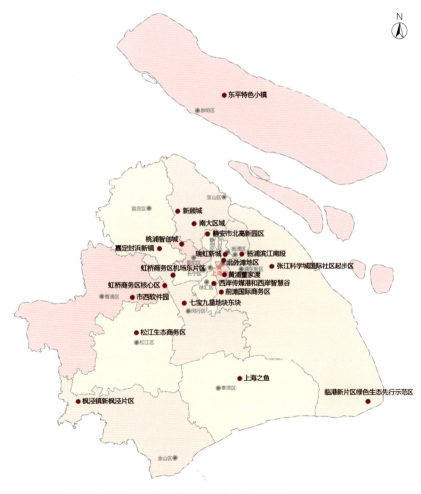

图5-1　上海市目前已完成绿色生态城区创建的项目布局示意

上海绿色生态城区进展情况汇总　　　　　　　　　　　　　　表 5-1

序号	区、管委会	城区名称	面积（平方公里）	类型	进展情况	所属重点区域
1	虹桥管委会	虹桥核心区	3.7	新开发	三星级示范	虹桥国际中央商务区
2	普陀区	桃浦智创城	4.2	新开发	三星级试点	—
3	宝山区	新顾城	8.3	新开发	二星级试点	南北转型区域
4	浦东新区	前滩国际商务区	2.8	新开发	三星级试点	金色中环发展带
5	松江区	松江新城国际生态商务区（核心区）	1.6	新开发	二星级试点	五个新城（松江新城）
6	杨浦区	杨浦滨江南段	4.7	更新城区	三星级试点	黄浦江沿岸地区
7	崇明区	东平特色小镇	1.7	新开发	二星级试点	崇明世界级生态岛
8	嘉定区	封浜新镇	1.4	新开发	三星级试点	虹桥国际中央商务区
9	闵行区	七宝九星地区东块	1.3	新开发	三星级试点	—
10	徐汇区	西岸传媒港和西岸智慧谷	0.9	更新城区	三星级试点	黄浦江沿岸地区
11	黄浦区	黄浦董家渡	0.8	更新城区	三星级试点	黄浦江沿岸地区
12	奉贤区	上海之鱼	2.5	新开发	三星级试点	五个新城（奉贤新城）
13	长宁区	虹桥商务区机场东片区	2.6	新开发	三星级试点	虹桥国际中央商务区
14	青浦区	市西软件园	3.7	新开发	三星级试点	—
15	临港新片区管委会	临港新片区绿色生态先行示范区	1.4	新开发	三星级试点	自贸区临港新片区、五个新城（南汇新城）
16	虹口区	北外滩地区	4	更新城区	三星级试点	黄浦江沿岸地区
17	静安区	静安市北高新园区	1.9	更新城区	三星级试点	—
18	浦东新区	张江科学城国际社区起步区	1.5	新开发	三星级试点	金色中环发展带

2021年发布的《上海市绿色建筑"十四五"规划》中，首次把绿色生态城区写入其中，提到"十四五"期间重点任务之一就是持续推进城市区域绿色发展，包括扩大区域绿色生态辐射范围、完善绿色生态城区建设监管机制、推进既有城区绿色更新等方面。其中到2025年要在全市范围内创建绿色生态城区项目25个以上，包含更新城区5个以上，力争建成2个绿色生态城区示范项目。规划中提出主动服务国家战略，探索绿色生态城区发展的区域协同机制，引导五个新城、上海自贸试验区临港新片区、长三角生态绿色一体化发展示范区、虹桥商务区等重点发展区域高质量地实施绿色生态理念，为新片区和一体化发展示范区的高水平建设提供保障。

2．规划先行落子

上海的绿色生态城区推进中有个鲜明的特点，就是十分重视从规划到管理的全过程理念。通过科学编制绿色生态专业规划，统筹协调城市规划、建设、运营各相关主体，切实提高土地空间集约程度、绿色基础设施建设水平、能源资源利用效率。

绿色生态城区专业规划编制过程中，需要遵循"规划引领、统筹协调"的原则，依据上位规划和相关标准开展现状评估和生态本底诊断，确定绿色生态定位，编制绿色生态指标体系、绿色生态规划方案和相关专项规划方案。通过因地制宜、科学引导的特色化发展规划，避免"千城一面"的同质化，坚持创新发展、特色发展，通过"一城一策"特色鲜明的指标设置，将区域的总体发展战略和绿色生态发展目标融为一体，最终实现统筹建筑、交通、生态环境、资源能源等方面的集约、绿色、高效发展。

（1）理念创新，各具特色的目标指引

上海的绿色生态城区建设特别强调因地制宜，走创新发展之路，鼓励各城区结合各自发展定位、资源条件、开发理念，制定有针对性的发展策略。

在规划设计阶段，各个绿色生态城区需要根据自身经济社会发展水平、资源禀赋、建筑功能等，制定适合本区域绿色生态发展的理念与规划愿景，在此基础上制定兼具强制性与引导性、普适性与特色性的指标体系，包含土地利用、建筑、交通、能源、水资源、固废等方面的内容，为今后的绿色规划明确方向。

例如桃浦智创城，作为老工业基地功能转型的典型案例，通过产城融合、绿色低碳、人文发展，实现从老化工基地到绿色生态城区的跨越；崇明东平特色小镇，依托于崇明世界级生态岛的本底优势，融入生态共生、食品实验和健康生活的理念；杨浦滨江南段，在世界级滨水生态岸线的基础上，以新促旧，带动腹地老旧小区环境品质的全面提升；封浜新镇，作为未来高端居住片区，以水绿交融的生态家园、沉浸其中的绿色生活、智能低碳的国际社区为目标，充分体现嘉定地域特色（图5-2）；七宝九星地区，从原先建材市场功能转型，旨在通过绿色指标体系设定提升环境品质，促进产业能级提升，提出"星·体验，绿·共享"的规划理念，从土地利用、绿色交通、绿色建筑、能源资源等多个方面提出绿色生态建设指标和规划策略；新顾城以大型居住社区类型为主，特别注重人居环境营建，提出"可感知绿色低碳生活"规划理念，致力于打造一个能够让公众切身感受到绿色生态的城区，能够起到生态教育宣传示范的"可感知"绿色城区。

（2）科学统筹，区域平衡集约发展

2015年中央城市工作会议提出了"五个统筹"，上海在推进绿色生态城区的工作中也充分地贯彻中央精神，突出系统性，强调统筹建筑、

第五章　繁衍——绿色生态城区开启规模化发展新阶段

- 蓝绿交融的生态环境
- 低碳节能的绿色能源
- 资源循环固废与材料

- 健康舒适的绿色建筑
- 步行友好的连续绿道
- 多元融合的人文生活

- 互联互动的智慧城市
- 创新共享的低碳产业
- 产城融合的生态新城

图 5-2　封浜新镇绿色生态规划理念

交通、生态环境、资源能源等方面的集约发展优势。在绿色生态规划理念与指标体系的指引下，重点围绕土地集约利用、绿色出行、能源清洁利用、水资源循环利用、固体废物资源化利用、建筑绿色发展等方面，提出绿色生态实施策略，聚焦绿色建筑、能源和水资源等重要绿色低碳专项，开展空间规划布局与技术指引，切实提高土地空间集约程度、绿色基础设施建设水平、能源资源利用效率。

在这方面，杨浦滨江南段做出了积极的示范实践，整合、共享区域公共资源，提出了以 500 米范围内为基准，通过区域内经营性公共停车场（库）、商业办公楼停车位、路侧停车位、事业国有办公楼停车位的共享利用来释放停车泊位，为中心城区"停车难"的共性问题谋求出路（图 5-3）。

七宝九星地区东块则充分发挥区域整体开发的优势，采取地下停车场连片开发模式并与周边开放共享的方案，打造立体交通体系，科学构建"网络畅达、干支结合、疏密有致"的综合管廊系统。其中，管廊规划长度约 2500 米，实现区域市政管线集约化、绿色化、智能化建设（图 5-4）。

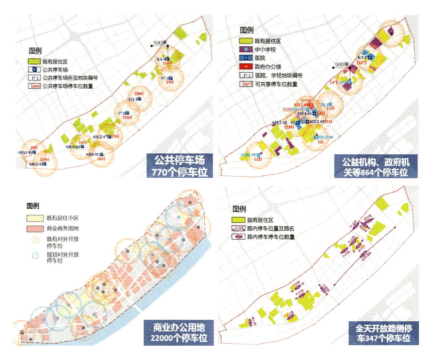

图 5-3 杨浦滨江南段停车设施优化

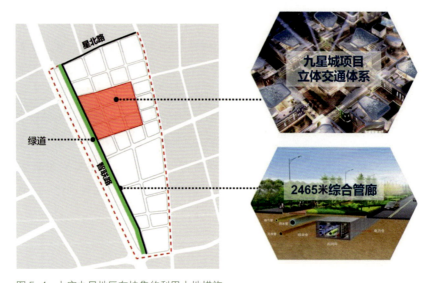

图 5-4 七宝九星地区东块集约利用土地措施

3．过程管控见效

绿色生态城区是一个长周期、跨专业、多主体的系统工程，因此特别需要在建设实施阶段做好定期"回头看"的工作。

对于新建城区来说，可以通过对绿色生态专项规划的建设要点进行阶段性评估和总结，形成建设阶段的管控要点，从而确保规划设计各项指标和措施的落地。具体举措包括制定绿色生态城区建设管控办法、单体项目绿色施工技术要点等。

对于既有更新城区，在编制相关绿色生态提升规划的基础上，更要注重运营管理的相关机制和举措，着力打造全过程长效机制和跟踪评估机制，增强公众对区域的获得感和体验感，并逐步纳入城市建设和管理的制度体系。

（1）明确管控模式，全过程把控推进

基于全过程理念的绿色生态城区建设管控模式，在操作层面可以解读为"五步曲"，也就是规划目标控制、指标明确落图、企业建设落实、政府过程监管、后期运营反馈。

第一步：规划目标控制。在各专项规划和详细规划中，融入绿色低碳总体目标及控制要求。

第二步：指标明确落图。建立项目绿色低碳指标并细化分解至各地块，在土地招拍挂阶段，作为附属条件纳入。

第三步：企业建设实施。由项目开发单位负责各地块项目的绿色低碳指标在建设过程中的落地实施。

第四步：政府过程监管。依托建设项目一般行政审批流程，在建设各关键阶段，发挥政府部门行政监管职能，保证既定规划及指标体系落到实处。

第五步：后期运营反馈。采集项目运营能耗和其他各项性能数据，

对标前期确定的指标，判断其合理性并及时反馈修正。

以三星级绿色生态城区试点项目嘉定封浜新镇为例，对上述"五步曲"的实施过程进行分解。首先，根据该项目绿色生态指标类型和属性不同，将指标落到不同的时间序列，分别从一级建设、二级建设和运营管理等进行分解，形成绿色生态指标控制表。随后，结合区域开发时序设置重点地块跟踪清单，将绿色生态关键指标以附加图则的形式纳入地块土地出让条件，保障落地实施。接着，根据区域近远期规划目标，制定近三年重点项目实施计划，并明确近期重点建设的示范项目，如迎虹湖中央公园、高星级绿色建筑、超低能耗建筑、低碳能源，落实各项引导和控制举措。然后，还需要由嘉定区建管委联合区规资局、区发改委、区绿容局、区水务局、区交通委等，研究制定绿色生态城区建设相关实施办法与激励措施，建立绿色生态城区长效的运营管理机制。最终，在项目审批、建设管理、竣工验收等环节审查相关绿色生态指标和方案，各相关部门各司其职、协调配合、分步实施，实现绿色生态建设的运营管控。

（2）构建管控体系，保障城区绿色建设

在绿色生态城区推进中，需要一套行之有效的建设管控体系，帮助开发建设相关单位对协调合作和重点技术进行分解，保障城区绿色低碳规划指标体系的目标要求落实到建设过程中。总体而言，目前比较成功的建设管控体系大致包括以下三个不可或缺的内容。

第一，编制管控办法。通过管理部门发布政策文件，明确绿色生态城区建设的各参与方的职责及参与度，规定建设过程中管理部门、项目单位（建设、设计、施工、运营）在各阶段所应配合执行的工作，切实做到组织落实、统筹规划、加强投入、有序推进，最终在常规项目审批程序中融入绿色生态管理的内容。

第二，明确技术导则。以桃浦智创城为例，通过制定《绿色生态城区建设图则》《绿色生态城区建设导则》《绿色生态城区施工管理导则》《绿

色生态城区运营管理导则》等一系列技术文件，指导项目设计单位、施工单位和运营管理单位的操作，引导区域绿色与低碳技术的应用与落实，为项目绿色建设管理提供支撑，最终更好地推进城区绿色、低碳建设，推进可持续发展（图 5-5）。

桃浦智创城绿色生态指标（部分）		
分类	指标项	指标值
土地与空间	城区路网密度	≥ 12 千米 / 平方公里
	功能混合街坊比例	≥ 50%
	公共开放空间 300 米范围覆盖率	≥ 90%
绿色交通	公交站点 500 米覆盖率	100%
	绿色出行比例	≥ 75%
绿色建筑	新建建筑中二星级及以上绿色建筑的比例	100%
	新建公建全装修建筑比例	≥ 45%
生态环境	土壤安全	土壤环境风险得到基本管控
	人均公园绿地面积	≥ 11 平方米 / 人
能源利用	市政基础设施高效系统和设备比例	≥ 80%
	区域能源系统覆盖率	≥ 70%
水资源利用	节水器具普及率	100%
	年径流总量控制率	≥ 80%
固废和材料利用	生活垃圾资源化利用率	≥ 60%
	建筑垃圾资源化利用率	≥ 30%
	绿色建材比例	≥ 50%，其中获得绿色建材评价标识比例 ≥ 10%
信息化	智能停车场覆盖率	≥ 80%
	公建能耗管理覆盖率	100%
人文	无障碍设施普及率	100%
	历史文化保护	保护、传承与传播城区有价值的物质文化遗产和非物质文化遗产

图 5-5　桃浦智创城绿色生态规划指标及相关图则

北外滩地区作为世界级会客厅，也编制了《绿色生态建设指标表》《绿色生态建设图则》《北外滩片区绿色建筑设计技术导则》等一系列确保项目推进落地的文件，并将其纳入各管理部门的管控工作流程，明确落实主体、具体指标及技术措施，以在未来的建设过程中持续推动绿色生态城区目标的落地实施（图5-6）。

第三，全过程技术审查。为保障开发建设各阶段落实绿色、低碳指标，需以管控办法为抓手、技术导则为指引，推进城区绿色建设全过程的技术管控与审查。为提高绿色专项审查的效率与针对性，有必要制定涵盖审查各阶段、与关键指标落实相关的各项模板，形成技术审核工具，保障绿色生态目标的建设实施。

图5-6 北外滩地区建设过程中编制的技术支撑文件

发展绿色生态城区，提升绿色建筑规模效应

受访者：王有为　中国城市科学研究会绿色建筑与节能专业委员会主任委员

时间：2022年8月

随着绿色建筑的逐渐普及，推动其由单体向区域尺度发展、从微观向宏观层面转变，整体提升城市发展的绿色能级，增强人民的获得感、满意度和幸福感，已成为行业的共同认知。绿色生态城区的理念由此应运而生，发展绿色生态城区，转变城市发展方式，成为未来城市推进绿色低碳发展的必由之路。

Q：作为国家《绿色生态城区评价标准》的主要负责人，可否谈一谈当时提出绿色生态城区概念的背景，以及您对于绿色生态城区核心理念的理解？

A：中国的新型城镇化速度是非常快的，在人类社会的发展进程中是一件了不起的大事情。城镇化的过程中必然会涉及大量的新区、新城建设，应该用怎样的标准去规划这些项目，实现可持续发展，这是我们必须回答的问题。因此，住房城乡建设部希望能尽快制定一部国家标准，可以对新区的绿色发展制定科学的指标体系和技术指引。

我接受了这个任务之后，首先就是和编制组一起对于这部标准的指导思想作了深入探讨。我们一致认为，中国的绿色生态城区建设，一定要遵循我国经济发展中的绿色、生态、低碳三大要素，结合本土条件，因地制宜，以保护生态为基础、发展绿色为主旋律、实现低碳为最终目标，使我国的新型城镇化步入可持续发展的轨道。

在具体编制过程中，我们把握了四个基本原则：软硬结合，虚实结合，宽严结合，远近结合。为什么说软硬结合？我们在标准的一级指标里，有六个都是硬指标，但留了两个软指标，分别是产业与经济，还有绿色人文，因为城区的发展最终还是要服务产业、服务人，这个也得到了当时东京大学学者的赞同。为什么说虚实结合？住房城乡建设部对城市建设的要求有五句话，保留自然生态、传承历史文脉、彰显城市文化、塑造风貌特色、提升环境质量，这些要实现是很有难度的，我们希望在标准中有引导。为什么说宽严结合？中国地域辽阔，各地区的经济环境本底条件大不相同，必须考虑标准的普适性。例如标准编制之初，中国地表水的水质普遍都是五类水及以下，如果把控制条件定得太高，可能有一大批项目就进不来，因此我们设定了分级分档得分，首先鼓励一批项目先试先行。最后，为什么说远近结合？这里举个例子，中国的土壤污染很严重，但治理恢复需要一个漫长的周期，在标准里我们也考虑了这些方面，希望通过垃圾处理方式的改变，能对土壤治理给予积极的导向。

Q：过去几年里，您评审了多个上海的绿色生态城区项目，在您看来，上海在绿色生态城区的实践上有什么创新特色，对其他省市有怎样的借鉴意义？

A：上海这些年诞生了许多很有特色的绿色生态城区项目，其中虹桥商务区对我的触动最大。记得当时查阅资料的时候，管委会提交了十几份厚厚的文件，从最开始的低碳建设导则开始，几乎全都是以"低碳"写在文件的名字中，对单位产值的碳排放、人均碳排放都做了详细的计算，制定了从设计、建设到运营全过程降低碳排放的举措，足以体现其超前的战略眼光。过去这些年我参与评审了二十多个生态城区项目，不同区域都有特别出色的范例，天津生态城是北方地区的代表，虹桥商务区无疑是东部区域的标杆，以低碳为目标，践行全过程、全要素的管理，可以给其他省市很大的启发。

Q：双碳背景赋予了绿色生态城区新的使命，您觉得上海在推动新一轮绿色生态城区过程中可以在哪些方面起到引领示范作用？

A：我认为首先可以建立一个绿色生态城区的碳排放计算方法，城区和建筑有着很大的不同，由点到面的过程中，碳排放会覆盖到基础设施、交通和产业等，这就需要建立一个科学、准确的计算方法。其次，除了强调超低能耗建筑、零碳建筑这些硬件之外，还要积极探索软性做法，比如倡导绿色低碳生活、开展青少年科普教育等，让绿色（行动）在更广的社会面上被推动。最后，希望上海在电气化方面打造一些示范项目，建筑和交通实现全面的电气化，能源方面采用光储直柔新型系统，更大程度地降低二氧化碳排放。

第二节
Part 2

因地制宜，精准施策
According to Local Conditions, Implementing Precise Strategies

因地制宜、精准施策，"要"在立足实际。作为中国经济中心城市，上海是开放、创新、包容的。上海建设绿色生态城区不可能是一个标准、一个样式、"一个模子套下来"，更应强调因地制宜，立足资源禀赋、功能定位、产业发展等基础条件，打造良好生态环境的同时，谋求城区创新发展之路。

因地制宜、精准施策，"贵"在彰显特色。通江达海的上海，既怀旧又新潮，既富东方神韵又不失国际风采。这里有吴越文化与西洋文化交织碰撞的沉淀，更有现代摩登与自然气息跳跃融合的结晶。绿色生态城区建设要准确把握不同城区的差异性、多样性，充分保留并发掘城区原有的历史风貌特色，有针对性地开展特色化绿色生态规划，推进百花齐放、各美其美的局面。

因地制宜、精准施策，"重"在精准精细。绿色生态城区建设要贯彻"人民城市"重要理念，综合考虑居住、工作、生活等各个方面，百姓的满意度、感受度才是检验城区建设成效的最好标尺。

因此，在绿色生态城区建设推进中，既要有"工匠"精神，又要下"绣花"功夫。地处交通枢纽的城区，可以最大化地发挥其交通便利的优势和特色，实现交通互联、设施共享；滨水而建的绿色城区，可以借鉴"一江一河"滨水公共空间开发建设经验，打造令人向往、有温度活力和文化底蕴的滨水生态空间。

1. "一马当先"之策

在绿色生态政策和标准探索推进方面，崇明生态岛、临港新片区等重点区域先试先行，实施了一系列领先举措，为区域内部和上海其他各区绿色生态城区建设提供了借鉴参考。

（1）崇明东平特色小镇——全面推进"生态+"战略

芦清水秀，飞鸟凌空。崇明岛地处长江与东海交汇之地，是我国第三大岛，占上海陆域面积近五分之一，是上海最为珍贵、不可替代、面向未来的生态战略空间。

2016年7月，崇明撤县设区。同年12月，上海市委、市政府出台了《崇明世界级生态岛发展"十三五"规划》（沪府发〔2016〕102号），明确要举全市之力推进崇明世界级生态岛建设。2019年，崇明生态岛积极响应上海市绿色生态城区推进要求，率先提出"1+3"的绿色生态城区建设目标，即生态岛全岛满足绿色生态城区要求，东平特色小镇、陈家镇实验国际生态社区、城桥镇东区单元作为三个典型代表区域，单独创建绿色生态城区试点项目。

作为"1+3"中率先创建的绿色生态城区项目，东平特色小镇与花博园毗邻，是2021年崇明花博会重要的配套服务区，也是崇明生态岛首个绿色生态城区项目。东平特色小镇的绿色生态建设与生态办博的花博园区相呼应，是世界级生态岛构建路径的探索区、东平国家级特色小镇建设的核心区、促进光明食品集团产业转型升级的重大战略地区（图5-7）。

东平特色小镇以"建设尊重自然肌理、彰显田园风貌、体现生态特色、实现可持续发展的世界美食品味目的地、光明品牌的传播地、创新引领的研发地、田园村居的回归地"为绿色生态定位，布局了"食景+

图5-7　东平特色小镇花博会配套项目（水上会议中心+花博村）

商业休闲功能、食景+产业研发、食景+科研教育"三大核心功能，制定了"生态共生地、食品实验室、健康生活馆"三大绿色生态发展目标和"生态网络营造、资源集约利用、生态循环经济、复合功能发展、阡陌交通纵横、城乡生活融合"六大实施策略。

规划挖掘本底生态资源，促进全岛展区联动、功能联动与游线联动，聚焦生态环境品质提升，打造了"六纵四横，蓝绿交织"的生态廊道系统。

（2）临港新片区绿色生态先行示范区——生态宜居之城

2019年8月，中国（上海）自由贸易试验区临港新片区挂牌成立。三年多以来，在上海市委、市政府的坚强领导下，临港新片区始终以"起步就是冲刺，开局就是决战"的精神，准确把握城市软实力的基本内涵和特点，以弘扬城市精神和城市品格为价值引领，以"生态、生产、生活"融合发展为工作导向，努力把绿色生态、优质环境塑造成为城市软实力的重要标识，全力建设人与自然和谐共生的高品质生态宜居之城。

临港新片区绿色生态先行示范区位于主城区，北连滴水湖，南邻顶尖科学家地区，内有80米环湖景观带、二环城市公园和春花秋色公园，沿湖风光优美，生态资源优越。作为新片区首个绿色生态城区项目，绿色生态先行示范区积极响应"双碳"目标及新城高水平规划建设要求，以打造"绿色低碳新起点、未来前沿新高地、复合畅达新标杆、韧性发展新引擎"的绿色生态示范圈"四新"名片为愿景，重点开展高星级绿色建筑、超低能耗建筑、装配式建筑、智能建造、海绵城市、综合管廊、立体绿化等多类型的低碳技术示范（图5-8）。

新建建筑100%达到二星级及以上绿色建筑标准，打造装配式建筑、超低能耗建筑、智能建造示范；鼓励应用BIM技术，实现建筑信息化集成管理；合理布局分布式能源系统，实现区域能源供应侧开源。以年径流总量控制率75%为总目标，因地制宜地进行海绵城市建设，充分发挥绿地与水系的生态服务功能，增强对雨洪灾害的适应性。水芸路和云鹃

图 5-8　临港新片区绿色生态先行示范区实景图

路综合管廊工程，采用大规模预制拼装技术，设有综合舱和燃气舱，纳管类型包括电力、通信、给水、污水、燃气、预留管等。

土地资源集约利用，地下空间整合开发。集中、连片、连通开发地下空间，提高使用和通行效率；地下功能以停车为主，兼有商业功能，实现对周边人群的吸引和竖向交通的疏散功能。

2."百花齐放"之策

《上海市城市总体规划（2017—2035 年）》（简称为"上海 2035"）中的上海定位为一座功能、形态、神韵、空间、景观、地域人文多样的城市，孕育其中的绿色生态城区也呈现出多元化特色。

从目前开展的实践来看，上海的绿色生态城区可分为生态优先类、枢纽便利类、商务产业类、历史更新类、滨江文化类、旅游主导类、产城融合类等不同类型，并形成了各自的特色化发展方向（表 5-2）。

不同类别的绿色生态城区代表及特色化发展方向　　　　　　　　　　表 5-2

"上海 2035"区域/功能定位	城区类别	绿色生态城区代表项目	特色化发展方向
世界级生态岛	生态优先类	崇明东平特色小镇	生态景观、生物多样性示范
长三角交通枢纽	枢纽便利类	虹桥商务区核心区、虹桥商务区机场东片区	立体交通示范
高品质商务集聚区	商务产业类	临港新片区绿色生态先行示范区、松江新城国际生态商务核心区、前滩国际商务区、市北高新园区、市西软件园	绿色建筑示范、智能管理与平台建设
历史风貌保护区	历史更新类	黄浦董家渡、北外滩地区	建筑更新改造与生态功能优化
世界级滨水文化带	滨江文化类	徐汇西岸传媒港和西岸智慧谷、杨浦滨江南段	创意文化打造
丰富独特的旅游体验	旅游主导类	奉贤"上海之鱼"	碳汇景观、公园示范
品质人居	产城融合类	张江科学城国际社区起步区、嘉定封浜新镇、七宝九星地区东块、新顾城、桃浦智创城	15 分钟生活圈

（1）前滩国际商务区——"互联网 +"的智慧城区

　　前滩国际商务区规划总用地面积约 2.83 平方公里，范围东至济阳路，南至中环线（华夏西路），西至黄浦江，北至川杨河。随着一幢幢办公大楼拔地而起，大量商业和生活配套设施的建设以及景观极佳的滨江公园和大片绿地的融入，前滩将成为一个既适合工作、也适合居住的绿色生态城区（图 5-9）。

　　前滩国际商务区现已初步建成创新性的"互联网 + 智慧前滩"的智慧服务体系，包括了面向内部管理控制的"BIM 综合管理平台"和面向便民服务的"公众服务平台"，建成园区光纤承载网、通信基站、Wi-Fi 基站、数据中心、监控中心等一批基础设施。

图 5-9 前滩国际商务区实景

"BIM 综合管理平台"使用 GIS、BIM 技术制作整个前滩地区三维模型，范围涉及道路、地块、建筑以及市政设施，包含租赁管理、水质监测、空气监测、噪声监测、视频监控、应急响应等功能。"公众服务平台"以"互联网+"为理念，通过政务、园区、商业服务的组合，打造适度超前的服务应用，为前滩居民提供高水平的服务体验。

在浦东新区成立 30 周年之际，前滩商务区作为金色中环发展带的重点地区之一，承接新使命再出发，加快推进高水平改革，开放打造社会主义现代化建设引领区。引导公交优先，提高公交出行比例；优先建设公建配套设施、激活楔形绿地等生态资源，充分展示金色中环高品质环境；结合智能新型基础设施建设，完善智慧城市应用场景，提升城市精细化管理水平。

（2）奉贤"上海之鱼"——浮出水面的城市文化客厅

"上海之鱼"位于奉贤新城中心区域，规划总面积 2.53 平方公里，东至金汇港，南至浦南运河，西至金海路，北至航南公路。"上海之鱼"

通过大地雕塑，开凿鱼形水域"金海湖"，串联与其相邻的金汇港和浦南运河，规划建设以水为乐，打造集居住生活、商务办公、商业会展、旅游度假、休闲娱乐于一体的生态型主题国际社区。

规划通过布局公共服务、文化、休闲、娱乐等功能，营造多样化的公共活动场所，提升景观吸引力，增强"上海之鱼"活力，建设"公共服务活力核"。通过采用低影响开发措施，建设海绵城市，提升生态环境品质，建设"水绿生态先行区"；通过构建品质交通网络，建设绿色建筑，集约高效利用能源资源，打造健康、智慧的新地标，建设"低碳宜居时尚城"。

"上海之鱼"区域以广袤的绿地为基底，相继建成年丰、泡泡、雕塑艺术、青年艺术等一系列公园。年丰公园的一方沙池，是孩子们的最爱；泡泡公园集观光旅游、生态休闲、花艺体验、儿童拓展、滨水漫步等多种功能于一体，趣味十足；雕塑艺术公园与青年艺术公园则是艺术展览、摄影采风、户外演艺、艺术集市的最佳载体。2019"上海之鱼"国际公共艺术双年展以雕塑艺术公园作为主展区，延展至区域内其他三个公园，中外艺术家的创意创造，与"上海之鱼"各美其美、美美与共。

通过植入和叠加公共服务功能，实施"公园+"，推动全面功能融合、激发城市活力；同时不断丰富"公园+"内涵，在锚固生态网络空间的基础上，彰显奉贤地域特色文化（图5-10）。

图5-10 "上海之鱼"实景

3."持之以恒"之策

2010年1月《上海市虹桥商务区管理办法》发布,提出"鼓励虹桥商务区通过低碳经济发展方式,建设成为低碳商务区域"。作为目前唯一已全面建成并投入运营的绿色生态城区项目,虹桥商务区始终坚持"最低碳"的发展特色,高起点规划引领,高标准开发建设,在绿色低碳建设方面取得明显成效,以"一张蓝图干到底"的恒心,走出了全过程实施落地的"虹桥模式"。

2011年,虹桥商务区成为上海市首批低碳发展实践区;2014年,被住房和城乡建设部批准为国家绿色生态示范城区;2017年,经市发展改革委验收,升级为上海市低碳发展示范区;2018年,虹桥商务区核心区获评为全国首个三星级国家绿色生态运行城区,在国内甚至国际上都起到示范效应(图5-11)。

虹桥商务区的绿色低碳建设可谓亮点突出、精彩纷呈:土地混合利用,功能复合开发,高效利用地下空间,集约节约使用土地;已投入运行的区域"三联供"集中供能系统每年节能量达到2万多吨标准煤;核心区

图5-11 虹桥商务区核心区

屋顶绿化面积占比 50% 以上，成为商务区的"第五立面"；立体分层、便捷宜人的复合慢行交通体系成线成网；四大绿地、生态水系、"口袋公园"串起商务区绿色生态走廊。

其中，绿色建筑项目是绿色生态城区建设的重要环节，贯穿于虹桥商务区规划设计、施工管控和运行管理全过程。首先在控制性详细规划相关文件中明确绿色建筑建设目标要求，在设计阶段率先开展绿色建筑专项审查，为商务区绿色建筑的高质量发展打下了基础。

虹桥商务区核心区内全部建筑均按照绿色建筑要求进行设计，其中二星级项目占比 41.9%；三星级项目占比 58.1%。为了确保规划设计中采用的相关绿色技术能够在工程实践中落实，施工阶段和竣工验收阶段均进行过程监管，保证已确认的规划设计技术能够在项目实践中落地。

自 2016 年起，虹桥商务区确定了"重设计更重运行"的绿色建设目标。经过管理部门、业主单位和技术咨询单位的不断耕耘和努力，商务区共 14 个项目获得绿色建筑运行标识，其中二星级占比为 39.2%，三星级占比为 60.8%，占区域内绿色建筑标识的面积比例为 22.9%，为商务区的绿色建筑运行提供项目支撑（图 5-12）。

为了更好地体现虹桥商务区低碳建设成效，商务区共规划建设五个区域集中能源中心，截至 2021 年 12 月，已完成区域总计 42 个街坊中的 35 个街坊接入能源中心，接入用能面积达到 297 余万平方米，占区域总用能面积的 85%，"三联供"系统的综合利用效率达到 80% 以上，相比传统供能方式，二氧化碳排放量减少 36%，每年为虹桥国际中央商务区节省标准煤近 3 万吨，二氧化碳减排超过 8 万吨，氮氧化物超过 200 吨（图 5-13）。

屋顶绿化也是虹桥商务区的一大特色，鼓励核心区建筑采用屋顶绿化形式，特别是种植乔灌木以提升景观效果。项目在送审建设项目配套绿化方案时，同时要求附有屋顶绿化设计方案，积极引种适应性强的新品种，保证草坪式、组合式、花园式等各种屋顶绿化形式得以系统应用。截至 2018 年底，虹桥商务区核心区各类建筑实施屋顶绿化面积累计约 18.74 万平方米，占核心区总建筑屋面面积的 50% 左右。从建成效果来看，屋

图 5-12　商务区绿色建筑运行项目实景图

图 5-13　虹桥商务区集中供能 1 号、2 号能源站

顶绿化风格多元，生态效益日益显现，图 5-14 为部分项目屋顶绿化实景。

以虹桥冠捷和绿谷等为代表的核心区楼宇项目，大量的绿化面积、独特的形象设计、先进的绿色理念均受到入驻企业好评。采访时，部分企业员工表示："实施屋顶绿化后，既大大节约了有限的土地资源，为员工提供了休憩娱乐场所，更提升了生态环境质量，增加了飞机起升降落时的观感效果，形成了虹桥商务区的第五立面，也为商务区的雨水调蓄、节能减碳起到了良好的效果。"

"街区是适合漫步的"这是未来上海打造人文城市的重要一环，同样也是虹桥商务区城市规划和建设的一条重要标准。

核心区以"可达性、舒适性、换乘便利性"为原则，结合滨河步行通道和轨道交通车站步行通道等设施，在交通功能核心、轨道交通车站、公共活动中心、主要绿地广场之间建立有机联系，以地面步行道系统贯穿于整个核心区一期为基础，由二层步廊和地下通道构成的立体分层步

图 5-14 虹桥商务区屋顶绿化实景

行网络连接起核心区各个地块、街坊，形成立体、复合、多元化的公共活动空间系统。

行人可以借助空中廊道和地下通道，快速、便捷地穿梭在各个楼宇之间，提高出行速度的同时免受日晒雨淋。地下通道和空中步廊全部贯通后，从虹桥天地等楼宇可以经由空中步廊、地下通道西至国家会展中心，东至虹桥枢纽，实现虹桥商务区东西向两大功能项目的连通，提升整个通行系统的便利性和可达性（图5-15）。

经统计分析，虹桥商务区已获得绿色建筑运行标识的项目在运行期间节能效益十分显著。三星级绿色建筑项目每年每平方米平均能耗约为16.6千克标煤，较《商务办公建筑合理用能指南》DB31/T 1341-2021中的先进值要求降低24.5%；绿色二星项目每年每平方米平均能耗平均约为20.6千克标煤，较《商务办公建筑合理用能指南》DB31/T 1341-

图 5-15　商务区二层步廊和地下通道实景

2021 中的先进值要求降低 6.4%。

通过对商务区核心区重点区域（3.7 平方公里）开展碳排放计算可知，核心区重点区域每年碳排放量约为 60.06 万吨二氧化碳，其中每年碳汇消除量为 53.42 吨二氧化碳。相较于同类商务区 2005 年的碳排放水平，商务区核心区重点区域单位面积碳排放减碳比达到 58.35%。

第三节
Part 3

城市更新，创新实践
Urban Renewal, Innovation Practice

随着城镇化程度的提高，在资源紧约束的发展背景下，城市更新的重要性日益凸显。《上海市绿色建筑"十四五"规划》文件中明确要求更是要创建五项以上的更新城区。推进既有城区低碳绿色转变已成为当前城建发展中面临的重要课题之一。

2021年9月出台的《上海市城市更新条例》中，"城市更新"是指本市建成区内开展持续改善城市空间形态和功能的活动，并明确更新城区要按照绿色生态城区建设，指出："按照规定进行绿色建筑建设和既有建筑绿色改造，发挥绿色建筑集约发展效应，打造绿色生态城区。"

这里提到的更新城区概念，其第一次正式提出还要追溯到2018年1月发布的上海市工程建设规范《绿色生态城区评价标准》DG/TJ 08-2253-2018。更新城区指的是《上海市城市更新实施办法》划定的更新单元，考虑到旧区改造或城市更新的推进难度，用地规模不宜过大，故按照功能完善的最低要求来确定用地规模，不宜小于0.5平方公里。至此，更新城区的区域范围就明确下来了。

更新类绿色城区在已开发地区上进行再开发，通过具体功能提升，确保职住平衡，保障一定的绿地率以给居民提供良好的绿化空间。对于新增公园，以节约型绿地理念建设，包括海绵设施、节水灌溉等的采用。强调既有建筑的绿色改造，让建筑更加舒适和节能。此外，还倡导合理评估更新城区的可再生能源和非传统水源资源禀赋，在技术经济合理的情况下进行适当应用。

本节旨在回顾上海更新城区的绿色生态发展，包括政策标准的导向、滨江公共空间和配套服务、工业区的转型升级、历史风貌的传承保护，以"绿色之器"推动区域整体功能和品质的提升，闯出一条海派特色的既有城区绿色更新之路。

1. 杨浦滨江描摹"人民城市"幸福画卷

百年前,这里孕育了近代中国第一批民族工业,被联合国称为"世界仅存的最大滨江工业带"。百年后,机器轰鸣声被在线新经济园的键盘敲击声、市民游玩和健身的欢笑声所取代,"工业锈带"变成了"生活秀带"。

上海滨江两岸经历了世界博览会、城市更新大事件推动,功能定位上有了很大的提升,成为"上海2035"城市总体规划中承载全球城市核心功能的重要区域。在这其中,杨浦滨江无疑是重要的范例(图 5-16)。

2019 年 11 月 2 日,习近平总书记考察上海时,在杨浦滨江提出"人民城市人民建,人民城市为人民"的重要理念,同时指出,无论是城市规划还是城市建设,无论是新城区建设还是老城区改造,都要坚持以人民为中心,聚焦人民群众的需求,合理安排生产、生活、生态空间,走内涵式、集约型、绿色化的高质量发展路子,努力创造宜业、宜居、宜乐、宜游的良好环境,让人民有更多获得感,为人民创造更加幸福的美好生活。

图 5-16 杨浦滨江的"人民城市"景观

杨浦滨江南段地处杨浦区南端，黄浦江北岸，位于上海"黄金水道"的前走廊，东连复兴岛，西邻北外滩，与陆家嘴隔江相望。杨浦滨江南段包括核心区和协调区两大区块。作为目前黄浦江中心段尚待综合开发的重点区域之一，杨浦滨江南段的开发建设对优化城市空间布局、加快杨浦"老工业区"转型升级具有重要意义。

（1）滨水节点

1869年，黄浦江江堤上修筑的杨树浦路，拉开了杨浦百年工业文明的序幕，纱厂、船厂、电厂、煤气厂、制皂厂等应运而生。之后的一百多年，沿江密布的工厂、仓库、码头，创造了许多民族工业之最。20世纪八九十年代，城市转型发展，产业结构调整，杨浦滨江老厂开始纷纷关停，上海中心城区老工业退场，新型滨水空间启动再造。

2017年10月，杨浦大桥以西至秦皇岛码头2.8公里岸线贯通，2019年9月，杨浦滨江南段大桥以东2.7公里公共空间开放。至此，杨浦滨江南段5.5公里全部打通，"世界仅存最大滨江工业带"重获新生。

杨浦滨江是黄浦江"十二五"规划期间转型发展的重点地区，也是杨浦区国家创新型试点城区建设的重要空间载体。为了科学推动杨浦滨江地区功能产业的转型发展，重塑空间环境，上海市规划和土地管理局、杨浦区政府根据上海市委、市政府对黄浦江两岸综合开发的总体要求，针对杨浦滨江地区开展了一系列规划研究工作。自2010年至今，先后完成了城市设计国际方案征集、规划实施评估以及功能、风貌、交通、岸线、空间五项专题研究，并在此基础上开展城市设计深化和控制性详细规划的修编工作。2021年12月15日《上海市杨浦区滨江南段控制性详细规划平凉、定海社区局部街坊调整（YP-15-Ⅱ等风貌保护街坊保护规划）（公众参与规划草案）》公示。

2020年5月，杨浦滨江南段收到杨浦区人民政府关于同意《杨浦滨江南段绿色生态专业规划》的批复，紧接着在8月通过技术审查，成为第一个获得上海市绿色生态城区试点（三星级）的更新类城区项目（图5-17）。

图 5-17　杨浦滨江如今的景象

（2）创新规划

杨浦滨江南段以"世界级滨水生态岸"绿色生态定位，打造城市更新示范地、构筑滨水生态会客厅、建设后工业绿色创新带，进一步优化城市空间布局、加快杨浦"老工业区"转型升级、变"工业锈带"为"生活秀带"，指导城区在绿色生态规划、低碳有序建设、创新精细管理等方面的先行先试，发挥重要的示范引领作用，进一步彰显"人民城市"宜居魅力，增强"人民城市"发展动力，提升"人民城市"治理能力。

首先聚焦前沿产业，促进从工业城区向服务型城区成功转型；推进组团内部功能之间、建筑与建筑之间功能的复合共享，提供丰富、高品质的公共服务，建设复合型绿色生态城区。在社区有机更新方面，实施全方位措施对老旧小区进行改造，通过循序渐进的方式对城区进行"小而美"的更新，以此来唤醒城市深厚的文化记忆，创造有地域特色和归属感的社区空间新形态。

在工业遗存保护方面，杨浦滨江确立了"以工业传承为核"的设计理念，实现工业遗存再利用、路径线索新整合、原生景观重修复、城市更新催化剂。在这里的南段岸线上，有着一大批极具特色的百年工业遗存，规划保护保留总计 66 幢历史建筑，总建筑面积达 26.2 万平方米。这些重要的历史遗存特色鲜明、保存良好，赋予了杨浦滨江独特的空间特征，已成为杨浦滨江的名片，也是杨浦滨江在后续综合开发过程中必须重点加以保护和开发利用的宝贵财富（图 5-18）。

在滨江节点打造方面，"以创新的方式再现历史古迹，并结合精美的细节，将城市与滨水区重新连接起来"——"2020 年度景观大奖"胜在于此。漫步在杨浦滨江，随处可见设计师的"巧思"，水管状的路灯、装了仪表盘的长条凳、工业装置模样的垃圾桶、工厂当年的钢质拴船桩……既把工业历史保护好，又使传统与当下交相辉映，让每一个来到杨浦滨江的人，都能够阅读这样的滨江，感受这片充满历史韵味、城市肌理的滨江。

在生态空间营造和生物多样性方面，完善绿化体系、提升景观品质、连通公共空间，为生物的多样性创造生态空间环境。杨浦区滨江办常务副主任左卫东说，这里能观察到 30 多种鸟类，包括在市区非常罕见的伯

图 5-18　绿之丘（原烟草公司机修仓库）

劳鸟，这里独特的滩涂资源每年11月会吸引包括从贝加尔湖飞来越冬的多种鸟类。杨浦滨江的生态除了看绿化面积和绿色建筑有多少，还要看鸟儿愿不愿意来。目前杨浦滨江正与复旦大学生物研究所合作，建立"鸟类指数"，公共空间生物多样性调查和评估也在合作展开。

在资源集约利用方面，合理利用可再生能源，并推进新建建筑、既有建筑和市政基础设施的节能措施，减少常规能源需求，通过区域能源系统建立、建筑垃圾资源化利用提高资源利用效率，实现资源的低碳、高效利用。能源上合理利用太阳能，并试点应用新的可再生能源技术，设置分布式热电冷"三联供"系统，并通过智慧能源管理系统实现供应侧和需求侧能源响应。

（3）活力画卷

正如习近平总书记所说，像对待"老人"一样尊重和善待城市中的老建筑，保留城市历史文化记忆，让人们记得住历史、记得住乡愁。如今的杨浦滨江放眼望去，一座座沉睡的老厂房、旧仓库焕发新生，成为党群服务站、时尚秀场、展览馆。

"杨浦滨江原来只有厂房和仓库。"今年91岁高龄的全国劳模、"七一勋章"获得者黄宝妹在杨浦滨江工作生活了大半辈子。如今，她工作过的上海市国棉十七厂，成了游人如织的上海国际时尚中心；当年的糖仓如今是滨江的地标性公共空间；百年"祥泰木行"改建成了"人民城市"建设规划展示馆；原烟草公司机修仓库，如今转型为"绿之丘"，正成为一系列亲子活动的举办地。在杨浦滨江范围内，像这样别具匠心地被保留下来的工业遗存还有很多，它们不仅仅是城市更新的创新实践，更承载着人民群众对高品质公共空间的向往。

最近在滨江南段，一条以保护滩涂湿地和野生动物为主题的杨浦滨江"动植物游览线路"刚刚开发，这是杨浦滨江正在创建的上海市"公园城市先行示范区"。滨江游艇码头正在加紧建设，上海船厂、杨浦大桥和国际时尚中心、复兴岛等区域形成水岸联动的新旅游线路，杨浦滨江正全力创建"全域旅游特色示范区"。

未来的杨浦滨江，将成为"人民城市"建设示范区，打造黄浦江北岸链接全球的"主节点"，杨浦区"五型经济"发展的"新王牌"成为科技创新的高地、城市更新的典范、社会治理的样板，更是上海滨水岸线上最闪亮的"世界级城市会客厅"。不忘嘱托，不负期许——到2025年，杨浦滨江将基本建成"人民城市"建设示范区，打造成为黄浦江北岸链接全球的"主节点"！

2. 桃浦智创城实现工业基地绿色突围

随着"后工业化时代"的到来，中心城区越来越多的老工业区产业结构不合理、创新能力不强、生态环境破坏、缺乏发展动力等的问题日益凸显，急需寻找一条绿色突围之路。这方面，位于普陀腹地的桃浦老工业基地，从功能升级、产业转型、生态提升等方面作了极具特色的创新实践。

"今年上海持续40度的高温酷暑，大楼两旁高耸的树木为我们提供了遮蔽处，行走在园区中，穿堂的风也送来一阵阵凉意。同时，园区高低错落的楼宇以及充满创意的屋顶绿化，与两侧建筑相得益彰，让人觉得绿意葱葱。"

——某企业员工入驻桃浦后的环境感受

桃浦智创城位于上海市普陀区西北部的桃浦镇境内，曾经是具有40多年历史的老工业基地。在绿色城区建设过程中，践行以绿色生态思想为主导的兼容并蓄的生态理念，把城市、建筑与生命串联在一起，营造可持续发展的城市、城市空间、城市文化，塑造城区核心竞争力和吸引城市人才，成为桃浦发展的不二选择。

（1）工业遗产

普陀桃浦，曾是上海首批化工工业区之一，1954年开始的工业建设成就了其经济发展。这里曾经诞生过很多老上海人耳熟能详的知名品牌，比如英雄金笔、凤凰毛毯、白象电池、蜂花檀香皂等。

2012年，上海市委、市政府作出加快推进桃浦转型发展的决策部署，此后桃浦地区每年都被列为全市重点转型发展的地区之一，并形成了由市政府分管领导牵头的市区联动推动机制，桃浦也随之进入了加速转型期。

2013年后，桃浦地区先后关闭31家大型停车场，调整1000多家物流企业、近500家仓储企业，产业调整直接改变了桃浦的交通状况。借着这股"东风"，桃浦腾地工作进入了快速推进阶段。2017年9月，桃浦正式更名为"桃浦智创城"，开启了从"制造"向"智造"转变的全新征途。

普陀区认真贯彻落实上海市委、市政府决策部署，以"创新、协调、绿色、开放、共享"的发展理念为引领，全力以赴推动桃浦智创城建设。桃浦以前粗放式的发展给环境带来了沉重代价，此次转型桃浦瞄准国际最高标准、最高水平，对黄浦江两岸进行开发建设，通过产城深度融合，实现老工业基地到绿色生态城区的脱胎换骨式跨越，努力打造上海中心城区转型升级的示范区、上海科技创新中心重要承载区之一。

2015年底，桃浦智创城启动绿色生态城区相关工作，并于次年5月形成《桃浦科技智慧城绿色生态规划方案》。2019年1月，桃浦智创城获得普陀区人民政府关于同意《桃浦智创城绿色生态专业规划》的批复。2019年5月，成为第一个获得上海市绿色生态城区试点（三星级）的城区项目（图5-19）。

（2）创新规划

桃浦智创城的总体规划对标国际一流城市中心城区标准、"上海2035"城市总体规划，对照《加快推进桃浦地区转型发展行动计划》要

图 5-19　桃浦智创城现状实景

求，统筹生产、生活、生态三大布局，融入"低碳绿色生态、城市设计人性化、产城深度融合"等理念，体现了"小尺度、高密度、人性化、高贴线率"的设计要求，确定了"一轴、一心、两带、多街区"的功能结构。桃浦智创城在生态规划与建设实施上重重发力，提出多项策略推进城市老工业区向绿色生态城区转型建设。

首先是产业功能定位转型调整。老工业基地转型升级，需要解决的就是产业转型问题，腾出发展空间是基础性工作。现状产业能级低、布局散乱，与中心城区产业发展战略方向不匹配。根据桃浦智创城围绕"国际创新城"定位，加快从老工业基地到绿色生态城区的脱胎换骨式转型，努力打造中心城区转型升级的示范区、上海科创中心重要承载区。转型后的桃浦智创城以高效的贴心服务让入驻企业倍感安心。舒适的办公环境、务实的人才政策、超高的办事效率、秉持着"金牌店小二"服务精神，让这个绿色新城由内到外散发着生机。

其次，在用地布局方面，特色鲜明，实行多元复合开发。以人为本、具有"密、窄、弯"特征的道路网络，路网密度高达 12.64 千米/平方公里。采用产城融合布局、空间共享等理念,核心区、街区中心广场以多层次深度功能复合为主,强调商业、办公、居住等城市主要功能的复合,以及文化、医疗、体育、卫生、养老、社区服务等公共服务配套设施的完善配备,满足一般城市生活的需求,形成融合生活、工作、休闲娱乐等功能的复合城区。同时打造活力核心、节点、网络共同形成的连续活力界面,水平用地混合和垂直建筑功能混合,鼓励小地块开发,便于地块深度复合、有机更新。

随后,在生态环境上营造绿色网络,构建多层次的公园体系,以占地面积100公顷的开放式绿地为核心,在街区内部建设适宜休憩的"口袋公园",满足不同人群的活动需求。精心打造最美中央绿地,核心区内面积约50公顷,未来沪嘉北区域再规划50公顷进行一体设计和实施,有望成为上海中心城区最大的开放式绿地(图5-20)。

新建建筑全部执行二星及以上级绿色建筑标准,三星级比例达到

图5-20 桃浦智创城中央绿地

20%，学校全部按照绿色校园标准建设。在居住和生活上打造绿色健康的空间。公共空间方面，步行五分钟即达范围占地区 95% 以上，公共空间密度达 10 个/平方公里，核心区达 18 个/平方公里。

在资源集约利用方面，推动能源设施共建共享、非传统水源规模化应用和固废循环利用，核心区内一半以上的新建建筑执行低能耗标准。设置四个能源站，提升能源利用效率。

3．北外滩地区打造世界级滨水示范区

都说建筑是凝固的音乐，那么历史建筑、历史风貌区更是能体现上海这座多元文化、海派风貌的城市乐章。上海虹口区的北外滩地区，拥有提篮桥监狱、犹太人纪念馆、白马咖啡馆等著名历史建筑，在上海地图上是独一无二的存在。

"今天我们相聚在北外滩，可能有媒体朋友就会问：'这是一个什么样的地方？'我想就从这个问题出发，与大家一起探讨三个问题：北外滩在哪里？它从哪里来？又将到哪里去？"

——时任虹口区区委书记 吴信宝

北外滩所在的区位优势，无可比拟。苏州河、黄浦江——一江一河，是上海这座城市的根与魂，涵养了文化、孕育了文明、推动了发展。北外滩恰好位于苏州河和黄浦江交汇处，其优势可与世界上很多大城市的水岸空间相媲美。作为黄浦江核心段唯一具有可成片规划和大规模深度开发空间的区域，北外滩在新时期迎来新一轮发展机遇。

（1）文化宝地

北外滩所属的虹口区，素有"文化虹口"之称，是海派文化发祥地、先进文化策源地、文化名人聚集地。北外滩更是上海近代公共文化事业最发达的区域之一，有着厚重的历史底蕴与独特的文化底色。虹口的港口也曾经是上海解放前东亚的航运中心之一，那时候江水悠悠，汽笛声声，看十里港口，聚八方巨轮，吞吐海外货物，吸纳外来文明，以港兴市，推进了虹口的商业繁荣和文化发展。

2005年以来，北外滩陆续开展了多轮、多层次的规划编制研究。在产、城与人，传统与现代的融合发展中融入世界元素。以"复合紧凑、开放共享、包容互促、创新智慧"的规划理念，建设"窄马路、小街区"的以人为本的街区格局。同时，通过推进旧区改造，17个街坊打造低密度、高品质住宅，在保护历史风貌、保留城市肌理基础上引入新文化和新商业，助力北外滩成为世界级商圈，并联动虹口中部、北部发展。

2007年《虹口区四川社区02单元控制性详细规划》编制完成；2009年《虹口区北外滩社区控制性详细规划》编制完成。2011年起，控制性详细规划进入调整完善阶段。在上述规划的共同指导下，白玉兰广场、国客中心、国航中心等标志性项目建设完成，提篮桥风貌区和历史

建筑得到妥善保护。

北外滩在新一轮规划"世界级客厅"的过程中，充分尊重既有文化遗产，锚定高标准建设目标，采取了行之有效的一整套绿色生态规划策略，打造世界级的生态滨水示范区，通过绿色技术与城市更新的融合演绎独具特色的创新实践。

2021年6月《北外滩绿色生态专业规划》编制工作启动；10月25日北外滩拿到虹口区人民政府关于同意《北外滩绿色生态专业规划》的批复，12月22日通过技术审查并以最高分成为获得上海市绿色生态城区试点（三星级）的更新类城区项目（图5-21）。

（2）创新规划

北外滩的绿色生态规划以提篮桥、虹口港两个低层连绵区为主体，旨在延续历史形成的城市整体空间格局，深度呈现近现代历史肌理与内涵。

图5-21 北外滩沿岸

其中，提篮桥片区突出肌理致密有序、完整成片的格局特征，虹口港片区体现滨水开放、多元复合的空间特色。通过系统性的绿色生态总体规划编制指导北外滩地区绿色生态更新。在"新时代标志性工程、'四每'建筑（每一栋楼都是呼吸的、每一栋楼都是绿色的、每一栋楼都是通达的、每一栋楼都是智能的）、5G 全球创新港"等高标准要求的基础上，进一步提出"将北外滩打造成全球低碳示范水岸"的愿景，建设"高定位新发展理念低碳实践区、三星级绿色生态运营城区、全球绿色生态城市"这一目标。

北外滩地区共两个历史文化风貌区和 30 个风貌街坊，呈三片分布。虹口港片区历史特征明显，建筑质量较好、风貌价值较高；东长治路片区的局部建筑和里弄风貌价值较好；提篮桥片区的风貌街坊和风貌区连续成片，部分构件风貌价值较好。为确保延续海派历史城市风貌，不同区域分层次严格按照 2005 年获批的《上海市提篮桥历史文化风貌区保护规划》和《上海市外滩历史文化风貌区保护规划》执行。

为实现"建筑是可阅读的"，历史建筑如白马咖啡馆、中国证券博物馆、邮政大楼等北外滩独有的历史人文记忆与时光沉淀，均被悉心保留。坚持"一楼一档案，一弄一方案"，收藏好每一栋建筑的独特风貌，守护"里弄小巷石库门、滨江临河老建筑"的独特气韵，让"世界会客厅"充满浓厚的文化韵味（图 5-22）。

为实现北外滩会客厅目标，打造绿色更新前沿地，核心区新建区域全面落实绿色建筑，提升

图 5-22　白马咖啡馆

核心区高星级绿色建筑比例。整体达到新建高星级绿色建筑的面积占比不低于85%，核心区达到新建高星级绿色建筑占比100%。与绿色建筑星级同时纳入强制性要求的还有公共服务设施和基础教育设施，在100%落实建筑设计的基础上进一步提升节能15%的要求。

为更好建设高碳汇绿化环境，聚焦小尺度的绿化空间，规划合理配置乔灌草多层次高固碳本土植物，提升区域碳汇能力。在不影响历史建筑风貌基础上，鼓励各类建筑物和构筑物采用复合多元的垂直绿化和屋顶绿化增加绿化面积、改善屋顶墙面的保温隔热效果。

北外滩的一江一河一港，结合道路空间、亲水空间、景观小品、构筑物和生态种植等实现了更新改造，实现了滨水空间的焕然一新。通过滨水步道局部抬高提供丰富亲水空间，局部利用建筑和滨水步道创造公共休闲空间，增加场地亲水性。滨江段虹口港以东国客中心段和汇山码头段，尽管滨江岸线拥有较为开阔的活动腹地，活动空间充裕，但缺少丰富的景观空间和标志性景观小品，更新过程中通过丰富种植层次，营造富有变化的景观空间，设计标志性和呼应滨江景观的特色景观小品和构筑物，打造标志性的生态滨水绿廊。

在智慧城市方面，打造集研究、成果转化、应用于一体的5G产业链，鼓励企业创建实验室或5G创新中心。全面推进北外滩CIM平台建设，融合城市天际线分析、方案对比、片区总控、BIM单体项目管理等功能。完成北外滩数字底板建设，包括北外滩历史数据、现状数据、规划数据等。依照CIM平台标准体系，统一数据基准，搭建CIM平台数据框架。深化北外滩数字赋能成果，聚焦十大智慧场景，包括智慧医疗、智慧教育、智慧金融、智慧公安、智慧消防、智慧城管、智慧工地、智慧党建、智慧体育等，全方面渗透智慧生活，打造数字化北外滩。

第六章 Chapter 6

跨越——『双碳』命题拉动建筑能级与产业的提升

Leap Forward — "Carbon Peaking and Carbon Neutrality Proposition" Drives the Improvement of Building Industry

实现碳达峰、碳中和是我国着力解决资源环境约束突出问题、实现中华民族永续发展的必然选择，也是构建人类命运共同体的庄严承诺。党的二十大报告指出，要积极稳妥推进碳达峰碳中和。"十四五"期间，降低单位生产总值二氧化碳排放作为约束性指标纳入我国国民经济和社会发展总体规划。按照国家关于碳达峰、碳中和工作的总体部署和要求，上海市委、市政府于2022年7月先后印发了《中共上海市委 上海市人民政府关于完整准确全面贯彻新发展理念做好碳达峰碳中和工作的实施意见》（2022年7月6日）和《上海市碳达峰实施方案》（沪府发〔2022〕7号），明确了上海市碳达峰碳中和的顶层设计和总体部署。

城乡建设领域是国民经济碳排放的重点部门之一，建筑全过程碳排放已占到全社会排放总量的一半以上。其低碳转型是实现碳达峰、碳中和目标的关键一环，将对我国今后40年的社会经济发展产生巨大和深远的影响。

提升城乡建设绿色低碳发展质量，推进城乡建设和管理模式绿色低碳转型，是上海市城乡建设领域推进碳达峰、碳中和的主要路径。《城乡建设领域碳达峰行动》明确提出，大力发展节能低碳建筑，建立建筑全生命周期的能耗和碳排放约束机制；加快提升建筑能效水平，大力优化建筑用能结构，开展绿色低碳区域重点行动。

本章系统阐述了在"双碳"命题下，城乡建设领域如何立足新时代新阶段的新要求，实现考核重点从"节能"到"降碳"、建筑性能从"图纸"到"实效"、建设方式从"建造"到"智造"、规模尺度从"城区"到"新城"的四个"跨越"，更好地引领推动城乡建设的绿色转型，走出一条更有效率、更加高质量的城乡建设发展道路。

Achieving carbon peaking and carbon neutrality is an inevitable choice for China to focus on solving outstanding resource and environmental constraints and realize the sustainable development. It is also a solemn commitment to building a community with a shared future for mankind. Reports of the 20th National Congress of the Communist Party of China point out that we should actively and steadily promote carbon peaking and carbon neutrality goals. During the "14th Five-Year Plan" period, reducing carbon dioxide emissions per unit of GDP will be incorporated into the country's overall national economic and social development plan as binding indicators. In accordance with the country's overall deployment and requirements for carbon peaking and carbon neutrality, the Shanghai Municipal Party Committee and the Municipal Government successively issued in July 2022 the "Shanghai Municipal Guidelines on the city's work to achieve carbon peaking and carbon neutrality goals under the new development philosophy" (July 6, 2022) and "Shanghai Carbon Peak Implementation Plan" (Shanghai Government [2022] No. 7), clarified the top-level design and overall deployment of Shanghai carbon peaking and carbon neutrality.

Urban and rural construction is one of the key sectors of the national economy carbon emissions, and the carbon emissions of the entire construction process have accounted for more than half of the total emissions of the whole society. Its low-carbon transformation is a key part of achieving carbon peaking and carbon neutrality, and will have a huge and far-reaching impact on China's social and economic development in the next 40 years.

Improving the quality of green and low-carbon development of urban and rural construction, and promoting the green and low-carbon transformation of urban and rural construction and management models are the main paths for promoting carbon peaking and carbon neutrality in the field of urban and rural construction in Shanghai. The "Carbon Peaking Action in the Field of Urban and Rural Construction" clearly proposes to vigorously develop energy-saving and low-carbon buildings, and establish a constraint mechanism for energy consumption and carbon emissions throughout the life cycle of buildings, accelerate the improvement of building energy efficiency, vigorously optimize the building energy structure, and carry out key actions in green and low-carbon regions.

This chapter systematically expounds how to meet the new requirements of the new era and new stage, and to realize the assessment focus from "energy saving" to "low carbon", the building performance from "drawing" to "actual effect", the construction method from "construction" to "intelligent construction" and the construction scale from "town" to "city", to better lead and promote the green transformation of urban and rural construction, and embark on a more efficient and high-quality development path for urban and rural construction.

第一节
Part 1

从"节能"到"降碳"
From "Energy Saving" to "Low Carbon"

1. 上海市建筑领域碳达峰的思考

建筑是实现"双碳"目标的重要战略部门。随着经济社会的发展和人民生活水平的提高，建筑领域的能源消费和碳排放总体呈逐年递增趋势，已成为全社会能源消费与碳排放的重要组成部分。

根据《中国建筑能耗研究报告（2020）》，我国建筑碳排放总量整体呈现逐年增长趋势。以2019年为例，我国建筑行业运行碳排放约为21亿吨二氧化碳，占全社会排放总量的21.9%[1]。伴随城镇化和经济水平的不断提升，建筑行业的运行碳排放比重将越来越大。建筑行业如何在不影响人居环境品质的前提下实现深度碳减排和高质量发展，无疑已成为我国应对气候变化的重要议题。

（1）建筑领域碳排放现状特征

建筑领域二氧化碳排放主要指建筑运行碳排放和施工碳排放，包括直接排放和间接排放，直接排放是建筑使用的天然气、液化石油气等化石能源消费产生的排放，间接排放是建筑使用的电力和热力产生的排放。

"十二五"以来，上海市民用建筑面积规模呈现持续快速增长的态势。统计数据表明[2]，2019年上海市民用建筑面积达11亿平方米，其中居住建筑面积约7亿平方米，公共建筑面积4亿平方米，较2015年分别增加了11%和32%。

从建筑碳排放的数据来看，整体上升的趋势也很明显。2019年上海市民用建筑碳排放总量已超过3900万吨，其中公共建筑碳排放占比达到55%。公共建筑以36%的面积占比贡献了55%的碳排放量，其单位建筑面积的碳排放量为居住建筑的2倍多。

从能源品种来看，建筑领域碳排放主要来自电力间接排放。"十三五"期间，民用建筑电气化率在不断提高，油品及其他能源的使用逐步被电和天

---

1 中国建筑节能协会. 中国建筑能耗研究报告（2020）[Z].
2 数据来源于上海市统计局官网（https://tjj.sh.gov.cn/）。

然气取代，直接碳排放量逐年减少，电力间接碳排放占比由 2015 年的 70% 上升到 2019 年的 78%。

（2）建筑领域碳排放发展趋势

上海市建筑领域在城市建设持续高速发展的前提下实现碳达峰，并努力保持达峰后碳排放稳中有降，将面临诸多挑战。

首先，建筑规模总量不断攀升将导致碳排放量刚性增长。根据"上海2035"城市总体规划，未来甲级商务办公建筑规模将达到历史新高度，具有全球影响力的文体建筑数量将急剧增加，高端数据中心（IDC）建设达到规模化应用，社区性文化教育设施实现全年龄段公共服务，医院建设规模将实现快速发展。随着五个新城、临港新片区、长三角一体化示范区等重点区域的城市开发建设，城市建筑规模还将迅速增加，民用建筑碳排放量仍将刚性上涨。在全市产业结构持续优化的背景下，建筑领域的碳排放占比还将进一步提升。如何合理控制土地开发和建设、确保城市建设规模的有序发展，同时将低碳理念落实到建筑建造、运行、维护各个环节，走出一条不同于发达国家的建筑高质量发展路径，是摆在我们面前的严峻挑战。

其次，随着生活水平的提高，居民生活碳排放还将较快增长。2019年上海市人均用电量为 1010 千瓦时，户均天然气用量为 220 立方米[1]。随着人民群众对居住环境品质改善的需求提升，家用电器如洗碗机、烘干机的保有量还将增加，住宅用电量预计还会大幅上升。从天然气消耗来看，上海居民燃气用能主要用于炊事、生活热水，但还有小部分采暖需求。从过去十年的发展规律来看，全市天然气用户数呈线性增长，户均用气量总体也呈上涨趋势。综合以上两方面因素，上海居住建筑总体碳排放将较快增长。

自"十二五"以来，上海市大力推动高耗能公共建筑节能改造，不断优化建筑节能监测和管理模式，取得了积极效果。综合考虑节能减碳工作效益和民生需求品质提

---

[1] 数据来源于上海市统计局官网（https://tjj.sh.gov.cn/）。

升的共同作用，可以推测公共建筑碳排放总量将随着建筑规模线性上涨。此外，随着液化石油气逐步被天然气取代，同时锅炉改造等进一步助推了电气化率的提升，电力间接碳排放已达到公共建筑碳排放总量的85%。为最终实现碳中和目标，鼓励公共建筑进一步提高电气化率，如以热泵热水器替代燃气锅炉、集中供应蒸汽改为小型分散式电热蒸汽发生器等，不断优化能源结构，降低直接碳排放量。

基于上海市民用建筑碳排放现状分析和发展趋势的研判，在保障城市建设高质量发展和市民高品质生活空间的前提下，通过实施新建建筑节能降碳设计、既有建筑能效提升、可再生能源规模化应用等重点举措，上海全市建筑领域有望在2030年左右实现碳排放达峰，并努力实现达峰后碳排放稳中有降。

（3）建筑领域碳达峰关键路径

综合考虑上海市城镇化发展需求、建筑领域节能技术发展水平、电力系统低碳发展前景等因素，在碳达峰碳中和目标约束的前提下，上海市建筑领域实现碳达峰的关键路径，主要包括在满足建筑环境品质的前提下降低能源需求、提升建筑能源利用效率、优化建筑能源结构等方面，促进建筑领域绿色低碳转型。

①进一步提升建筑节能目标与评价方法，加快建立新建建筑能耗与碳排放限额管理体系

《中共中央 国务院关于完整准确全面贯彻新发展理念做好碳达峰碳中和工作的意见》中明确指出："大力发展节能低碳建筑。持续提高新建建筑节能标准，加快推进超低能耗、近零能耗、低碳建筑规模化发展。"国家标准强制性规范《建筑节能与可再生能源利用通用规范》GB 55015—2021也提出了"新建的居住和公共建筑碳排放强度应分别在2016年执行的节能设计标准的基础上平均降低40%"的要求。这预示着我国建筑节能工作即将迈入低碳、高质发展的新阶段，提升建筑节能标准的条件已经成熟。

上海的建筑节能工作历经近 20 年的发展，节能标准要求不断提升。目前上海市居住建筑和公共建筑均执行 65% 的节能标准要求。工程实践发现，由于评价尺度不统一，评价结果并不能真实反映建筑的节能效果，同样符合 65% 节能标准的建筑，其实际能耗会有很大差别，节能效果无法量化，更无法与建筑运行阶段的实际能耗进行比较和评估，对全市建筑能耗与碳排放双控目标无法起到支撑作用。

国内外建筑节能发展趋势调研结果显示，采用建筑能耗限额管理已逐步成为行业共识，发达国家都已将建筑节能控制目标从原先的相对节能概念转向建筑能耗的限额控制。我国也于 2019 年颁布实施《近零能耗建筑技术标准》GB/T 51350—2019，明确提出了能耗限额设计指标。实施建筑能耗限额管理已成为大势所趋，建筑能耗限额设计及评价体系的建立应成为"双碳"目标约束下上海市建筑节能工作的发展重点。

上海实施建筑能耗限额管理标准体系，需要对标国际最新标准和发展水平，立足本市建筑节能现状与发展需求，根据技术发展水平和建筑用能需求综合确定建筑能耗基准线水平，研究建立上海市民用建筑用能限额设计体系相关关键性技术与管理措施，确定居住建筑和公共建筑用能限额基准。开展基于用能限额目标的民用建筑性能化设计新方法研究，编制建筑用能限额设计标准，从居住建筑、办公建筑逐步扩展到不同类型建筑全覆盖，推动建筑节能从"相对节能"走向"实效节能"，以可测量、可验证的能耗约束为目标，形成从设计、施工到运行的全过程建筑节能闭环管理体系，预计至"十四五"末新建建筑全面实施建筑用能和碳排放限额设计标准。

②切实突破既有建筑运营瓶颈，提升城市建筑高质量发展能级

"十二五"以来，上海市公共建筑节能改造工作取得了很大进展，通过节能补贴政策的实施，对推动建筑节能改造产业发展起到了积极作用，主要公共建筑类型能耗指标持续呈下降趋势，取得了显著的经济、社会和环境效益。

与此同时，我们也应该认识到，继续沿用现有节能改造模式来推进

改造项目的难度在不断加大。政策补贴的初衷在于支持节能产业和企业的发展，不应成为改造项目实施的主要资金依赖。此外，作为节能改造市场机制的重要推动力，公共建筑能耗对标与公示推进仍然进展缓慢，数据的共享共建及信息披露对全市建筑节能改造的推动作用尚未显现，节能改造的市场驱动机制尚未形成。

从节能改造的内容来看，现阶段上海的公共建筑节能改造主要以用能设备的更替升级为主，但随着上海进入存量更新时代，"拉链式"缝缝补补的改造方式已不能适应新时代高质量发展需求，依托数据技术的建筑精细化运营管理将成为建筑领域的重要应用场景。

目前，上海市公共建筑的能源管理绝大多数还采用粗放式管理模式，能源精细化管理和智能化管理水平有限。楼宇自动控制（BA）系统绝大多数在运行中都存在问题，部分甚至改为人工操控模式，基本上没有发挥保障机电系统高效运行的作用。在"双碳"目标指引下，亟须加快推动建筑运行碳排放诊断，引导建筑由"人工运维"向"智能运维"的模式转变，提升建筑运维智能化水平。可以预见，建筑节能技术、低碳建筑技术、智慧建筑技术与信息化管理技术将迎来更高层次的融合。

③进一步加强科技创新工作，引领建筑领域深度脱碳

能源与环境是人类发展的永恒主题。建筑行业在为人类提供舒适健康的生产和生活环境的同时，也消耗了1/5的社会终端能源，产生了1/5的温室气体排放，一方面在改善人类的生存环境，一方面也在影响人类的生存环境。要彻底解决此问题，就必须创新工作思路和方法，实现建筑行业的发展与环境问题、碳排放问题的脱钩。"双碳"目标的提出，为建筑领域的发展赋予了新的使命和内涵。建筑领域可以主动作为、加快行动，不断提高建筑自身应对气候变化的韧性，为全社会整体"双碳"目标的实现作出积极贡献。

作为应对全球气候变化和能源安全的重要措施，发展超低能耗、近零能耗、零碳建筑已成为世界共识。住房和城乡建设部、国家发展改革委印发的《城乡建设领域碳达峰实施方案》（建标〔2022〕53号）对超低能耗建筑、近零能耗建筑提出了明确要求。为加快提高建筑节能标准，

京津冀、长三角、珠三角等区域城市率先实施高于国家标准要求的地方标准，积极开展超低能耗建筑、近零能耗建筑建设示范，提炼规划、设计、施工、运行维护等环节共性关键技术，引领节能标准提升进程，在全国不同气候区结合气候条件和资源禀赋情况，探索实现超低能耗建筑的不同技术路径。

超低能耗建筑是实现低碳、零碳建筑的必由之路，其本质是通过提高建筑围护结构的性能，被动优先、主动优化，降低建筑的使用能耗。开发建设超低能耗建筑是利国利民的事情，势必引领建筑节能下一步的发展与技术的提升，目前各省市都在积极开展相关理论研究与技术储备。

上海地处夏热冬冷地区，气候条件独特，超低能耗建筑试点示范工作才刚刚起步，尚未形成完善的技术标准体系。为了加快推进超低能耗建筑规模化发展，必须结合上海气候区域特点，开展关键技术攻关，编制相关的技术标准、导则及图集，形成完善的超低能耗建筑技术应用标准体系。同时，开展超低能耗建筑相关新技术、新材料、新设备、新工艺的研发，不断提升自主创新能力，增强自主保障能力，降低建设成本，逐步形成符合地方实际情况的超低能耗建筑设计、施工及材料、产品支撑体系。

面向建筑碳中和，应启动近零能耗建筑、零碳建筑、零碳社区技术体系研究，综合开展建筑光伏、蓄冷蓄热、电力调配等协同技术攻关，探索上海市近零能耗建筑和零碳建筑关键技术措施与实施路径。

建筑要实现深度脱碳，除了推行全面电气化之外，可再生能源的应用，尤其是建筑光伏的推广也是重中之重。上海太阳能光伏发电的应用主要集中在建筑领域，但目前仅依赖与绿色建筑的结合这一项，推进成效不明显。扩大建筑领域分布式光伏发电应用，还需要各相关方形成合力，充分发挥产、学、研、用、管集成攻关能力，加快部署研究建筑光伏一体化新型高效集成系统解决方案，包括新型构件标准化及装配、直流建筑供电、能源综合管控、智慧运维、综合性能测评等技术，建立光伏建筑一体化全过程建设技术标准、图集与工法，全面提升太阳能光伏在建筑中应用的深度、广度与高度。

2. 可再生能源建筑一体化应用

在"十三五"期间,上海市新增可再生能源建筑应用面积1700多万平方米,应用的类型涉及太阳能光伏发电、太阳能热水和浅层地热能利用等。"十四五"是碳达峰的关键期、窗口期,大力推动可再生能源建筑规模化发展和跨越式发展,将是行业面临的新任务。

(1)政策和补贴双管齐下推动发展

2021年10月,国务院下发重要文件《2030年前碳达峰行动方案》,提出了经济社会发展全过程和领域的"碳达峰十大行动",文件中23次提及"可再生能源""新能源",足以体现可再生能源在"碳达峰"行动中的重要地位。文中提出"到2025年,城镇建筑可再生能源替代率达到8%,新建公共机构建筑、新建厂房屋顶光伏覆盖率力争达到50%"(图6-1)。

图6-1 《2030年前碳达峰行动方案》重点任务中提到的发展可再生能源

2022年3月,住房和城乡建设部在《"十四五"建筑节能与绿色建筑发展规划》中提出两大重点任务"推动可再生能源应用"和"实施建筑电气化工程";指出:"到2025年,全国新增建筑太阳能光伏装机容量0.5亿千瓦以上,地热能建筑应用面积1亿平方米以上,城镇建筑可再生能源替代率达到8%,建筑能耗中电力消费比例超过55%"。(表6-1)

我国"十四五"时期建筑节能和绿色建筑发展具体指标　　　　表6-1

主要指标	2025年
既有建筑节能改造面积(亿平方米)	3.5
建设超低能耗、近零能耗建筑面积(亿平方米)	0.5
城镇新建建筑中装配式建筑比例(%)	30
新增建筑太阳能光伏装机容量(亿千瓦)	0.5
地热能建筑应用面积(亿平方米)	1.0
城镇建筑可再生能源替代率(%)	8
建筑能耗中电力消费比例(%)	55

在国家顶层文件的指导下,上海市也接连出台相关政策推动可再生能源发展。2022年7月,上海市委、市政府发布《上海市碳达峰实施方案》,提出"到2025年,可再生能源占全社会用电量比重力争达到36%。大力推进光伏大规模开发和高质量发展,坚持集中式与分布式并重,充分利用农业、园区、市政设施、公共机构、住宅等土地和场址资源,实施一批'光伏+'工程。到2025年,光伏装机容量力争达到400万千瓦;到2030年,力争达到700万千瓦。"

可再生能源的建筑规模化应用已迎来了重大发展机遇,"光伏+""光储直柔"等新概念热度不断升温。《上海市碳达峰实施方案》的城乡建设领域碳达峰行动专项指出,2022年起新建公共建筑、居住建筑和工业厂房至少使用一种可再生能源。到2025年,城镇建筑可再生能源替代率达到10%;到2030年,进一步提升到15%。推进适宜的新建建筑安装光伏,2022年起新建政府机关、学校、工业厂房等建筑屋顶安装光伏的面积比例不低于50%,其他类型公共建筑屋顶安装光伏的面积比例不低于

30%。推动既有建筑安装光伏,到 2025 年,公共机构、工业厂房建筑屋顶光伏覆盖率达到 50% 以上;到 2030 年,实现应装尽装。

为达到这一目标,目前上海市各区都在如火如荼地开展建筑屋顶光伏行动,在节能改造的过程中安装屋顶光伏,或者探索新建建筑的光伏一体化(表 6-2)。目前,崇明打造的碳中和示范岛,结合了自身的农业产业,推行农光互补、渔光互补等"光伏+"可再生能源项目。

2022 年 5 月上海市发布的《上海市能源发展"十四五"规划》中的"光伏+"专项工程   表 6-2

目标	布局
"光伏+"住宅	新增装机超过 10 万千瓦。重点结合"平改坡"等工程,在小区住宅屋顶建设分布式光伏发电系统,支持新建住宅小区、低密度住宅建设分布式光伏发电设施
"光伏+"园区	新增装机超过 80 万千瓦。以国家级产业园区和市、区两级产业园区为重点,结合园区建筑建设分布式光伏发电设施
"光伏+"农业	新增装机力争 140 万千瓦。建设农光互补、渔光互补、菌光互补项目,在横沙岛高标准规划"光伏+"农业,探索建设漂浮式光伏电站
"光伏+"交通	新增装机超过 20 万千瓦。结合交通场站、交通枢纽、停车场、隔声屏障建设分布式光伏发电设施,建设光储充一体化充电站
"光伏+"校园	新增装机超过 10 万千瓦。通过在高校、职校、中小学等场所建设分布式光伏发电系统,普及绿色低碳教育理念
"光伏+"水厂	新增装机超过 20 万千瓦。重点结合本市已建或新建制水厂、污水处理厂,在沉淀池、滤池、深度处理池等池体构筑物处,建设分布式光伏发电系统
"光伏+"公共机构	新增装机超过 10 万千瓦。科技、文化、卫生、体育以及党政机关等公共机构,应率先在具备条件的屋顶建设光伏发电项目

在资金补贴方面,自 2008 年起设立了节能减排专项资金,资金规模从开始每年 10 亿元规模至今已升至 50 亿元。2021 年,在可再生能源和新能源发展方面,根据上海市发展改革委、财政局联合下发的《上海市可再生能源和新能源发展专项资金扶持办法(2020 版)》,对 13 个光伏电站项目和 2.2 万个个人光伏项目共补贴资金超过 1 亿元。浦东、徐汇、

临港新片区等各区县也都出台了针对分布式光伏发电等的专项财政补贴，通过政府激励的方式大大推动了可再生能源的发展。

（2）区域化推进可再生能源与建筑一体化

临港新片区位于上海市浦东新区，地处东海之滨、上海东南长江口和杭州湾交汇处，是未来上海中心城区的重要辅城。临港拥有良好的太阳能和风能等可再生能源资源，是上海区域化推进可再生能源与建筑一体化应用的重要示范基地，其主城区南汇新城，是上海2021年提出建设的五个新城之一，也是临港新片区建设具有较强国际市场影响力和竞争力的特殊经济功能区与现代化新城的核心承载区。

2021年3月，上海市人民政府印发《关于本市"十四五"加快推进新城规划建设工作的实施意见》（沪府规〔2021〕2号）的通知，强调在嘉定、青浦、松江、奉贤和南汇五个新城合理优化新城能源结构，构建绿色低碳能源体系，强化可再生能源建筑一体化应用，助力上海市率先实现碳达峰（图6-2）。

"在优化能源供应结构方面，大力推进可再生能源规模化利用，改善能源供应结构。积极开展光伏建筑一体化建设，充分利用工业建筑、公共建筑屋顶等资源实施分布式光伏发电工程，探索光伏柔性直流用电建筑或园区示范。推广太阳能光热建筑一体化技术，推进太阳能与空气源热泵热水系统应用，探索绿氢分布式能源工程示范。"

——《"十四五"新城环境品质和新基建专项方案》

①分布式光伏与屋顶的结合

临港新片区眺望东海，具备比市区更优越的光伏资源开发条件，发展分布式光伏，既是应对用能负荷高速增长的需求，又是能源供给低碳转型的要求。

2020年5月，临港新片区管委会发布了《中国（上海）自由贸易试验区临港新片区综合能源建设三年行动计划（2020—2022年）》，其中

图 6-2 新城低碳场景意向

提出,到 2022 年,利用新片区产业聚集形成的屋顶资源密集和用电负荷稳定优势,将临港装备产业区作为自发自用、余电上网型分布式光伏先行重点区域,实现新建标准厂房光伏屋顶全覆盖,新增分布式光伏装机容量 60 兆瓦以上。

随着近年来陆续发布的《临港新片区光伏应用场景规模化建设实施方案(2021—2025 年)》《中国(上海)自由贸易试验区临港新片区扶持光伏发电项目操作办法》等文件,临港新片区进一步明确了"十四五"期间实现新增装机 200 兆瓦的分布式光伏发展目标,并首次设立了光伏专项资金,用来鼓励采用新型光伏组件示范、建筑光伏一体化技术等新型技术的光伏试点项目。2021 年 11 月新片区印发的《上海临港新片区建筑低碳建设导则(试行)》中,进一步明确了分布式光伏与建筑屋顶结合的一体化方式,指出:"大力推广安装与建筑一体化的分布式光伏发电系统,新建政府机关、学校、工业厂房等建筑屋顶安装光伏的面积比例不低于 50%。"(表 6-3)

临港新片区屋顶分布式光伏试点建设规模及开发时序[1]　　　　表 6-3

"十四五"期间	既有建筑				新增建筑	光伏+	合计
	党政机关	公共建筑	工商业	农村居民			
试点方案屋顶资源安装比例不低于（%）	50	40	30	20	40	—	—
分布式光伏可利用屋顶资源（万平方米）	0.99	19.28	180.24	39.39	197.21	—	—
本次试点申报面积（万平方米）	0.5	8	55	10	80	14.5	168
本次试点申报装机功率（兆瓦）[2]	0.5	8	55	10	80	14.5	168
其中 2021 年（兆瓦）	0.5	0	8	1	0	0	9.5
其中 2022 年（兆瓦）	0	4	12	3	10	5	34
其中 2023 年（兆瓦）	0	4	15	4	20	5	48
其中 2024 年（兆瓦）	0	0	15	2	30	4.5	51.5
其中 2025 年（兆瓦）	0	0	5	0	20	0	25

[1] 数据来自于中国（上海）自由贸易试验区临港新片区管理委员会于 2021 年 7 月发布的《中国（上海）自由贸易试验区临港新片区整县（市、区）屋顶分布式光伏开发试点方案》。
[2] 光伏装机功率统一按照 10 平方米/千瓦，按屋顶资源利用面积测算。

截至 2021 年，临港新片区已建成分布式光伏项目数 571 个，总装机容量 140 兆瓦。其中公共建筑屋顶光伏 13 个，工商业屋顶光伏 85 个，农村户用光伏 473 个。

2021 年 12 月，临港产业区钻石园分布式光伏发电项目并网成功，装机容量 5.8 兆瓦的新能源项目正式启用。这是临港新片区 2021 年度装机容量最大的分布式光伏发电项目，它的并网发电标志着新片区在实现新建标准厂房光伏屋顶全覆盖的进程中迈出了坚实一步，也是临港利用园区新建屋顶，向光伏柔性直流用电建筑或园区探索的一步。

钻石园分布式光伏发电项目是在钻石园十万余平方米的厂房屋顶上安装光伏组件，通过 10 千伏并网，运行后首年约可产生电能 625 万度，年均节约标煤约 2097 吨，减排二氧化碳约 4620 吨，25 年累计发电量高达 1.45 亿度（图 6-3）。

上海临港弘博新能源发展有限公司项目经理郜霖强介绍，"与传统光伏不同，我们此次安装的光伏板为双面板，不仅正面可以吸收太阳能，背板也可收集折射回来的太阳能。"

②将大学校园变身能源实验室

2019 年 6 月，央视新闻频道报道了上海电力大学临港校区能源利用的做法，风力发电机、光伏板、空气源热泵……这是临港新片区将可再生能源利用的实验室设在大学校园的新探索。作为首个投用的国家能源局综合能源示范项目，这样的能源利用方式将在全国的大学、工业区等园区进行推广。

俯瞰上海电力大学，所有的楼顶都铺满了光伏板，高达 57 米的风力发电机迎风旋转，地下室里三种储能电池全天候运行，每天可以给这所校园提供 8000 度的清洁电能，相当于全部用电量的五分之一（图 6-4）。

图 6-3　临港产业区钻石园分布式光伏发电项目

图 6-4　上海电力大学校园综合能源利用

除了绿色电力之外,全校师生使用的生活热水也通过太阳能和空气源热泵来提供。绿色清洁只是学校能源利用的一部分,如何让多种能源互补共济、高效运转、节能降耗,才是学校用能方式变革的最大亮点。

"我们这个平台的最大特点是综合智慧能源管理,不仅仅是围绕着电力的发展,还把剩余的、多余的能量智慧化地经营管理,减少它的浪费。我们这里一大笔的能源节约是来自于热能,热能余热我们再利用,也是节能。"

——上海电力大学校长 李和兴

(3)可再生能源的建筑一体化案例

①光伏一体化示范——凯盛机器人智能装备研发中心

在碳达峰、碳中和目标的催化下,光伏与建筑相结合是未来光伏应用中最重要的领域之一。该示范项目位于松江泗泾镇,为中建材凯盛机器人(上海)有限公司的机器人智能装备研发中心(图6-5)。

图6-5 凯盛机器人研发中心项目实景图

研发中心通过碲化镉发电玻璃和Low-E采光玻璃幕墙完美结合。碲化镉发电玻璃是企业自主研发并生产的新一代薄膜太阳能发电材料，和传统的晶硅光伏材料相比，这种通过在普通玻璃衬底上沉积化合物薄膜得到的光伏器件，有弱光环境下发电性能优越、高温环境发电折损小、无惧局部遮挡导致的安全隐患、长期衰减率低以及在透光率和色彩上可灵活定制等一系列特点。

研发中心的东、西、南三个立面装置的薄膜太阳能发电幕墙，总面积3000多平方米，发电玻璃的装机功率400千瓦。以25年使用寿命计算，可以实现年平均发电量23万度，整个园区的研发办公用电可以通过建筑物自身产出的绿色能源得到解决，每年可以节约80吨标准煤，实现227吨二氧化碳的减排。

凯盛机器人智能装备研发中心是上海市首次将薄膜太阳能电池板用于建筑外围护幕墙的工程案例，也是上海市首次成功使用薄膜发电玻璃组件构件化产品，工程涉及的薄膜发电玻璃幕墙首次通过了上海市幕墙建筑建材安全评估，该项目也是上海市迄今安装容量最大的薄膜光伏建筑一体化单体公共建筑。

②太阳能热水与建筑的一体化的结合——四团镇"三线"宅基地项目

位于上海市奉贤区四团镇的"三线"宅基地，将太阳能热水系统与建筑立面完美结合，总建筑面积11.5万平方米，受益面积达到8.8万平方米。项目的综合节能率大于65%。

采用一户一套的分体式太阳能系统，共计安装了918户。建筑构件太阳能热水器垂直安装于阳台外专用太阳能设备平台，系统集热效率大于50%，太阳能热水器自带陶瓷电加热作为辅助电加热（图6-6）。

③地源热泵空调系统在公共建筑中的应用——桃源水乡大酒店

位于崇明区绿华镇的桃源水乡大酒店，应用地源热泵系统，示范面积为2.8万平方米，其地源热泵系统全年能替代常规能源404.55吨标煤，实现二氧化碳减排999.24吨，全年可节约的费用为344591元（图6-7）。

酒店的空调系统夏季制冷和冬季制热全部采用地源热泵系统，可再生能源利用率达到100%。采用了3台地源热泵机组，设计总冷负荷

图 6-6　四团镇"三线"宅基地项目实景

图 6-7　崇明县桃源水乡大酒店实景

图 6-8　地源热泵机组和空调自动控制系统

3650 千瓦，设计总热负荷 3050 千瓦。地源井由 640 根单 U 型地埋管组成，埋置深度 100 米，孔径 150 毫米，埋管间距 4 米（图 6-8）。

地源热泵机组自带热回收装置，回收的热量供酒店生活热水用。空调系统采用自动控制，既提高了使用的舒适性，又防止了因超温和不合理运行造成的浪费。

3．建筑碳排放智慧监管平台

在国家、上海市"双碳"战略背景下，在数字化转型政策指引下，上海能耗监测平台升级建设为建筑碳排放智慧监管平台，融合多系统数据资源，拓展数据采集范围，聚焦建筑碳排放监测管理、能源与环境智能服务、可再生能源监测等核心功能，建立全景碳地图及相应系统，量化可再生能源利用等碳中和技术应用情况，空间维度上实现"全市—区域—单体"的建筑碳排放全方位监管，时间维度上实现"设计—施工—运行—改扩建—拆除"的建筑全生命周期碳排放追踪，为上海市建筑节能减排管理模式从单一能耗管控转向能耗与碳排放双控提供数据支撑，推进建筑领域碳达峰、碳中和工作落实（图 6-9）。

建筑碳排放智慧监管平台相较于原有能耗监测平台，主要将实现如下几方面的提升。

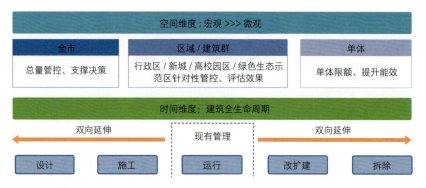

图 6-9 智慧监管平台的空间维度与时间维度

① 增加监测能源品种，扩大建筑覆盖范围

现有能耗监测以用电数据为主，基于上海市工程建设规范《公共建筑用能监测系统工程技术标准》DGJ 08-2068-2017，未来建筑用水、燃气、燃油、外供热源、外供冷源和可再生能源等其他用能品种数据需逐步纳入，建筑光伏系统、充电桩等新兴供能载体也需分项计量并采集相关数据，形成建筑全能源数据库。同时，基于目前联网总量仅占全市公共建筑总量的 25% 的现状，未来监管覆盖面需要进一步扩大，向小体量公共建筑及政府投资项目全覆盖。

② 整合加强数据联动，实现建筑全生命周期管理

协调多单位、多系统数据进行整合联动，获取建筑节能管理相关数据，如建筑报建数据信息、建筑节能设计数据信息、建筑绿色工地 / 绿色建材数据信息、建筑可再生能源数据信息、节能和绿色示范项目数据信息等，依托能耗监测数据，实现建筑从报建、施工、运行、改造直至拆除的全过程碳排放监管，推进建筑低碳绿色发展。

③ 深入挖掘能耗数据，实现建筑节能闭环管理

充分发挥能耗监测数据作用，实现能耗对标、超限额警告功能，从而推进强制能源审计、能耗公示，推动高能耗建筑进行节能改造，再通过能耗监测对其节能效果进行评价，形成建筑能耗闭环管理体系。未来，随着碳排放限额标准体系完善，进一步推进建筑领域碳核查和碳限额管理，形成建筑能耗与碳排放双控的管理体系。

④融合室内环境监测，提升建筑运行品质

随着人民生活水平提高，对室内舒适性和健康性关注度越来越高，建筑节能的同时也需要保障室内空气品质。平台应融入室内外环境监测数据，通过对建筑室内环境舒适性和健康度的监测和评价，提升建筑运行品质，建立结合室内环境监测更具应用价值的建筑用能评价指标。

⑤聚焦可再生能源利用，发挥示范项目引领作用

可再生能源利用的扩大是实现碳中和目标的重要路径，平台需聚焦可再生能源监管，从多渠道掌握建筑可再生能源利用情况，并对可再生能源数据进行监测，分析其利用效果，为可再生能源推广政策制定提供有力的数据支撑。加强绿色示范项目、节能改造示范项目、可再生能源示范项目等政府补贴项目管理，对其可再生能源利用情况进行全面的追踪，充分发挥示范项目引领作用。

建筑领域碳排放智慧监管平台的建设，将在能耗监测平台的核心基础上，同上海市中长期的空间规划、建筑领域绿色低碳技术发展、政府部门系统有效管理有机结合，并同主管部门、协会平台、企业组织、专家团队进行更积极地共享交互，以数据支撑政策、标准、技术、产业和行业的发展，打造成为上海市建筑碳排放相关的数据汇聚中心、权威发布中心、行业管理支撑中心和研发应用中心，为推动上海市建筑领域低碳发展、促进经济社会发展全面绿色转型发挥重要作用。

第二节
Part 2

从"图纸"到"实效"
From "Drawing" to "Actual Effect"

1. 从节能率设计到限额设计

在实现建筑领域碳达峰、碳中和目标的过程中，建筑节能的实施起到至关重要的作用，节能指标与节能评价方法的选择对我国建筑节能工作的实际开展具有深远的影响。1986年8月1日，我国开始实施以第一阶段节能30%为目标的《民用建筑节能设计标准（采暖居住建筑部分）》JGJ 26—86，开启了我国建筑节能评价发展过程中具有广泛影响的"相对节能"时代。

建筑节能是以20世纪80年代初的建筑能耗为基础，按每一步均在上一阶段的基础上提高能效30%计算，实施从节能30%到50%再到65%"三步走"的阶段性建筑节能标准。这种将设计建筑能耗或能源成本与参照建筑进行对比的权衡判断法，以相对节能量为参考设定了建筑节能的阶段性目标，在很长一段时间内有效地推动了我国建筑节能工作的开展。

然而，随着建筑节能工作要求的不断提高，以"相对节能"为目标的节能率设计方法的局限性愈发凸显，最核心的问题在于现行的节能率设计方法中，仅对各材料的性能参数进行约束，而非直接约束建筑具体的运行能耗数值，导致设计与运行脱钩，高节能率设计标准下设计的建筑实际运行能耗却不一定低。打个比方，哪怕把"抓老鼠"的技术动作规定得再细致，最终这只猫还是抓不住老鼠，从结果来说还是没有起到实质的作用。所以，现阶段节能标准的主要工作目标以及转型方向，就是从节能率设计向限额设计转变。

限额设计标准的难度远高于节能率设计标准。因为节能率设计方法需要明确的内容比较单一，就是针对围护结构的性能提出要求，可以依托成熟的建筑空调负荷模拟技术，相对比较容易完成。然而从空调负荷到建筑能耗之间，需要考虑的因素就要复杂得多，必须将设备选型、系统能效模拟、用户使用习惯、建筑功能特点等众多因素考虑进去，才能给出空调能耗的计算数值。除此之外，实际建筑还有照明能耗、插座能耗、生活热水能耗等其他耗能需要计算和考虑，导致限额设计的准确性预测难度大大提升，这也是为什么我国建筑节能早期只能先从节能率设计方法入手的原因。

推行限额设计标准是未来我国实现碳达峰、碳中和的必然举措。能耗限额可以打通设计与运行之间的断层，使得建筑单体能耗与碳排放指标一目了然，相同功能类型建筑的能耗与碳排放水平可直接对标，建筑节能评价尺度的一致性得以保证，使得建筑节能管理具备抓手和行动目标，有效提升建筑节能工作的实施效果。

在此背景下，上海结合现阶段建筑节能发展的新要求，向"实效节能"转变进行探索与研究，提出了基于用能限额设计方法的建筑节能评价思路，并依据"双碳"目标战略需求重新构建建筑节能设计标准指标与体系，实现将建筑节能标准评价方法从相对节能转向实物量节能，从而达到建筑能耗和碳排放的双控。以民用建筑为例，建筑用能主要由暖通空调、照明、电梯、生活热水、设备等用能单元构成，用能水平除了与建筑功能、规模、气象数据密切相关外，还与建筑的服务等级、系统形式、人员数量、建筑本体性能及设备系统性能直接相关。为此，在国家标准《建筑节能与可再生能源利用通用规范》GB 55015—2021 的基础上，上海市相关研究机构提出了上海市民用建筑用能限额设计标准节能评价方法的技术路线（图 6-10）。

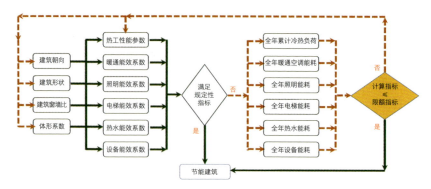

图 6-10 上海市民用建筑用能限额设计标准节能评价方法的技术路线

在开展由"相对节能"走向"实效节能"的探索过程中，上海秉承实事求是、分步实施的科学精神，在根据数据样本数、技术成熟度和"抓大缓小"原则的基础上，开展建筑用能限额设计标准框架设置研究，并针对用能限额设计标准与现行建筑节能设计标准的相互关系，提出相对可行、政策衔接的解决方案。

2020年上海市已启动对居住建筑节能设计标准的修订工作，采取用能限额设计技术路线改写的节能设计标准正处于报批阶段。针对办公建筑用能限额设计标准的编制工作已于2021年启动，针对商场建筑和饭店建筑的用能限额设计标准研究与编制工作也已于2022年下半年启动，并在此基础上逐步开展其余类型公共建筑用能限额设计标准的研究，从而最终实现民用建筑限额设计标准系列化，完成由"相对节能"向"实效节能"的转变。

2．从超低能耗建筑到零碳建筑

（1）超低能耗，全面发力、多点突破

2021年8月24日，央视《焦点访谈》播出"能耗超低，建筑变绿"专题节目，该期节目也是配合全国节能宣传周和8月25日全国低碳日活动的主题宣传。在访谈中，时任住房和城乡建设部标准定额司司长田国民表示："住房城乡建设部下一步将制定强制性标准，不断提高建筑节能水平，在适宜的气候区，全面强制推动超低能耗建筑。同时，通过制定《城乡建设领域碳达峰实施方案》，统筹推进节能减排工作，为我国实现'双碳'目标作出积极贡献。"

在国家标准《近零能耗建筑技术标准》GB/T 51350—2019中，首次明确定义了超低能耗建筑、近零能耗建筑和零能耗建筑。超低能耗建筑是适应气候特征和场地条件，通过被动式建筑设计最大幅度降低建筑

供暖、空调、照明需求，通过主动技术措施最大幅度提高能源设备与系统效率，充分利用可再生能源，以最少的能源消耗提供舒适的室内环境的建筑，同时其室内环境参数和能效指标符合标准中的规定，其建筑能耗水平应较现行国家和行业节能设计标准降低50%以上。

超低能耗建筑相比于普通建筑，主要有以下几方面的性能提升：一是"被动优先"，最大限度地降低建筑自身的冷热负荷，使用保温隔热良好的外部围护结构，比如在超低能耗建筑中应用高性能的外窗，既提高了保温隔热和气密性能，又兼顾了良好的透光率（图6-11）；二是"主动优化"，有效地提升建筑用能系统的效率，降低空调、热水等系统能耗；三是以"可再生能源补充"来开源，利用太阳能、地热能等可再生能源给建筑供能，有效减少化石能源的消耗。

近年来，我国陆续颁布了支持超低能耗建筑的有关政策，国务院2016年发布《"十三五"节能减排综合工作方案》，提出"开展超低能耗及近零能耗建筑试点"，"十三五"期间全国累计推广超低及近零能耗建筑达到1200万平方米，涵盖了住宅、公用建筑、工业建筑等各种建筑类型。

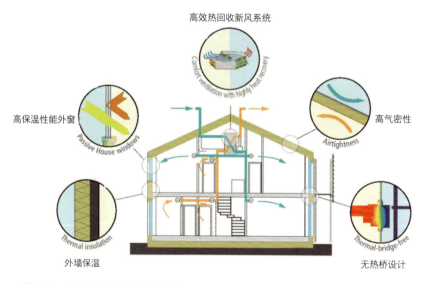

图6-11　超低能耗建筑被动式技术

上海市在全国超低能耗建筑的热潮中快马加鞭，标准和补贴双管齐下推动发展。2019 年，在充分考虑上海地区的气候和用能习惯的基础上，上海组织编制并发布了《上海市超低能耗建筑技术导则（试行）》，使超低能耗建筑有标准可依。

政策方面，2021 年 9 月公布的《上海市绿色建筑管理办法》在第二十一条中提出"本市鼓励开展超低能耗建筑、近零能耗建筑、零碳排放建筑的试点示范"。2022 年 7 月，上海市委、市政府发布《上海市碳达峰实施方案》，提出"'十四五'期间累计落实超低能耗建筑示范项目不少于 800 万平方米。'十五五'期间，全市新建居住建筑执行超低能耗建筑标准的比例达到 50%，规模化推进新建公共建筑执行超低能耗建筑标准。到 2030 年，全市新建民用建筑全面执行超低能耗建筑标准。"

财政方面，2020 年底上海制定并发布了《关于推进本市超低能耗建筑发展的实施意见》（沪建建材联〔2020〕541 号），明确了全市超低能耗建筑的具体补贴与奖励政策，对符合超低能耗建筑示范的项目，每平方米补贴 300 元，单个示范项目最高奖励 600 万元。对于外墙平均传热系数 ≤ 0.4W/（m^2·K）且采用外墙保温一体化的超低能耗建筑项目，外墙面积可不计容，但不超过总计容建筑面积的 3%。该政策一出台，可谓一石激起千层浪，真正激活了超低能耗建筑的市场，各房地产商、业主甲方等竞相申报。

2021 年 2 月，上海印发了《上海市超低能耗建筑项目管理规定（暂行）》（沪建建材〔2021〕114 号），进一步规范了全市超低能耗建筑项目的管理。自此，上海市超低能耗建筑开启了新纪元，政策、奖励和管理办法的出台，体现了上海市推广超低能耗建筑、迈向建筑碳中和的力度和决心。在不久的未来，超低能耗建筑相关的技术标准、导则及图集和产品研发等一系列工作都将更进一步完善。

2021 年 2 月，上海市首个超低能耗住宅项目通过专家评审，鼓舞了市场主体踊跃参与超低能耗建筑的试点探索。截至 2022 年 6 月，全市共有 62 个项目通过超低能耗建筑方案评审，其中有 55 个住宅建筑，7 个公共建筑。

上海市部分超低能耗建筑案例

颛桥镇闵行新城项目

项目位于闵行区，申报示范面积为12万平方米。项目由小高层住宅、多层住宅、保障房、公共服务设施和其他室内外配套用房（如物业管理用房、配电房）等组成（图6-12）。采用外墙一体化保温体系应用比例超过80%，外墙为硅墨烯反打预制剪力墙和硅墨烯免拆模板现浇剪力墙。2021年3月通过超低能耗建筑方案评审。

图6-12 颛桥镇闵行新城项目效果图

上海建科集团宛平南路75号改造项目

项目位于徐汇区宛平南路75号，为上海建科集团科研办公楼改造项目，采用了被动式高性能装配式外墙、三玻两腔充氩气双银外窗、一级能效VRV空调系统、空气源热泵热水系统及PVT光伏一体化技术等多项超低能耗技术（图6-13）。于2021年12月通过超低能耗建筑方案评审。

PDC1-0401单元H01-01地块项目

世界顶尖科学家论坛永久会址项目位于临港新片区，为近10万平方米的大型超低能耗公共建筑，也是全国最大超低能耗公建项目（图6-14）。项目位于上海自贸区临港新片区国际创新协同区规划用地西北角，建筑造

图 6-13　上海建科集团科研办公楼改造项目效果图

图 6-14　世界顶尖科学家论坛永久会址项目效果图

型如同双翼向城市展开，抽象提取振翅欲飞的势态，起伏的光伏屋面，与建筑浑然一体，期许"展未来之翼，聚科技之光"的美好愿景。

（2）零碳建筑，新挑战新探索

零碳建筑，一般是指在建筑的全寿命期内综合碳排放为零的建筑。建筑碳排放包含了建筑材料的生产及运输、建筑建造和拆除、建筑运营阶段所消耗化石能源产生的二氧化碳排放的总和。在建筑全寿命期内，运营阶段碳排放是碳排放的"大户"，约占建筑全寿命期碳排放的42.8%，占全国能源碳排放的比重为21.9%，所以目前狭义上也可以将在运营阶段实现净零碳排放的建筑称作零碳（运营）建筑。

在标准体系方面，我国在2019年发布了建筑领域跨越式发展的三个标准，即《近零能耗建筑技术标准》《近零能耗建筑测评标准》和《建筑碳排放计算标准》，这些标准的发布，对于降低建筑全寿命期的能源消耗和碳排放量，制定零碳建筑认定和评价方法起到了重要的指导作用。

关于零碳建筑的标准和技术体系，目前国内尚处在探索阶段，《零碳建筑技术标准》的编制已于2021年4月启动。上海市也正在围绕零碳建筑技术开展相关的课题研究和标准编制，开启零碳建筑方面的探索。在零碳建筑技术标准中，将首次规范碳排放强度与计算方法，围绕"减碳"对建筑进行设计、建造和运行，对建筑全寿命期的碳排放量进行控制、检测和评价。2022年6月，上海发布2022年度"科技创新行动计划"碳达峰、碳中和专项资金申报指南，在建筑减碳方向，旨在实现民用建筑全寿命周期近零能耗，引领民用建筑零碳化技术发展。

位于浦东新区的招商蛇口璀璨城市项目，总建筑面积3818.99平方米，地上共计五层（图6-15）。该项目在被动技术、高效系统、低碳建造和低碳能源等方面积极探索，成为上海从超低能耗建筑迈向零能耗、零碳建筑的试点，为行业作出了示范表率。

该项目下部三层为钢框架，上部两层采用钢结构模块，即模块-钢框架混合结构。项目遵循"被动优先，主动优化"的原则，以室内环境和能耗指标为约束目标，采用性能化设计方法合理确定技术策略，优先采用外墙屋面保温、节能门窗、外遮阳等被动式措施降低建筑供暖空调需求，并结合设备能效提升和可再生能源利用，实现建筑零能耗目标（图6-16）。

图 6-15　招商蛇口璀璨城市项目效果图

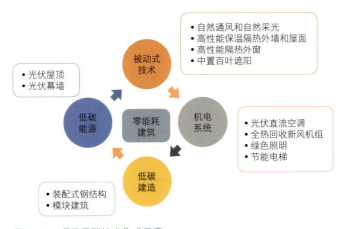

图 6-16　项目零碳技术集成示意

项目运用多项国内领先的技术，集成了高位转换的模块 – 钢框架混合结构体系、高性能保温隔热外墙和屋面系统、仿铝板 BIPV 组件的光伏幕墙、并网设计的光伏直驱多联机空调系统和动态监测碳排放的零碳综合监测管理平台等多项绿色创新低碳技术。

①零碳创新技术一：光伏直驱空调系统

项目一～三层采用多联机空调系统，其中二层采用光伏直驱多联机空调系统。光伏空调系统由光伏组件、光伏多联机和配电柜等组成，当光伏发电量大于空调主机耗电量时，光伏发电系统所发电能优先满足空调主机运行，多余电能并入电网；当光伏发电量不足时，空调主机从公共电网补充部分电能；当空调主机不工作时，光伏发电系统所发电能全部并入电网（图 6-17）。

②零碳创新技术二：仿铝板建筑光伏一体化系统

采用建筑光伏一体化系统，利用建筑西立面、屋顶与光伏充分融合，光伏总装机容量 115.68 千瓦。四、五层的西立面采用仿铝板 BIPV 组件，屋顶安装高效单晶硅光伏板。该项目投入运行后预计年发电量为 12.445 万千瓦时（图 6-18）。

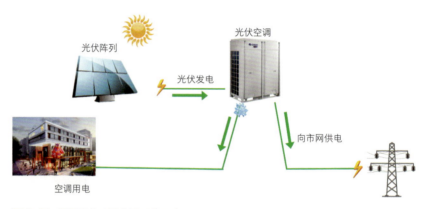

图 6-17　项目光伏直驱空调系统示意

图 6-18　项目光伏集成幕墙系统（仿铝板 BIPV 组件）

③零碳创新技术三：钢结构模块体系

项目四、五层采用钢结构模块结构体系，是集成度最高的装配式建筑形式之一。该体系将建筑划分为若干模块单元，模块单元在工厂中进行预制生产，完成后运输至施工现场，像"搭建积木"一样拼装成为建筑整体。该体系具有施工速度快、预制集成度高、易移动和循环使用、绿色低碳等特点，符合未来建筑工业化的发展趋势（图6-19）。

④零碳创新技术四：零碳综合监测管理平台

项目设置零碳综合监测管理平台，包括能源管理系统、环境监测系统和碳排放管理系统，对各个分项用电数据和关键室内环境指标进行监测，并对项目的碳排放情况进行动态监测管理（图6-20）。

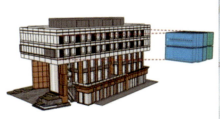

图6-19 项目钢结构模块系统设计和吊装图

图6-20 项目零碳综合监测管理平台

3. 全过程建筑节能管理与绿色运营

建筑的建造过程涉及项目立项、设计、施工、竣工验收、运行等多个阶段。目前这些阶段均已配置了对应的节能管理手段。如在项目立项阶段，需编制独立的节能专篇；在设计阶段，设计单位需执行相关建筑节能设计标准进行设计；在施工阶段，施工单位按照建筑节能施工质量验收标准的要求进行施工；在项目运行阶段，则出台了用能指南和用能标准等建筑能耗标准，以及相应的能源统计和能源审计等技术手段。这些节能管理手段对建筑节能减排均起到了一定的积极作用。

然而实践表明，公共建筑节能工作在实际开展的过程中普遍存在各阶段节能工作前后脱节的问题，各阶段的工作只对本阶段负责，并且节能主管部门缺乏有效方法和机制来统筹管理跨越多个阶段、前后长达数年的节能工作，从而难以保证节能监管目标的落实质量，导致最终难以实现真正的建筑节能运行。

全过程建筑节能管理及绿色运营正是在这一背景下被研究提出的，上海虹桥迎宾馆 9 号楼则是该理念以及方法的典型应用案例。作为政府主管部门，长宁区城市更新和低碳项目管理中心主持并全程参与上海虹桥迎宾馆 9 号楼项目的实施和管理，中心主任冒勤表示："建筑建造过程中由于各阶段节能管理措施割裂所导致的'漏斗效应'，使得节能效果在各个阶段逐级衰减，并且最终节能运行效果也难以保证。虹桥迎宾馆 9 号楼的成功实践证明，节能全过程管理办法是解决该问题的有效方法。"

上海虹桥迎宾馆 9 号楼是全过程建筑节能管理与绿色运营的典型案例（图 6-21）。该建筑位于长宁区虹桥路 1591 号虹桥迎宾馆院内，主要功能房间为高档办公室、会议室。建筑面积为 2866.2 平方米，业主为上海东湖（集团）公司虹桥迎宾馆，使用方为挪威船级社（DNV·GL）。

项目原为别墅，建于上海解放前，是砖木结构的三层小洋房。改造前屋架木材、屋面防水都已严重老化，室内墙面粉刷剥落严重，顶棚受屋面漏水影响严重。为维护别墅文化特质，保持现有建筑特色，消除建

图 6-21　虹桥迎宾馆 9 号楼效果图

筑存在的安全隐患，同时适应现代化办公需求，对 9A 楼进行了部分改建，也对 9B、9C、9D 部分进行了重新土建改造（图 6-22）。

虹桥迎宾馆 9 号楼改建近零碳排放建筑，要求实现年碳排放额不超过每平方米每年 25 千克二氧化碳的预定目标。建筑采用了大量的节能低碳技术，比如围护结构隔热保温、自然通风设计、自然采光利用等被动式节能技术；采用了 LED 高效节能灯具、智能照明控制、光导照明系统等高效照明系统；空调系统节能，包括采用高效空调设备、VRV 自动控制系统、新风全热交换器、二氧化碳浓度监控、窗磁自动控制等；可再生能源利用，采用太阳能光伏发电；BA 集成控制系统，包括空调监控、灯光监控、新风热交换系统控制、电动窗磁自动控制、能源计量系统、可再生能源监测、$PM_{2.5}$ 监测等（图 6-23）。

为保证项目最终运行碳排放水平达到近零目标要求，该项目除使用各类节能技术外，还创新地引入节能全过程管理，贯穿立项、设计、施工、竣工验收、运营各个阶段，为近零碳排放改造提供了有力支撑。

项目的节能全过程管理始终围绕近零碳排放总指标展开，将总指标分为不同系统的子指标，作为全过程管理的核心考核依据及监管手段。通过对不同阶段的对标，完成对各阶段主要责任主体的考核，实现从立

a 南侧外立面　　b 东侧外立面
c 西侧外立面　　d 北侧外立面

图 6-22　改造前 9 号楼外立面

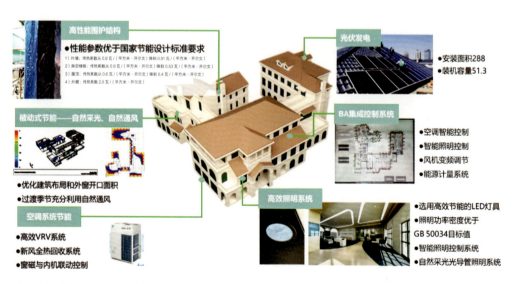

图 6-23　主要近零碳排放技术措施

项、设计、施工到运维管理责任上下追溯的目的。虹桥迎宾馆 9 号楼的全过程管理指标体系按项目阶段（立项、设计、施工、竣工验收、运行）分为不同的指标层。

项目立项阶段，确定碳排放目标不超过每平方米每年 25 千克二氧化碳，并在近零技术方案中给出系统层级的指标数值；设计阶段，根据总能耗指标制定相应的各系统技术指标，利用能耗模拟软件仿真计算，得到建筑负荷、建筑能耗、空调能耗、照明能耗等关键能耗指标；施工阶段，审核和纠偏施工图纸，校核设备参数，进行设备样本检测，并根据实际进场设备参数进行指标验算校核；竣工验收阶段，审核各类验收报告，进行设备性能现场测试，根据实测数据对指标进行验算校核；运行阶段，基于能耗指标对实际运行数据进行实时监控，及时定位运行问题并利用调适手段进行优化（图 6-24）。

节能全过程服务团队为虹桥迎宾馆 9 号楼提供了完整一年的持续优

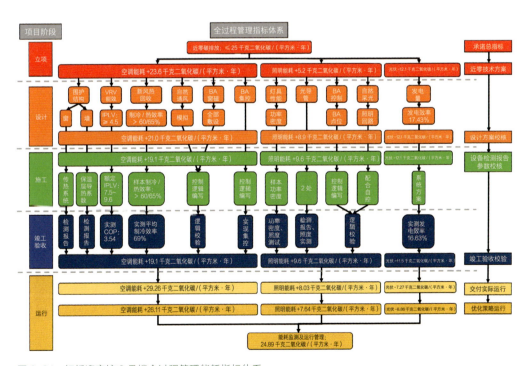

图 6-24 虹桥迎宾馆 9 号楼全过程管理能耗指标体系

化调适服务，为建筑进行绿色运营指导。在此期间，对所有用能系统按照指标要求进行严格控制，调适设备保证主要用能设备处于高效状态点。由于项目使用功能为总部办公，室内环境品质要求较高，且有部分使用习惯背离系统的节能运行策略，因此需要在持续调适过程中，根据实际使用特点与建筑使用方进行反复沟通，及时优化运行策略，取得节能减碳和室内环境品质保障需求间的平衡点。经过持续一年的绿色运营工作，虹桥迎宾馆9号楼全年碳排放水平控制在每平方米每年24.89千克二氧化碳，达到最初设定的近零目标，节能全过程管理以及绿色运营工作取得了实效（图6-25～图6-27）。建筑实际用能指标相比《民用建筑能耗标准》GB/T 51161中同类商业办公建筑降低60.1%。单位平方米每年可

图6-25　虹桥迎宾馆9号楼能耗监测结果

图6-26　虹桥迎宾馆9号楼光伏发电逐天监测结果

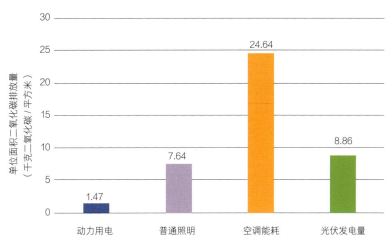

图 6-27　2018 年虹桥迎宾馆 9 号楼各分项近零能耗指标

节约用电量为 51.1 千瓦时 /（平方米·年），单位平方米每年可实现二氧化碳减排量为 36.8 千克二氧化碳 /（平方米·年）。

虹桥迎宾馆 9 号楼是上海市首个商业运作的近零碳排放建筑，采用四大类主动式节能技术和被动式节能技术，实现年碳排放指标不超过每平方米每年 25 千克二氧化碳。近零全过程管理体系及方法在该项目上取得了很好的应用效果，以贯穿项目全过程的、统一的节能体系为抓手，保障建筑取得了切实有效的节能效果，将建筑节能全过程管理体系落实到实际建筑的整个建设生命周期，使得建筑节能工作从规划设计到运行实现了统一。

第三节
Part 3

从"建造"到"智造"
From "Construction" to "Intelligent Construction"

1. 建筑工业化与智能建造的协同发展

建筑业正处在由高速度增长向高质量发展的转折时期，建筑信息化与数字化技术以其巨大的价值导向力，正在深度重塑建筑业的未来。上海的建筑工业化在全国处于领先水平，信息化技术为建筑工业化的创新发展和普及应用奠定了坚实的基础，可打破传统建筑业上下游壁垒，实现产业链信息共享，推动建筑工业化实现智能化升级。

2017 年上海市发布了《关于进一步推进加强上海市建筑信息模型技术推广应用的通知》（沪建建管联〔2017〕326 号），要求将 BIM 技术应用相关管理要求纳入国有建设用地出让合同中。《上海市建筑信息模型技术应用指南（2017 版）》也增加了预制装配式 BIM 技术应用项，推动 BIM 技术与工业化、绿色建筑的深度融合。

作为全国信息化技术的创新先行者，上海市在 BIM 技术研发与应用推广方面走在全国首列。2017 年，上海市新增报建项目中实施装配式的建设项目数量大幅增加，实施装配式的 BIM 应用项目类型涵盖房屋建筑、市政基础设施、水运、水务等，应用质量和水平也不断提升。2018 年《上海市预制装配式混凝土建筑设计、生产、施工 BIM 技术应用指南》发布，指导装配式建筑相关企业在设计、生产、施工各个阶段 BIM 技术的应用。

"十三五"期间，上海市通过一系列配套激励政策，大力推动 BIM 技术在项目、企业、城市层级应用，在推广数量、应用水平、审批方式、管理能力等方面都取得了显著提升。BIM 技术应用项目规模增长迅速，应用阶段上实现了仝生命周期的覆盖，不仅在项目的设计、施工阶段达到了 100% 的应用率，更是延伸到了运维阶段的应用。

装配式建筑信息化管理平台融合了"BIM+ 物联网"技术，打造了崭新的创建信息、管理信息、共享信息的数字化智慧建造工程管理模式，打通装配式建筑建造全生命周期的各参与方屏障，可辅助政府、设计、总包、生产方、业主全过程高效互通协作。目前，上海已有部分企业陆续开展 BIM 信息协同管理平台、全寿命周期质量管控可视化平台的探索

图 6-28 智能建造协同管理平台

与应用（图 6-28）。

2020 年，在百年变局与新冠肺炎疫情交织叠加的背景下，住房和城乡建设部进一步推动智能建造与新型建筑工业化协同发展的战略，出台了《住房和城乡建设部等部门关于推动智能建造与建筑工业化协同发展的指导意见》（建市〔2020〕60号）和《住房和城乡建设部等部门关于加快新型建筑工业化发展的若干意见》（建标规〔2020〕8号）。加快推进建筑业转型升级和提质增效，全面提升智能建造水平，已成为建筑业实现产业革新的新命题。

为了深入了解目前智能建造的技术成果、应用场景及发展现状，2021 年上海市启动了研究课题"智能建造在建筑中的应用场景分析"，分析了上海市建筑业智能建造的发展现状，研究了智能建造技术在建筑全生命周期各环节的可能性应用场景，以提高智能建造在下一步装配式建筑发展中的可操作性（图 6-29）。课题从建筑工程中涉及的设计、制造、施工、运维和全生命周期五大环节开展研究，最终形成了《上海市智能建造应用场景技术目录及对智能建造试点项目技术要求的规定》（征

沉浸式设计　　　　　　　　　机器人加工

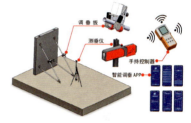

信息化管理　　　　　　　　　智能化施工

图 6-29　智能建造在建筑中的应用场景

求意见稿）。推荐目录涵盖设计、制造、施工、运维等建筑全生命周期，包括数字化辅助设计、数字化辅助审核、数字化辅助管理、智能生产、智能物流、智能检验、智能管理、智慧工地、智能装备、设备管理、能源管理、数据资产、全过程数据应用及交付等应用场景，体现了信息化、自动化、智能化等新兴技术手段的综合运用，将助力实现工程安全、品质提升、降本增效的新一代建造模式与管理理念。

　　上海还广泛组织企业和工程项目进行信息反馈和示范案例申报，目前上海市已有多个案例入选住房和城乡建设部《智能建造新技术新产品创新服务典型案例清单（第一批）》，包括自主创新数字化设计软件、部品部件智能生产线、智慧施工管理系统、建筑产业互联网平台、智能建造设备（建筑机器人等）等方面的典型案例（图 6-30）。同时，多项举措及做法被列入住房和城乡建设部《智能建造与新型建筑工业化协同发展可复制经验做法清单（第一批）》，涉及发展数字设计、推广智能生产、推动智能施工、建设建筑产业互联网平台、研发应用建筑机器人等智能建造设备、加强统筹协作和政策支持等方面。

2021年，上海嘉定新城菊园社区JDC1-0402单元05-02地块项目被列为住房和城乡建设部首批智能建造试点项目（全国共7个），该项目也成为长三角区域首个并且唯一入选的试点项目。该项目围绕新型工业化、数字化、智能化三个维度开展探索，利用新型装配式体系、数字工厂、智能建造协同管理平台和智能建造成套设备（图6-31），实现了项目全流程数字化管控、安全质量问题按时闭单率接近

图6-30 装配式建筑智能抹灰机器人

100%、管理提效超过20%，同时实现6天内完成一层SPCS标准层的建造速度、零事故发生的卓越成果。该项目以数字化、智能化升级为动力，创新突破智能建造核心技术，提升了智能建造与建筑工业化协同发展整体水平。

上海专家也积极为国家建筑业的数字化转型升级建言献策。全国人大代表，上海建工集团党委书记、董事长徐征在2022年两会上强调，加快传统产业数字化转型升级和数字赋能，是深化供给侧结构性改革的重

图6-31 装配式建筑智能建造成套设备

要抓手，是传统产业实现质量提升、效率提高、动力增强的重要途径；建筑业实现数字化转型，需要深入推进建筑产品数字化和建筑产业数字化，着力推进建筑产业互联网平台建设。

智能建造与建筑工业化的协同发展，将全面提升项目精细化管控水平，打通建筑全寿命周期数据通道，推进建筑企业数字化转型，重构建筑产业体系。"十四五"期间，上海市将在技术创新和市场需求的驱动下，加快推进建筑业转型升级和提质增效，全面提升智能制造和智能建造水平，扩大智能建造在工程建设各环节的应用，进一步推动装配式建筑与智能建造、绿色建筑技术的深度融合，形成涵盖科研、设计、生产加工、施工装配、运营等全产业链融合一体的智能建造产业体系，实现建筑业产业变革和持续健康发展。

2．装配式建材部品智能制造

2019年，上海市发布《上海市智能制造行动计划（2019—2021年）》（沪经信制〔2019〕512号），着力推进信息技术和先进制造技术深度融合，发展智能制造，打响"上海制造"品牌。智能制造是基于新一代信息通信技术与先进制造技术深度融合，具有信息深度自感知、智慧优化自决策、精准控制自执行等功能的先进制造过程、系统与模式的总称。新时代下，推动装配式建材部品智能制造，实现装配式建材部品智能生产、智能物流、智能检验、智能管理，是促进建筑业转型升级、实现高质量发展的必然要求。

上海市积极探索装配式建筑构件、部品部件向高端装备生产和智能制造发展，促进装配式部品生产效率提升。2021年，上海市印发《上海市装配式建筑"十四五"规划》，在产业规划与产能目标方面，要求提升上海装配式预制构件生产机械化、工业化水平，通过完善长三角地区预制构件共享机制，实现不小于800万平方米的流水线年产能目标。

a 自动化布料机　　　　　b 恒温恒湿养护仓　　　　　c 可存取式模台存储库

d 生产制造系统智能化管理

图 6-32　PC 构件智能化工厂建设

a 自动化砌筑　　　　　　　　　　　b 自动制坯

图 6-33　新型预制墙体智能制造

围绕预制构件智能制造与建筑工业化协同发展的需求，以及预制构件智能制造和全过程信息化管理技术现状，上海鼓励装配式部品生产企业、科研院所共同研究预制构件制造智能化协同技术与装备、基于智能制造的预制构件节能和减碳技术及预制构件制造全流程信息化管控技术。现阶段上海市装配式部品预制构件企业，可实现自动化流水线生产技术、恒温式养护仓生产技术、自动化精准计量技术、模台快速转化生产技术、生产过程智能化管理技术，并积极探索预制构件钢筋自动绑扎技术等先进精益智能制造技术，打造4.0智慧工厂（图6-32）。

随着建筑工业化的发展，砌块由工地现场砌筑逐渐向工厂预制大尺寸装配式板材转变，由砌块组成的新型预制墙体符合建筑业发展需求。上海市新型墙材生产企业目前积极探索新型预制墙体自动化砌筑技术、自动化抹灰技术、插筋与精准定位等智能制造技术与装备（图6-33），建立覆盖原材料、生产、检验、出厂、进场等各环节的全过程信息化管控平台，推进新型预制墙体智能制造与建筑工业化、信息化的深度融合，满足建筑产业化的发展需求。

第四节
Part 4

从"城区"到"新城"
From "Town" to "City"

规模化推进绿色发展是城市生态文明建设发展的重要策略，上海从绿色建筑到绿色生态城区，实现了单体到区域建筑群的规模化跨越。随着绿色发展要求进一步提级，为了发挥绿色集聚发展效能，上海再次提升绿色规模化发展能级，从城区到新城，在更大范畴践行绿色低碳发展，规模化推进绿色生态建设，加速区域绿色发展集聚效益，描摹绿色低碳蓝图，探索高质量可持续发展路径，构建城市绿色发展新格局。

1. 绿色新城，最高标准

上海市委、市政府对"十四五"时期上海城市空间发展提出了"中心辐射、两翼齐飞、新城发力、南北转型"的战略部署，其中"新城发力"是将嘉定、青浦、松江、奉贤、南汇五个新城培育成在长三角城市群中具有辐射带动作用的综合性节点城市，打造上海城市发展新的增长极。在新一轮新城建设中，上海市政府将举全市之力，对标最高标准、最高水平，打造最宜居的环境，致力将五个新城建设成为"最具活力""最便利""最生态""最具特色"的未来之城。对此，新城将绿色低碳作为新城的创新点、发力点，全面践行低碳城市，建设最生态新城，树立绿色低碳发展新标杆，引领上海城市高能级绿色生态发展（图6-34）。

（1）新城之新，最生态的未来之城

"十四五"上海全面启动五个新城建设专项，2021年3月市政府发布了《关于本市"十四五"加快推进新城规划建设工作的实施意见》（以下简称《实施意见》），明确新城工作的系列部署。

2021年3月19日，市政府举行新闻发布会，邀请时任上海市副市长、上海市新城规划建设推进协调领导小组副组长汤志平，市发展改革委员会副主任阮青，市规划和自然资源局副局长许健，市住房和城乡建

图 6-34　五个新城区位图及范围

（图片来源：上海市规划和自然资源局）

设管理委员会副主任朱剑豪，市经济和信息化委员会总工程师刘平，市交通委员会总工程师李俊豪出席，介绍了《实施意见》的相关情况，并回答记者提问，描绘了政府手中的绿色新城蓝图。

"五个新城"新定位是什么？

来源：上海发布　　发布时间：2021-03-19

"最具活力""最便利""最生态""最具特色"的未来之城

Q 中央广播电视总台（央广）：在新城规划建设导则中明确提出迈向最现代的未来之城的总体目标，在接下来五个新城建设当中，我们怎么体现这个未来之城？

A 许健：围绕迈向最现代的未来之城，我们在导则中形成了四方面的策略，主要是对应"最具活力""最便利""最生态""最具特色"等发展要求。

在落实"最生态"方面，要坚持低碳韧性。一是构建安全韧性、弹性适应的空间新模式，加强基础设施的韧性，增强电力、燃气等生命线系统的快速修复能力；提高城市空间布局韧性，强化社区作为城市防灾减灾的前沿阵地作用；提高城市生态韧性，落实海绵城市等建设要求。二是在构建绿色低碳发展样板方面，新建城区全面实行绿色低碳城区标准，鼓励老城区既有建筑绿色化、低碳化改造。

"最生态"突出生态惠民、宜居安居、低碳绿色、智慧治理、韧性城市五个重点方面

Q 文汇报：新城有个关键词是"最生态"，全面倡导绿色低碳的生活和城市运行模式，请问具体有哪些方面，以及接下来的推进情况是怎样的？

A 朱剑豪：坚定不移地走生态优先、绿色发展的高品质道路，这是国策。我们在新城规划建设筹划中，将把生态、绿色、可持续发展的理念，贯穿新城环境品质和基础设施规划建设管理的各个阶段、各个环节。突出生态惠民、宜居安居、低碳绿色、智慧治理、韧性城市五个重点方面，形成具体的行动方案。

在生态惠民方面，要强化以水为脉、以绿为休的生态体系建设。新城所在的区域多为河湖纵横交错的江南水乡，要更好地打造水绿生态本底，一方面要形成蓝绿交织的生态大格局，另一方面我们将借鉴"一江一河"滨水公共空间开发建设的经验，打造令人向往、有温度、有活力、有文化底蕴的滨水生态空间，在提升新城碳汇能力的同时，更好地实现生态惠民。

在宜居安居方面，要强化产城融合、职住平衡、租购并举、配套完善

的发展方向，优化新城住宅空间布局，鼓励产业、商业、交通枢纽等用地与居住用地功能混合，营造绿色出行、低碳生活的氛围，推动居住与就业空间协调发展，打造职住平衡的新城典范。

在绿色低碳方面，强化绿色建造和低碳的运营。我们将从建筑、市政到区域供能等，全面构建"点—线—面"相结合的新城绿色低碳体系。"点"上，新城新建建筑将100%实施绿色建筑标准，满足人民对居住建筑的舒适性、健康性不断提高的要求。"线"上，要积极推广新城天然气分布式供能模式，推进可再生能源规模化的利用，建设绿色新能源交通设施等，推进城区的架空线入地、综合管廊等建设。"面"上，要求新城各个新建城区100%执行绿色生态城区标准，围绕15分钟生活圈打造各具特色的绿色生态城区样板。

在智慧治理方面，我们将以数字化转型为契机，全面推进新型基础设施建设，加快5G、宽带网络等通信基础设施、数据中心建设，系统推进基础设施智能化；拓展智慧应用场景，构建城市信息模型平台，依托"一网统管"平台，深化大数据运用，支撑新城的治理精细化智能化，全面推动新城数字化转型发展。

在韧性城市方面，我们将贯彻城市安全和可持续发展理念，实现从被动抢险到主动预防的城市风险管理模式，构建全面系统防御体系，提升新城应对洪涝、地震、风灾等极端自然气候影响的能力，提升消防、民防、公共卫生风险防范能力；重点落实海绵城市、无废城市理念，不断提升新城雨水就地渗蓄，筑牢城市运行安全底线，打造韧性新城典范。

（2）彰显特色，因地制宜推进绿色建设

新城建设坚持因地制宜，立足新城生态本底，以彰显新城特色为原则，统筹推进绿色生态建设，丰富低碳发展路径，有序推进绿色新城发展。

①嘉定新城强化"智慧核"

嘉定新城将发挥沪宁发展轴上的枢纽节点作用，建设国家智慧交通先导试验区，2025年初步具备独立的综合性节点城市地位，到2035年基本建成长三角城市群中的综合性节点城市，成为科技创新高地、智慧

第六章　跨越——"双碳"命题拉动建筑能级与产业的提升

图 6-35　嘉定新城总体城市设计之总体效果示意图
（图片来源：上海市规划和自然资源局）

交通高地、融合发展高地、人文教化高地，成为具有较强辐射带动作用的上海新城样板（图 6-35）。

在绿色建设方面，嘉定新城突出"城市融入自然、自然导入城市"理念，以城市数据化转型为导向，以打造国家智慧交通先导实验区为引擎，积极推动韧性城市建设，鼓励使用清洁能源，全面提升公共服务、智慧治理、生态休闲等综合功能，打造形成绿色低碳的新城"智核中心"。嘉定新城注重用代表未来方向的现代化城市建设理念引领新城建设，让新城展现科技范、充满未来感、更具人本价值。积极响应"双碳"目标，聚焦三大样板示范区即远香湖中央活动区、嘉宝智慧湾未来城市实践区和东部产城融合发展启动区的绿色生态城区试点创建，到 2025 年，新建建筑 100% 执行绿色建筑标准，超低能耗建筑面积累计建设 5 万平方米以上，原生生活垃圾零填埋率达到 100%，土方区域内统筹平衡比例达到 100%，进一步提升嘉定新城城市绿色生态建设能级。

②青浦新城凸显"水生态"

青浦新城以江南文化为底蕴，以现代精神为引领，把"水"作为城市的核心元素，彰显"水"的灵动、灵秀和灵气，打造城水相依、人水相亲、绿水相融的现代化江南水乡城市。依托中国国际进口博览会、长三角一体化发展形势和虹桥国际开放枢纽建设等国家级战略平台，青浦新城将发展成为未来的"上海之门"和"国际枢纽"，重点发力于人居生活品质的江南水乡，立足上海大都市圈、引领示范区、辐射长三角的独立的综合性节点城市，独具特色的开放创新之城、水韵公园之城、上善江南之城（图6-36）。

在绿色建设方面，青浦新城以水韵公园为风貌特色，打造人水共生、低碳绿色的公园城市典范。以水为核心特色，擦亮生态底色，依托淀浦河、上达河、东大盈港、西大盈港等骨干河道，构建蓝绿交织、层次丰富的生态网络，实现新城建设与地方特色生态本底有机渗透，打造"水清岸绿、鱼翔浅底、城景交融"的新一代公园城市。依托城市更新、美丽街区等工作，实现空间建设向精细化、品质化转型，率先推进"低冲击开发""零碳""新基建"等面向未来的城市建设理念实践。聚焦绿色重点建设内容，研究编制"十四五"碳达峰方案，以绿色生态示范城区、低碳街区创建为抓手，推动老旧街区的绿色化低碳化改造，推广分布式

图 6-36 青浦新城总体城市设计鸟瞰图
（图片来源：上海市规划和自然资源局）

能源系统、清洁能源、超低能耗建筑等，新建民用建筑中绿色建筑占比达到100%。

③松江新城打造"低碳站城"

松江新城依托以长三角G60科创走廊为引领的高质量发展的战略平台，以"科创、人文、生态"现代化为价值取向，以高品质公共服务供给为保障，打造科技创新策源与高端产业引领的科创之城，高铁时代"站城一体"与"四网融合"的枢纽之城，互联互通与智慧智能的数字之城，绵厚历史与新时代文明交相辉映的人文之城，人与自然和谐共生的生态之城（图6-37）。积极成为城市数字化转型的引领者、低碳绿色发展的倡导者、韧性城市建设的先行者。

在绿色建设方面，推进新城低碳城区建设和新基建建设，践行"两山"理念，全面推进城区低碳建设，新建城区100%执行绿色生态城区标准，鼓励新城新建民用建筑参与绿色建筑标识的评定，引导既有建筑通过节能改造提高能效水平和建筑性能，建设松江新城绿色建筑示范区。

图6-37 松江新城总体城市设计鸟瞰图
（图片来源：上海市规划和自然资源局）

鼓励采用绿色低碳交通出行方式，倡导公交优先，配合研究推进 G60 智慧高速公路建设。合理优化新城能源结构，构建绿色低碳能源体系，强化可再生能源建筑一体化应用。加强雨水集蓄利用，促进绿色建材推广应用，持续做好碳达峰、碳中和工作。

④奉贤新城深掘"生态禀赋"

奉贤新城立足"新片区西部门户、南上海城市中心、长三角活力新城"，规划到"十四五"期末，将其打造成为环杭州湾发展廊道上具有鲜明产业特色和独特生态禀赋的综合性节点城市（图6-38）。新城着眼"独立、无边界、遇见未见"的发展愿景，彰显宜居生态环境品质发展胜势，完善高品质公共服务供给、高水平生活环境优化、高品质新城形象塑造，提升城市的柔软性和识别度，提高新城对人才的吸引力，满足人民群众对美好生活的向往，建成一座具有现代化、全要素、综合性的公园之城、宜居之城、韧性之城。

在绿色建设方面，奉贤新城以蓝绿格局为底，以生态骨架为基，打

图 6-38　奉贤新城总体城市设计鸟瞰图
（图片来源：上海市规划和自然资源局）

造公园之城、生态之城，从而实现"生态宜居、绿色发展"的目标。奉贤新城依托中央林地、十字水街、田字绿廊等生态优势，着力打造公园新城体系。强化固废源头减量和资源化利用，推动形成绿色发展方式和生活方式，成为"无废城市"的实践区。坚持常态化治理，深化固废全程分类管理和综合治理体系建设，多元化打造"两网融合"点、站、场收运体系，固废资源回收利用率达到40%。推广绿色生态城区建设，深化绿色建筑高质量发展，完善绿色交通体系，促进基础设施低碳转型，合理优化新城能源结构，构建绿色低碳能源体系。助力碳达峰、碳中和，推动"城市双修"、垃圾分类。

⑤南汇新城建设低碳"最高标准"

南汇新城发展目标围绕建成具有较强国际市场影响力和竞争力的特殊经济功能区、核心承载区，2025年，初步建成"开放创新、智慧生态、产城融合、宜业宜居"的链接全球、辐射长三角的独立综合性节点滨海城市，初步建成令人向往的"东海明珠"和新城建设的标杆典范（图6-39）。具体表现为"三高地五新城"，即建设"高水平开放高地、集成改革创新高地、高能级产业高地，生态新城、数字新城、宜居新城、文化新城和滨海新城"。

图6-39　南汇新城总体城市设计鸟瞰图
（图片来源：上海市规划和自然资源局）

在绿色建设方面，南汇新城将重点在数字化建设、低碳绿色、生态韧性方面发力，建设数字化发展示范区，实现协同高效的数字治理，全力打造全球领先的国际数据港和上海国际数字之都示范先行区，加快建设绿色环保的低碳城市、色彩缤纷的公园城市、生态韧性的海绵城市等。构建高效畅达、便捷绿色的综合交通网络，建成区公交500米站点覆盖率大于80%，绿色交通出行比例超过80%，新建或改扩建城市主干道公共汽电车港湾式停靠站设置率达100%。积极推进建设低碳城市。优化能源消费结构，积极推进绿色能源示范项目建设，提升天然气及其他清洁能源利用比例，强化屋顶光伏和海陆风电开发，到2025年，清洁能源占一次能源消费比例达50%。积极开展绿色生态城区试点创建，提高绿色建筑执行标准，强化交通节能减排，开展近零排放项目试点。

从"绿色世博"到"绿色新城"
受访人：吴志强　中国工程院院士　时间：2022年7月

Q：2010年上海世博会提出了"Better City, Better Life"的理念，率先提出了绿色世博的规划，在上海的绿色建筑发展中是重要的里程碑。您作为世博会总规划师，能否介绍一下当时的一些背景以及世博会的绿色成效？

A：特别高兴的是，在上海举办世博会的12年以后，我们还在思考世博会在当时对整个中国绿色城市、绿色建筑、绿色事业的推动作用。

早在2002年筹办世博会的阶段，在确定世博会主题理念"Better City, Better Life"的时候，我们对什么是"Better City"已经作过非常深入的调研。当时，在中国经历了长时间的贫困后，人们对于"Better City, Better Life"的期待往往是解决贫困问题、温饱问题、交通问题等，而实际上"Better City, Better Life"所指的是当时已经在推动的全球的事业，即绿色。

也正是在2002年，上海夺得世博会主办权的关键年，我们也在全国范围内发起、推动了绿色建筑的事业。

所以说，绿色建筑和世博在中国是两个在同期平行推进的事业，是手心手背的关系。正因为这样，2002年我在筹备世博会的主题理念时，也与建设部的同志、专家们一起起草了《北京宣言》，2003年我们举办了中国的第一次绿色建筑大会，《北京宣言》作为大会总宣言宣读。

2004年，我们开始大规模推进世博会的规划，与世博结合的绿色建筑从几个内容出发。

第一，我们把世博会园区内的所有老建筑，尤其是工业建筑，都作了绿色化的改建。我们导入了荷兰的绿色建筑方法技术，引入了以荷兰为代表的去污染、清洁治理的最新国际标准。

第二，也是世博会历史上首次，我们要求所有的参展国家和地区的展馆，我们作为主办国投入建设的中国馆、主题馆等巨量设施，都采用绿色建筑设计。为此，我们编制了非常系统、完整的《世博园区绿色建筑应用技术导则》，要求世博园区内的每一栋建筑都根据导则设计和建造，要求园区建筑能达到节能、节水、减碳、环境无污染的标准。这也是国内从来没有过的举措，通过世博会推广了绿色建筑。

世博会的绿色成效应该这样来理解：一方面是理念的准备、思想的准备，是全世界所有的绿色建筑标准的汇集、学习和研究；另一方面，则直接转化成了世博会所有建筑都必须实践遵循的绿色建筑导则。

世博会是一个思考、学习、实践、再思考、创作的过程，是中国绿色建筑最强有力的推手。

Q：在过去的日子里，上海的绿色建筑成就是显而易见的，这里有很多的绿色之最，比如最高"上海中心"、最大"四叶草"、第一个低碳城区"虹桥商务区"，绿色已经成为城市发展的底色。您作为一位上海市民，感受是怎样的？

A：我认为，我们的某些绿色技术成就的确是真正的第一。比如虹桥商务区的绿色低碳建设与实践，从开始研制到结项的全过程我都很关注，并担任了结项专家评审组组长，可以看到这个项目绿色技术的整个研制过程是非常扎实的。但也存在着一些项目运行起来是不是绿色，效果也是未知的。

上海的绿色建筑在取得伟大成就的同时，应该不断地迭代，去伪存真，不断探索技术的硬核实力，也应该结合上海市民非常好的综合素质、精通绿色技术的修养优势，把上海的每一栋建筑都快速地绿色提升。上海下一步的目标，不是拥有最高的建筑、最大的建筑，而是创造建筑中绿色建筑占比最高的成就。

这也是我作为一个市民的最大期待，即上海的每一栋房屋都变成绿色。

Q："上海2035"总体规划提出了"生态之城、人文之城"，"十四五"规划又明确提出了五个新城的绿色发展。在您看来，新城在绿色生态上将有哪些方面的跨越发展？作为嘉定新城的总规划师，可以和我们具体聊聊嘉定新城吗？

A：嘉定新城在整个规划构思中导入了大量的绿色设计，不仅仅是绿色建筑，还做到绿色城区、绿色区域。比方说，不仅在嘉定，也在与嘉定相邻的太仓和昆山形成了共同的绿色机制，这些城市的规划局局长、规划院院长、主管领导共同推动了跨区域的绿色标准。

我自己是上海市绿色建筑学会的名誉主席，同时与浙江省、江苏省的绿色建筑组织保持特别紧密的关系，经常一起研讨如何建设长三角跨界绿色建设，成为中国最新的绿色品牌，尤其从这几方面突破：

①传统的、本来就彼此相连的河道、道路形成的共同的绿廊；

②在长三角的水乡地区，如何把人和自然、历史的和谐共处过程中生成的、非常优秀的绿色传统文化中的做法和智慧提炼出来，作为长三角的共同财富，是跨区域的，不仅是上海的，也是江苏和浙江的绿色成果；

③我们作了很多绿色新能源的探索，不仅在于绿色建筑，还更多探讨如何在整个区域中达到"双碳"目标；

④我们在嘉定新城的规划过程中大量引入德国的绿色建筑机构，在中国、在上海的五个新城里最先推广运用德国为代表的世界最新、最先进的绿色标准。

Q：您在数字城市方面做了大量的工作，您觉得在迈向碳中和的征程中，数字化、绿色化还需要如何赋能我们的城市建设？

A：绿色建筑在发达国家是从20世纪70年代开始发展到今天的。也就是说，在石油危机之后，世界上就开始了关于建筑如何节能、城市如何节能、如何更少碳排放的探索。

绿色建设这条道路是一步一步走过来的。最初是为了应对能源的匮乏，现在是为了应对全球气候变化，其中的思路是完全不同的，但又是一脉相承的。

今天，我特别强调，中国的绿色建筑开展应该和世界上的另一个趋势，即数字化、人工智能化和管理精准化同步推进。绿色节能，不再是过去那样凭经验感觉，做到怎么少烧点油、怎么使能源价格便宜点，而是要更精准地知道什么时段正在浪费大量的能源，又在什么时段可以把这些所谓的"废能"回收，作为"削峰填谷"的一个重要、精准的做法。也就是这一步的绿色建筑、绿色城区建设，需要使用大量新的数字技术和智能技术。我把这种结合称为"智绿"——智慧的绿色。

只有经过这一波"智绿"的推进，上海乃至中国才有可能在绿色建设领域走到世界最前沿。

Q：请从"人民城市"的视角，对上海的绿色未来做个祝语。

A：人民的城市，应该是美好的城市，美好的城市应该是绿色的生活、绿色的城市。我提出过这样的愿景，每户家里屋顶上有花园，推门而出，走进的还是花园，整个城市都生活在绿色的花园之中。这就是上海人对美好生活最根本的一个期待。

2. 辐射带动，绿色和鸣

上海以集聚区域化推进绿色生态低碳发展，提升绿色发展能级。当前，聚焦"十四五"发展重要区域，包括中国（上海）自由贸易试验区临港新片区、长三角生态绿色一体化发展示范区、虹桥国际开放枢纽、崇明世界级生态岛等战略区域，大力推进绿色低碳建设，打造绿色低碳创新发展新高地，进一步发挥辐射带动作用，形成"绿色和鸣"的景象。

（1）面向未来片区，高起点规划建设临港新片区

为了更好地服务我国对外开放的总体战略布局，2018年国家宣布增设中国（上海）自由贸易试验区的新片区，对标国际上公认的竞争力最强的自由贸易区，加快启动规划建设，大胆探索、创新突破，将该新片区打造为更具国际市场影响力和竞争力的特殊经济功能区（图6-40）。

临港新片区坚持新发展理念，坚持高质量发展，推动经济发展质量

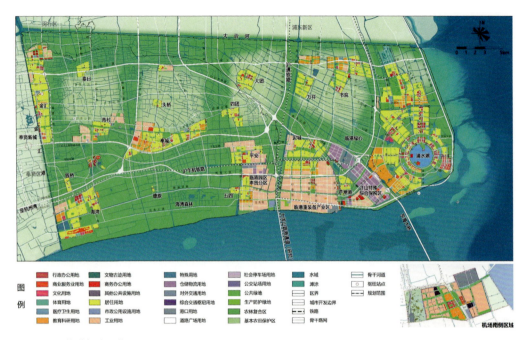

图6-40 临港新片区范围图

(图片来源:上海市规划和自然资源局)

变革、效率变革、动力变革,以此促进各领域高质量发展,在生态文明发展要求下,尤其强化绿色低碳发展要求。为全面加快推动临港新片区实现低碳发展,创建开发创新、智慧生态、产城融合、宜业宜居、治理高效的国际低碳发展都市标杆,临港新片区建立从政策到标准、管理的工作体系,先后出台了《中国(上海)自由贸易试验区临港新片区绿色建筑创建行动实施方案(试行)》《中国(上海)自由贸易试验区临港新片区建筑低碳建设导则(试行)》《中国(上海)自由贸易试验区临港新片区高品质住宅管理大纲(试行)》等多项政策。对标国际先进案例、借鉴国内实践经验,注重多元主体参与,对标最高标准、最高水平,分区分类管控,以建设全生命周期的低碳建设和管理为原则,以规划、政策、技术导则等手段规范市场主体行为,综合运用价格、补贴等经济手段,营造有利于绿色建筑、超低能耗建筑、装配式建筑发展的市场环境,激发市场主体设计、建造、使用绿色建筑的内生动力。积极发挥管委会平台优势，强化项目全过程绿色监管工作措施。加强多部门联动，在土地出让、立项审查、规划审批、施工图审查、施工许可、验收备案等项目全生命周期内层层把关，严格落实绿色建筑、超低能耗、分项计量、装配式、BIM等相关强制性标准和管理规定，切实快速高质量地推进新片区绿色低碳发展。

基于高标准、高效管理的推进机制，依据临港新片区发展的规划定位，将近期建设的区域即临港新片区产城融合区实施分区分类管理，即划分为示范区、重点区、普适区，在普适区要求基础上，对重点区和示范区提出更高的建设要求，其中示范区内所有新建民用建筑要达到绿色三星与超低能耗认定标准。临港新片区短短几年内绿色低碳建设取得了显著成效，全面提升了绿色建筑发展水平。大力推广超低能耗建筑，2021年就有十余个通过超低能耗的项目认定。在后续的土地出让中对多幅土地也都明确了低碳要求，成为全市力度与成效最大的区域。所有项目全面采用装配化建造方式，超额超进度完成了可再生能源发展要求，对所有出让土地项目都要求实现设计与施工两阶段的BIM技术应用。

2021年临港新片区绿色生态先行示范区项目成功创建为临港新片区首个三星级"上海市绿色生态城区（试点）"，提出38项绿色生态建设指标，其中包括25项可复制到临港新片区的通用指标，为规模化推进新片区绿色生态建设树立引领标杆。

今后，临港还将紧紧围绕新片区经济社会发展大局，全面打造绿色建筑、超低能耗、装配式等新技术、新工艺、新标准的全方位、立体化应用场景，推动新片区绿色低碳建设再上新台阶、再攀新高峰、再谱新篇章。

（2）一体化试验田，高水准建设长三角生态绿色示范区

长三角地区是我国经济发展最活跃、开放程度最高、创新能力最强的区域之一，推动长三角一体化发展，增强长三角地区创新能力和竞争能力，提高经济集聚度、区域连接性和政策协同效率，对引领全国高质量发展、建设现代化经济体系意义重大。为此，国家2018年发布了长江

三角洲区域一体化发展战略，并快速制定发布了规划发展纲要，顶层部署一体化发展，同步启动了长三角生态绿色一体化发展示范区建设，推动一体化建设。

长三角生态绿色一体化发展示范区地处江浙沪两省一市交汇点，是烟雨诗画中的鱼米水乡，水泽绿洲玲珑镶嵌，江南人文纷呈荟萃。在历史发展中，形成了以中小城镇为主体的格局，也开展了一系列跨界共建的先行探索，但同时也面临着生态环境受损、用地约束趋紧、文化彰显不足、体制机制壁垒等挑战。为落实国家战略、响应时代要求，2019年该示范区国土空间总体规划编制完成，明确了示范区建设目标，深入贯彻生态文明建设新理念，坚持生态优先、绿色发展，率先探索跨行政区高质量一体化发展路径，系统集成重大改革举措，推进体制机制创新。同时，立足世界眼光、国际标准、中国特色，统筹生态环境、功能格局、创新发展、文化传承、服务与设施支撑等多方面，谋划示范区"世界级滨水人居文明典范"的总体愿景，塑造"五共"发展目标。

绿色低碳发展是示范区建设重点与特色，为此，示范区全面深化绿色低碳发展要求，在顶层规划层面提出了具体深化要求，包括以下几个方面。

一是落实节水优先原则。全面落实最严格水资源管理制度，实施水资源消耗总量和强度双控行动，严格用水全过程管理。优化用水结构，强化水资源的优化配置和循环利用，提高非常规水利用率，全面建设节水型示范区。

二是严格控制碳排放。推进资源节约和循环利用，倡导简约适度、绿色低碳的生活方式和城市建设运营模式，保护碳汇空间、提升碳汇能力。优化能源结构，推进示范区新能源基础设施布局，开展氢能源应用研究和实践，构建清洁低碳、安全高效的能源体系，积极发展太阳能、地源热能等可再生能源，推进城市废弃物的能源化利用。

三是全面推进海绵城市建设。尊重自然本底，保护和修复水林田湖等生态要素，提升生态空间在雨洪调蓄、雨水径流净化、生物多样性保护等方面的功能，促进生态良性循环。示范区建设应贯彻低影响开发理念，综合运用"源头削减—过程控制—末端修复"生态技术，形成完善的排水防涝和初期雨水污染治理体系。

四是推广绿色建筑。大力推进绿色建筑区域化发展，结合示范区内活力城区、特色小镇发展定位，创建绿色生态城区。新建民用建筑严格按照绿色建筑标准设计、施工和运行，加强节能建筑建设和改造，倡导使用绿色建材，推广装配式建筑与基础设施的技术应用。

长三角生态绿色一体化发展示范区的建设刚刚起步，其跨区域、高标准、深改革、大绿色的建设定位必将持续推动区域高能级绿色发展，成为三省一市的示范引领标杆。

（3）低碳国际城区，高能级建设虹桥国际开放枢纽

在长三角一体化发展战略驱动下，虹桥商务区升级到虹桥国际中央商务区。"低碳虹桥"是虹桥商务区在成立之初就确定的一项前瞻性开发建设理念。经过多年持续的探索建设，"低碳虹桥"建设成果显著。在"双碳"战略与数字化转型的新阶段，虹桥商务区持续推进绿色低碳建设工作，经过十多年的积累，形成了一套充分体现管理时效性的政策体系和工作机制，成果斐然，让虹桥商务区在低碳这条路上走在全上海市的前列。

2021年上海市政府发布《虹桥国际开放枢纽中央商务区"十四五"规划》，提出强化绿色发展要求，打造引领高品质生活的国际化新城区，按照世界一流标准，实施打造绿色低碳发展商务区（图6-41）。在"十四五"期间，推动绿色生态城区建设。复制推广原3.7平方公里核心区重点区域的绿色低碳实践、国家绿色生态城区建设经验，积极推进长宁区临空经济示范区和机场东片区、嘉定

图6-41 虹桥国际开放枢纽中央商务区功能布局
（图片来源：上海发布．一图读懂《虹桥国际开放枢纽中央商务区"十四五"规划》）

区北虹桥封浜新镇等区域建设绿色生态城区，建成绿色生态城区面积将超过15平方公里。加强与长三角生态绿色一体化发展示范区的联动发展。到"十四五"期末，获得绿建星级运行标识认证建筑面积达到300万平方米。

"不积跬步，无以至千里；不积小流，无以成江海。"一路走来，虹桥商务区一手抓功能打造，一手抓低碳运营，注重城区日常节碳数据的梳理、分析，实时对标国际先进水平，并将总结、经验融入城区更新服务中去，形成健康绿色循环，致力于成为绿色、低碳、生态、环保的产城高度融合、世界一流CBD的虹桥国际枢纽，并不断提升迭代绿色低碳发展能级与辐射力，持续引领低碳发展。

（4）世界级生态岛，高起点推动崇明岛绿色崛起

"芦苇依依，飞鸟凌空。云绕雾缭，江水滚滚，似腾海而起的仙洲……"作为世界最大的河口冲积岛、中国第三大岛，崇明是上海的"绿肺"，重要的生态屏障，也是长江"门户"、长三角"前厅"。

崇明岛立足生态岛建设要求，在城市建设领域，有序推进绿色低碳发展。新建建筑全面实施绿色建筑标准，为对标世界级生态岛的高标准、高要求，全面推进新建建筑绿色化，实施高星级标准，落实新建建筑可再生能源建筑一体化应用。大力推进绿色生态城区建设，过去几年，推进了东平小镇、陈家镇、城桥镇等区域的绿色建筑城区创建工作，并取得了阶段性成果。立足岛内实际情况，稳步推进既有建筑能效提升工作，包括推进既有公共建筑的节能改造，提高公共建筑节能监管平台管理等专项工作，推进超低能耗建筑建设工作。在陈家镇国际实验生态社区内开展超低能耗建筑集中示范，2022年起社区内全部新建居住建筑执行超低能耗建筑，2025年起全部新建公共建筑执行超低能耗建筑。面对"双碳"战略要求，崇明岛积极研究制定《崇明区碳中和示范区建筑领域实施方案》，目前已形成阶段成果。初步制定了以逐步提高新建建筑能效水平、扎实推进既有建筑节能改造为重点的实施计划，助力崇明岛城市建

设领域的绿色低碳发展。

2022年《崇明世界级生态岛发展规划纲要（2021—2035年）》和《崇明区绿色生态规划纲要》先后发布，提出深入实施乡村振兴战略和长三角一体化发展战略，严格落实长江大保护任务要求，坚持生态立岛不动摇，坚持生态优先、绿色发展，促进经济社会发展全面绿色转型，深入践行"人民城市"重要理念。2035年的崇明世界级生态岛将成为绿色生态"桥头堡"、绿色生产"先行区"、绿色生活"示范地"，成为引领全国、影响全球的国家生态文明名片、长江绿色发展标杆、人民幸福生活典范，向世界展示"人与自然和谐共生"的建设范例。

为了实现世界级生态岛建设目标，崇明岛在区域规划建设发展方面强化绿色低碳发展。重点任务主要有：①推动建筑领域全生命周期绿色低碳转型。推广绿色低碳建材，强化BIM技术应用，大力发展装配式建筑，逐步推广超低能耗建筑，打造近零能耗建筑示范项目，鼓励建设零碳示范生态社区。推进新建农房绿色化建造，推动农房执行节能设计标准。②推广可再生能源在建筑领域应用。推进可再生能源规模化应用，推动太阳能光热、光电、浅层地热能、空气能、生物质能等新能源的综合利用，大力发展光伏瓦、光伏幕墙等建材型光伏技术在城镇建筑中一体化应用。探索推广集光伏发电、储能、直流配电、柔性用电于一体的"光储直柔"建筑，推动公共机构、大型公共建筑采用高效制冷设备。③建设绿色生态城镇。持续落实世界级生态岛绿色生态城区规划建设导则，推动城镇集约式组团式发展，提升城桥核心镇的功能品质。

"潮起宜踏浪，风正可扬帆。"站在新起点上，崇明未来可期。世界级生态岛巨轮已经启航新征程，未来将是推动世界级生态岛建设在更大格局、更宽领域、更深层次、更高水平取得突破性进展的新阶段，崇明将打造高能级生态、推动高质量发展、创造高品质生活、实现高效能治理，奋力创造新时代世界级生态岛建设新奇迹。

第七章
Chapter 7

展望
Prospect

有人说，将来造房子可以使用"建筑方块"的新产品快速完成，而且家里的墙可以随着天气变化调整出最适宜的温度，夏天变得凉快，冬天变得温暖。也有人希望将来的居所能更环保节能，不仅用上太阳能、风能，还能用上雨能，遇到黄梅天雨能转换器便开始大显身手⋯⋯

人类一直追寻着梦想的脚步不断前行。千百年来，建筑材料、建筑形式、建筑工艺的不断变化与进步，就是为了不断适应和满足人们对居住和环境的需求。近几十年来，绿色建筑更是方兴未艾，越来越多的建造技术都在试图实现可持续发展的升级转变，以减少建筑能耗、用水量、减轻温室气体排放、保护自然资源。

"工欲善其事，必先利其器。"上海作为超大型城市，面对人口、环境等多方面的压力和约束，坚定不移走绿"建"城市之路。从建筑节能到绿色建筑、从建筑工业化到绿色建材推广、从绿色生态城区建设到助力"双碳"目标的实现⋯⋯经过不懈的探索和努力，上海已经形成较为完善的绿色城市建设体系。尤其是党的十八大以来，绿水青山的城市实践在上海持续推进。

当前，世界面临着百年未有之大变局，全球多元化发展格局正加快重塑。同时，各国携手应对气候变化已成为人类社会的必然选择。"双碳"战略正式启动实施，对中国新型城镇化发展提出了新的要求。坚持以人为本，加快建设模式转型，夯实高质量发展，强化生态约束、底线约束，建设美丽中国，构建高品质的生产、生活、生态和谐共赢发展之路成为必然的选择。

上海，始终铭记习近平总书记对上海发展寄予的殷殷嘱托，孜孜践行、砥砺奋进，以党的二十大精神为引领，贯彻落实上海市第十二次党代会各项要求，朝着建设具有世界影响力的社会主义现代化国际大都市努力前行。"十四五"期间，上海将加快推进"双碳"战略部署，以提升绿色能级、改善环境质量、深化智慧管理为引领，探索一批可复制、可推广的上海经验和上海方案。

展望未来，能降解、回收的可持续建筑材料更受重视，新型节能门窗及遮阳产品广泛应用，空气对流设计、零能耗技术运用、"零用水"与雨洪管理等正成为绿色建筑的发展趋势。上海在已有的基础上，正积极推动近零能耗建筑和零碳建筑的技术体系和标准制定，探索兼具建筑美学和减排效能的可再生能源高效利用技术，提升住宅的健康性能和绿色感知，研究建立适应新时期的绿色生态城区建设指标，将绿水青山的城市实践推向新的高度。

或许，在不久的将来，人们的居所将是一座座的花园住宅。推开阳台门，我们的目光所及将不再只是钢筋水泥的丛林，还有近在咫尺的空中花园，扑面而来的清新空气。由于建筑表皮性能的大幅度提升，冬暖夏凉的舒适环境会成为标配。

依托着光伏技术的飞速发展，建筑一体化构件变得更为丰富，玻璃、幕墙挂板、遮阳板、护栏甚至室外铺砖，都可以成为发电的单元。光伏为建筑提供源源不断的绿色电力，通过直流配电系统，高效地供给末端负载，建筑的能源转换效率也大大提高。城市中的每一座办公楼，都是城市的产能者。

"结庐在人境，而无车马喧。"未来的城市，绿色建筑将全面普及，社区和公共建筑构筑了城市的绿色细胞，泛在的公共交通网络为出行提供便利，城市海绵设施和公园景观融为一体，区域共享的能源中心高效运行着，为楼宇集中供应空调和冷热水。看不见的"智慧大脑"，24小时不间断地监测城市的各项"生命体征"，协同管理城市的各个服务系统。

当城市插上数字化转型发展的翅膀，5G、物联网、大数据、人工智能等新技术将与绿色建筑理念实现深度融合和创新发展，提升行业绿色发展能级。"山气日夕佳，飞鸟相与还。"绿色建筑的发展必将为人民群众打造生态宜居、环境优良的城市家园，最终让城市的发展转化为人民的生活福祉，让人诗意地栖居于大都市。

建筑可阅读，街区可漫步，城市有温度。我们生活在当下美好的时代，我们正在为未来更美好的生活不断前行，努力将人与自然和谐共生的理念深度融合到"人民城市"建设中，让绿色成为城市最动人的底色、最温暖的亮色。

绿色建筑，让城市生活更美好！

致谢

上海城市的绿色低碳建设源于早期建筑节能的破冰启动，逐渐向绿色建筑的内涵延伸，从试点示范直至全面普及。伴随着建筑工业化和绿色建材的攻坚推进和产业支撑，绿色建筑的外延不断扩展，目前已形成以绿色生态城区顶层规划为引领、多专业覆盖和多部门协同推进的发展格局。这其中，离不开上海市各委办局、各区政府、企事业单位、开发主体的全力投入，以及设计、研发、咨询和建设单位的不懈努力。在本书的编撰过程中，也得到了各方的大力支持。

特此鸣谢：

上海市规划和自然资源管理局

中国（上海）自由贸易试验区临港新片区管理委员会

上海市虹桥国际中央商务区管理委员会

上海市黄浦区发展和改革委员会

上海市浦东新区建设和交通委员会

上海市普陀区建设和管理委员会

上海市虹口区建设和管理委员会

上海市杨浦区建设和管理委员会

上海市奉贤区建设和管理委员会

上海市崇明区建设和管理委员会

上海市建筑建材业市场管理总站

上海市绿色建筑协会
上海建科集团股份有限公司
华建集团股份有限公司
光明食品（集团）有限公司
上海中心大厦建设发展有限公司
国家会展中心（上海）有限责任公司
上海市第一人民医院
上海市第十人民医院
上海城建物资有限公司
上海市国家机关办公建筑和大型公共建筑能耗监测平台

本书编撰出版过程中，难免有错漏或未尽之处，衷心希望社会各界给予批评指正。

Acknowledgements

The sustainable construction in Shanghai started from the building energy conservation in the early stage, and gradually extended to the practice of green buildings, from pilot demonstration to popularization. After that, with the development of building industrialization and green building materials, the connotation of green buildings has been expanded. At present, a new development pattern, which is led by green urban planning in the top-level, and together with the multi-specialty coverage and multi-sector coordination, has been formed. This owns a debt of gratitude to municipal government offices across Shanghai, all enterprises and developers, as well as the designers, researchers, consultants, constructers, and all of whom also contributed vital support to the creation of this book.

Special thanks to:

Shanghai Urban Planning and Land Resources Administration Bureau
Lin-gang Special Area of China (Shanghai) Pilot Free Trade Zone
Shanghai Hongqiao International Central Business District
Huangpu District Development & Reform Commission
Pudong New Area Construction and Transportation Commission
Putuo District Construction and Management Commission
Hongkou District Construction and Management Commission
Yangpu District Construction and Management Commission
Fengxian District Construction and Management Commission
Chongming District Construction and Management Commission
Shanghai Architecture and Construction Material Marketing Management Station
Shanghai Green Building Council
Shanghai Research Institute of Building Sciences Group Co., Ltd.
Arcplus Group PLC
Bright Food (Group) Co., Ltd.
Shanghai Tower Construction and Development Co., Ltd.
NECC (Shanghai)
Shanghai First People's Hospital
Shanghai Tenth People's Hospital
Shanghai Urban Construction Materials Co., Ltd

Energy Consumption Monitoring Platform for Government Office Buildings and Large-scale Public Buildings in Shanghai

During the compilation and publication of this book, it is inevitable that there will be mistakes, omissions or unaccomplished places. Any criticism and correction are welcomed.

图书在版编目（CIP）数据

绿水青山的城市实践. 绿色建筑卷 = The Urban Practice of Lucid Waters and Lush Mountains Green Buildings / 上海市住房和城乡建设管理委员会编著. —北京：中国建筑工业出版社，2022.10
（新时代上海"人民城市"建设的探索与实践丛书）
ISBN 978-7-112-27998-2

Ⅰ.①绿… Ⅱ.①上… Ⅲ.①生态建筑—建筑工业—概况—上海 Ⅳ.①F426.9

中国版本图书馆CIP数据核字（2022）第178977号

责任编辑：刘丹　焦扬　徐冉
责任校对：王烨

新时代上海"人民城市"建设的探索与实践丛书
绿水青山的城市实践　绿色建筑卷
The Urban Practice of Lucid Waters and Lush Mountains Green Buildings
上海市住房和城乡建设管理委员会　编著

*
中国建筑工业出版社出版、发行（北京海淀三里河路9号）
各地新华书店、建筑书店经销
北京锋尚制版有限公司制版
北京雅昌艺术印刷有限公司印刷

*
开本：787毫米×960毫米　1/16　印张：22¼　字数：328千字
2023年6月第一版　2023年6月第一次印刷
定价：**198.00元**
ISBN 978-7-112-27998-2
（40094）

版权所有　翻印必究
如有印装质量问题，可寄本社图书出版中心退换
（邮政编码100037）